中国模式

农村精准扶贫政策执行中的国家自主性

刘 建◎著

光明日报出版社

图书在版编目（CIP）数据

农村精准扶贫政策执行中的国家自主性 / 刘建著． 北京：光明日报出版社，2025.1. -- ISBN 978-7-5194-8469-9

Ⅰ．F323.8

中国国家版本馆 CIP 数据核字第 2025HD2126 号

农村精准扶贫政策执行中的国家自主性
NONGCUN JINGZHUN FUPIN ZHENGCE ZHIXING ZHONG DE GUOJIA ZIZHUXING

著　　者：刘　建	
责任编辑：宋　悦	责任校对：刘兴华　乔宇佳
封面设计：中联华文	责任印制：曹　净

出版发行：光明日报出版社
地　　址：北京市西城区永安路 106 号，100050
电　　话：010-63169890（咨询），010-63131930（邮购）
传　　真：010-63131930
网　　址：http://book.gmw.cn
E-mail：gmrbcbs@gmw.cn
法律顾问：北京市兰台律师事务所龚柳方律师
印　　刷：三河市华东印刷有限公司
装　　订：三河市华东印刷有限公司
本书如有破损、缺页、装订错误，请与本社联系调换，电话：010-63131930

开　　本：170mm×240mm	
字　　数：228 千字	印　　张：13.5
版　　次：2025 年 1 月第 1 版	印　　次：2025 年 1 月第 1 次印刷
书　　号：ISBN 978-7-5194-8469-9	
定　　价：85.00 元	

版权所有　　翻印必究

目 录
CONTENTS

第一章 绪 论 ··· 1
   第一节　选题背景与研究意义 ··· 1
   第二节　研究综述 ··· 5
   第三节　研究内容 ··· 26
   第四节　研究方法及创新点 ··· 28
   第五节　概念界定 ··· 29
   第六节　个案介绍 ··· 31

第二章 基层治理情境中的国家自主性：类型结构与分析框架 ········· 33
   第一节　主体、约束与能力：理解国家自主性的三重维度 ············ 33
   第二节　基层治理情境：理论资源及类型结构 ··························· 36
   第三节　分析框架：贫困治理情境中的国家自主性 ····················· 42

第三章 标准化控制：贫困治理制度情境的嵌入 ·························· 46
   第一节　作为裁量基准的标准：贫困治理制度情境的建构 ············ 47
   第二节　无缝隙对接：贫困治理流程的规范化 ··························· 54
   第三节　目标责任制：标准的分解与执行机制 ··························· 60
   第四节　本章小结 ··· 71

第四章 强约束下的变通：贫困治理场域行为情境的建构 ··············· 74
   第一节　"街头官僚"：贫困治理行为情境建构的基础 ················· 74

第二节　强约束下的变通：基层政权的日常行为策略 …………… 81
　　第三节　结构中的行动者：基层政权政策变通的逻辑 …………… 97
　　第四节　本章小结 ………………………………………………… 101

第五章　选择性均衡：贫困治理场域关系情境的演绎 …………… 103
　　第一节　街头博弈：贫困治理主体情境博弈的形态 …………… 104
　　第二节　选择性均衡：贫困治理场域关系情境的实践形态 …… 116
　　第三节　本章小结 ………………………………………………… 123

第六章　嵌入与调适：贫困治理情境转换的路径和结构再生产 … 126
　　第一节　嵌入与调适：贫困治理情境的多元类型和实践面向 … 126
　　第二节　在简约式与规则化之间：贫困治理情境结构的再生产 … 133
　　第三节　本章小结 ………………………………………………… 142

第七章　在行动与结构之间：贫困治理情境中的国家治理能力 … 143
　　第一节　道德国家与实体国家：贫困治理情境中国家的双重主体性 … 143
　　第二节　非均衡控制：贫困治理情境的规则约束 ……………… 149
　　第三节　有限的精准性：贫困治理能力的有限性 ……………… 157
　　第四节　本章小结 ………………………………………………… 165

第八章　总结与展望 ………………………………………………… 167
　　第一节　有限的非均衡自主：贫困治理情境中的国家自主性 … 167
　　第二节　标准化与国家自主性的内在张力 ……………………… 178
　　第三节　治理现代化视野中国家自主性提升的路径 …………… 184
　　第四节　研究展望 ………………………………………………… 187

参考文献 …………………………………………………………… 189

后　　记 …………………………………………………………… 205

第一章

绪 论

第一节 选题背景与研究意义

一、选题背景

扶贫资源的有效瞄准及输入是我国农村反贫困政策制定的核心议题，自改革开放以来，伴随着我国乡村治理体系的变革，我国扶贫资源的瞄准单元经历了从县到村再到户的范式转变，国家扶贫政策干预及扶贫资源瞄准不断向个体及家庭集中，特别是精准扶贫政策提出以后，各级政府都加大了农村反贫困政策执行的力度，在贫困治理组织机构、扶贫瞄准机制、扶贫资金管理与使用等层面都做了相应的变革，乡村贫困治理开始进入新的历史阶段，中国扶贫工作也取得了举世瞩目的成就。在党和人民的共同努力下，精准扶贫政策在基层社会得到有效执行，我国脱贫攻坚战取得了全面胜利，现行标准下9899万贫困人口全部脱贫，832个贫困县全部摘帽，12.8个贫困村全部出列，区域性整体贫困得到解决，完成了消除绝对贫困的艰巨任务。[①]

为有效提升国家在基层社会的贫困治理能力，国家在"精准识别、精准帮扶、精准管理及精准考核"四个层面都制定了明确的标准体系，贫困治理标准化的程度也日益提升。2018年5月25日，国家标准委、国务院扶贫办、国家认监委联合印发的《关于开展标准化工作助推精准扶贫的指导意见》明确指出，"开展标准化工作助推精准扶贫是运用标准化的理念与方法服务于精

[①] 习近平. 在全国脱贫攻坚总结表彰大会上的讲话 [EB/OL]. 人民网, 2021-02-25.

准扶贫的一项重要举措","推动建立多元化的精准扶贫标准体系,根据精准扶贫工作亟须,组织开展包括国家标准、行业标准、地方标准、团体标准、企业标准在内的精准扶贫标准体系研究"①。但随着国家贫困治理日益标准化,扶贫标准在自上而下执行过程中遭遇了基层政权②的选择性变通甚至扭曲,导致扶贫资源在自上而下输入过程中配置及瞄准的偏离,农村精准扶贫在实践过程中面临诸多挑战。由于扶贫资源下乡推动了乡村治理结构的转换,如何保障国家扶贫政策在基层社会得到有效执行,成为学界讨论的热点话题。

2016年10月,笔者跟随"地方政府创新可持续性"调研组来到中部地区M镇调研"乡镇综合管理体制改革",在访谈的过程中刚好碰到一位上访户来镇政府"闹事"。这位上访户的诉求是镇政府将其一家列为贫困户,尽管这位上访户在2015年由于突发疾病住院,但这一农户的家境在当地算是不错的,他已经修建了楼房,并且其儿子购买了小轿车,不符合国家贫困户认定的标准,所以扶贫干部拒绝了将其一家列为贫困户的诉求,并将国家贫困户的认定标准进行了详细解释。但这一村民却不断要求扶贫干部将其一家列为贫困户,并认为扶贫干部没有准确执行国家政策,经常到镇政府闹事或者进行越级上访。针对"乡镇综合管理体制改革"这一话题,乡镇干部结合这一事件与调研组进行了交流:"农村税费改革以后,乡镇的工作越来越难做了。特别是在精准扶贫的背景下,乡镇政府逐渐成为一个'保姆型政府',但很多村民对此并不买账。"③这次调研触发了笔者的一些思考,国家是如何保障扶贫政策在基层社会得到有效实施的?为什么国家制定了清晰的扶贫政策及标准,在现实执行过程中仍然会发生诸多困境?基层政权为什么对农民的一些不合理行为无法采取有效的行动?

带着这些问题,笔者在2018年1月至3月在J省L乡扶贫办实习了三个月,并在2021年进行了多次跟踪调查。在实习及调研的过程中,笔者发现村民争当贫困户的行为并不是孤立的现象,而是一种十分普遍的现象。同时,

---

① 国家标准委,国务院扶贫办,国家认监委.关于开展标准化工作助推精准扶贫的指导意见[EB/OL].中国质量新闻网,2018-05-25.
② 由于"基层政权"一词的含义在学界有不同的理解。它既可以指县、乡两级政府,也可指乡镇政府;同时也有研究将村民自治组织纳入。本书用"基层政权"一词代替"基层政府",主要包括乡镇政府及村民自治组织。
③ 根据访谈录音整理,Z镇镇长,2016年5月。

在农村精准扶贫政策执行的场域，乡村治理结构发生了结构性的变革：国家不断通过各种规则的输入及技术嵌入来约束基层政权的行为，试图构建一种标准化、规范化的乡村治理体系，乡村治理技术化的面向不断凸显。在日益精细化的贫困治理体系之中，基层扶贫干部在农村精准扶贫的政策实践过程中，扶贫标准已经成为基层扶贫干部的重要行为准则。在实习过程中，笔者听到最多的一句话是"这样做是不是符合标准？"无论是贫困户识别、日常帮扶、项目申报，还是脱贫攻坚基础材料的填写，扶贫干部都是以精准扶贫指导手册中的相关标准为依据，或者在上级政府颁布的文件中寻找"合法性"政策，标准化已然成为政府推进农村精准扶贫工作的一大机制。但基层扶贫干部在精准扶贫的政策执行过程中，又经常对国家颁布的扶贫标准进行策略性变通，政策变通也成为农村精准扶贫政策执行过程中无法规避的现象。也就是说，贫困治理标准化与基层治理主体违背标准化的现象，成为精准扶贫场域中政策执行过程中的双重面向：一方面，国家在制度设计层面对精准扶贫的各个环节都做出了详细的规定，贫困治理体系日益标准化、规范化；另一方面，精准扶贫标准在实践过程却并没有完全得到执行，标准化的贫困治理体系无法有效约束基层治理主体的行为，无论是基层扶贫干部还是农民，在贫困治理这一场域，都经常会对精准扶贫标准进行策略性变通，政策执行过程存在一种复杂的博弈情境。基于此，本研究主要围绕以下问题展开：首先，农村精准扶贫政策是如何在基层社会执行的？特别是伴随着贫困治理情境的转换，农村精准扶贫政策执行的面向会呈现何种差异？其次，精准扶贫政策执行过程中的国家与社会关系形态是如何演绎的？特别是中央政府、基层政府与农民在政策执行过程中会采取何种行动策略？最后，国家是如何保障在2020年年底顺利完成脱贫攻坚任务的？精准扶贫政策执行过程中的国家自主性呈现何种形态？

二、理论价值与实践意义

通过研究国家扶贫标准从政策文本向实践过程的转换，透视贫困治理情境中国家自主性的实践形态，探讨贫困治理多元主体在农村精准扶贫场域中的行动策略，不仅能够从国家治理层面为基层政策的制定及实施提供有益的探索，同时也能够为贫困治理体系及治理能力的现代化提供有益经验。

（一）理论价值

国家农村精准扶贫政策的实施过程，并不是简单地停留在国家政策文本的规定之中，而是基层治理主体在实践过程的行动演绎。扶贫标准及资源向农村基层社会传递的过程，体现了国家意志在乡村社会输入的形态，但基层政权执行国家政策的过程并非完全按照国家意志，而是在制度约束下、自我利益考量基础上的策略性选择。在以往的分析中，尽管许多研究关注到了贫困治理过程中基层政权对精准扶贫政策执行的影响，但对贫困治理政策执行过程还有待进一步分析。在研究的过程中，本书通过引入贫困治理情境这一概念，并在标准化、自由裁量权及街头博弈的理论视野下，以L乡精准扶贫政策实践过程为个案研究，探讨国家标准化制度体系建构的路径，并同时分析基层政权及农民对国家标准化制度体系的反应，以此透视贫困治理情境中各个治理主体的行动逻辑，进而探讨贫困治理情境中的国家自主性。2020年我国脱贫攻坚任务的完成，体现了我们党强大的政策制定及执行能力，能够将党的意志在基层社会得到有效执行。在国家自主性的理论视野下，通过典型的个案研究对贫困治理的情境转换过程进行深入分析。首先，可以推动贫困治理理论的研究，进而深化后脱贫时代相对贫困治理理论体系建构的研究；其次，以农村精准扶贫为研究对象，以扶贫标准的制定、执行、监督及反馈的治理链条为切入点，有利于加强标准化治理的理论建构，进而深化乡村治理现代化的理论探讨；最后，也有利于进一步透视贫困治理场域的国家与社会关系，通过对贫困治理不同情境的分析，进而深化公共政策执行情境中的国家自主性理论的研究。

（二）实践意义

贫困治理作为国家治理体系的重要组成部分，优化贫困治理体系及提升贫困治理效能，对于深化国家治理现代化的研究具有十分重要的理论及现实意义。特别是2020年我国完成了脱贫攻坚的历史任务以后，提升国家政策在基层社会的执行能力是实现乡村全面振兴及社会主义现代化强国建设的应有之义。为此，有必要对我国精准扶贫政策执行效能进行总结，深刻阐释精准扶贫政策执行场域中的国家自主性，进而为后脱贫时代的相对贫困治理及乡村全面振兴的政策制定提供有益经验。特别是在日益技术化、标准化的治理情境之中，基层社会的各个治理主体在国家扶贫标准及制度体系的约束下进行策略化行动，在政府的自利性及乡村社会结构变迁的背景下，乡村治理场域中的标准化治理面临巨大的挑战。通过对 L 乡精准扶贫实践的个案研究，深刻展示精准扶贫场域下标准化治理的运作过程，有利于进一步阐释农村精准扶贫路径偏离的原因，进一步推动贫困治理体系及贫困治理能力的现代化，由此为全面推进乡村振兴及实现共同富裕提供经验支撑。

第二节　研究综述

一、国外贫困治理的相关研究

反贫困是一个世界性的难题，国外对贫困问题的研究可谓历史悠久。特别是工业革命的来临加剧了社会的贫困问题，许多学者从不同的视角探讨了社会贫困产生的原因，并对贫困治理进行了较为深入的研究。贫困治理最先起源于经济学领域，英国经济学家朗特里首次系统地提出了贫困的经典定义："贫困主要是指特定群体物质上的匮乏（主要包括食品、住房、衣着和其他必需的项目），也就是总收入水平不足以获得仅仅维持身体正常功能所需的最低生活必需品。"[①] 奥本海默则认为贫困不仅仅是物质上的匮乏，它是一个综合性的社会系统问题，"贫困意味着剥夺，它是指物质上的、社会上的及情感上的综合匮乏，这种匮乏意味着生活必需品的开支低于社会的平均水平，贫困限制乃至剥夺了贫困群体的社会生存机会，对其社会生活产生了很大影响"[②]。随着反贫困问题研究的不断深入，国外对贫困治理的研究文献可谓汗牛充栋，并由此延伸出许多研究范式。在经济学研究成果的基础上，许多学者从社会学、政治学以及人口学的视角对贫困问题产生的原因及治理的路径进行了研究，并形成了制度贫困论、权利贫困论、文化贫困论以及人力贫困论等多元理论，研究领域及视角也在不断拓展。

（一）制度贫困论

在"制度贫困论"的视野中，社会贫困现象的产生实质上是由于社会制

---

① ROWNTREE B S, HUNTER R. Poverty: A Study of Town Life [M]. London: Nabu Press, 1901: 510.
② OPPENHEIM C, HARKER L. Poverty: the Facts [R]. London: Child Poverty Action Group, 1996: 4-5.

度的不公正导致的。马克思主义认为,资本主义制度是资本主义社会贫困产生的根本原因,由于资本主义制度内在剥削性的影响,资本家为了榨取最大程度的剩余价值,导致了相对过剩人口及社会贫困现象的产生。① 而恩格斯则更加明确地指出:"现今的一切贫困灾难,完全是由不公正的社会制度造成的;建立新的社会制度的办法来彻底铲除这一切贫困的手段已经具备。"② 瑞典学者冈纳·缪尔达尔也认为,制度因素是贫困问题产生的主要原因,他从贫困人口比例出发对特定地区贫困产生原因及脱贫路径进行了研究。在他看来,贫困产生的原因是社会综合制度共同影响的结果,贫困产生的原因不仅仅是一个或几个因素及条件,而是存在于整个社会体系中的所有因素,包括产出及收入、生产条件、生活水平、对待生活与工作的态度,还有各种制度、组织以及政策;而贫困国家反贫困的有效路径是进行大规模的综合性改革,通过发展式改革的路径来加快贫困国家的发展。③ 此外,乔治·亨利认为,资本主义社会贫困的产生根源,主要是土地分配的不平等(地租)和政府的垄断(税收)等制度造成的,要有效解决社会贫困问题,需要加快制度体系的改革。④ 在制度贫困论的理论视野下,贫困治理的路径是遵循"国家干预"的原则,如庇古在《福利经济学》一书中提出"福利经济学"中有两个命题:一是一个人实际收入任何一种形式的增加会使其满足增大;二是转移富人的货币收入会使穷人满足增大。而这两个命题的实现,根本措施是国家加强对社会生产过程的干预,积极采取措施来调节社会生产的分配以及实现社会生产资源的适度配置,在推动社会生产力发展的同时,通过生产与分配的双重均衡来实现社会福利的最大化。⑤

(二) 权利贫困论

资本主义社会贫困的问题日益严重,并在民主化浪潮的影响下,公民权

---

① 马克思. 资本论 [M]. 中共中央马克思恩格斯列宁斯大林著作编译局, 译. 北京: 人民出版社, 1975: 692.
② 中共中央马克思恩格斯列宁斯大林著作编译局. 马克思恩格斯选集: 第1卷 [M]. 北京: 人民出版社, 1973: 213.
③ 缪尔达尔. 亚洲的戏剧: 南亚国家贫困问题研究 [M]. 方福前, 译. 北京: 商务印书馆, 2015: 375-377.
④ 乔治. 进步与贫困 [M]. 吴良健, 王翼龙, 译. 北京: 商务印书馆, 1995: 244.
⑤ 庇古. 福利经济学 (上卷) [M]. 朱泱, 张胜纪, 吴良健, 译. 北京: 商务印书馆, 2006: 99-100.

利不断成为研究贫困问题的重要视角。权利贫困理论是由诺贝尔经济奖得主阿玛蒂亚·森提出的,在阿玛蒂亚·森看来,贫困的产生归因于享受权利的不平等,"贫困的实质来源于权利贫困,一个人支配粮食的能力或者支配任何一种希望获得或拥有东西的能力,都取决于他在社会中的所有权和使用权的权利关系,如果一群人无法确立支配足够数量食物的权利,那么他们将不得不面临饥荒"①。此外,伦斯基等学者也认为贫困是由于权利的排斥和剥夺导致的。在他看来,"贫困之所以出现,是由于他们的权利被剥夺导致他们实际所拥有的资源很少,特别是权力结构的不平等、不合理,迫使社会部分成员'失能'而陷入贫困或长期陷于贫困。其结果往往进一步强化了社会对他们的排斥和偏见,并导致了社会矛盾的加剧"②。

在权利贫困论的视野中,贫困是由权利排斥及剥夺导致的,解决贫困的最好路径是构建包容性的权利保障体系,推动贫困群体公民权利的平等化。在阿玛蒂亚·森的影响下,亚洲开发银行在2007年正式提出了以"机会均等"与"公平共享"为核心的包容性增长减贫理念:在推动经济增长的同时,也要保障经济增长成果的公平分配,减少乃至消除社会机会的不平等,通过共享机制的构建来推动社会的公平正义,进而搭建一种"人人机会平等、人人分享成果"的减贫模式。③ 在权利贫困论的视野下,西方一些学者主张在制度改革的基础上,在社会保障制度改革的背景下加强反贫困政策的制定,西方发达国家的贫困治理体系呈现了一个明显的转变:在国家干预层面从制度化干预转向对家庭及个人的干预。如克里斯多夫等学者认为,贫困陷阱的产生是穷人的日常行为及其潜在机制而导致贫困结构不断强化的结果,国家加强制定援助穷人的政策和干预是反贫困问题的核心要素。④

(三)文化贫困论

随着对贫困问题研究的深入,西方贫困治理理论不断突破经济学的视野,学者们开始从社会文化的视角,探讨贫困产生的原因及提升贫困治理能力的

---

① 森. 贫困与饥荒:论权利与剥削 [M]. 王宇,王文玉,译. 北京:商务印书馆,2004:40.
② LENSKI G E. Power and Privilege:A Theory of Social Stratification [M]. New York:Mc Graw-Hill,1966:714-718.
③ 谭诗斌. 现代贫困学导论 [M]. 武汉:湖北人民出版社,2012:275.
④ BARRET T,CHRISTOPHER B,TEEVRAT G,et al. Well-Being Dynamics and Poverty Traps [J]. Annual Review of Resource Economics,2016 (8):303-327.

有效路径。在萨拉轧·班迪看来,"贫困不仅仅是社会经济落后的表征,它更是一种社会心理状态的体现,这种贫困的社会文化心理因素经过长时间的积淀,会塑造一种相对落后且较为固定的社会思维模式及价值理念,进而形成一种顽固的且难以在短时期改造的贫困文化形态"①。奥斯卡·刘易斯则通过对贫民窟的研究进一步推动了"贫困文化理论"的发展:"贫困文化作为一种概念化、标签化的亚文化结构模式,它的存在及发展是在特定的社会历史脉络之中,是贫困群体社会生活方式建构的一种表征,具有阶层固化的特征。同时,在流动的现代社会,贫困文化还具有代际传递的特性,进而推动了贫困的代际再生产及社会阶层固化的加剧。"② 此外,班费尔德在《一个落后社会的伦理基础》一书中,用"非道德性家庭主义"一词来概括贫困文化的特性:由于缺乏维系家庭运转的制度基础,落后村庄的"非道德性家庭主义"伦理成为贫困文化的重要特征;同时,作为整个村庄本质的"非道德性家庭主义"在实践过程中具有较强的自主性,它又进一步影响了贫困村庄的发展,进而加深了或者重新制造了贫困因素。③ 在文化贫困论的视野下,贫困治理的有效路径不仅应该从制度及经济的视角进行干预,还应该从贫困文化治理的视野中探索"文化脱贫"的有效路径。

(四) 人力贫困论

人力贫困论的研究范式中典型的代表是马尔萨斯提出的"人口剩余致贫论"。他在《人口原理》一书中提出了"循环积累因果关系"理论:贫困问题产生的原因并不是完全由资本主义的经济制度造成的,它产生的根源是人类社会发展过程中有限增长的生活资料与快速增长的人口基数之间的内在矛盾。在工业社会人口呈现飞跃式的快速发展,但由于生产资料的有限性导致了人类生存发展食物的不足,这种矛盾导致了一部分社会成员必然会陷入贫困。④ 马尔萨斯提出的"人口剩余致贫论"认为解决贫困问题的方式,除了要发展社会生产力,还应该限制人口的爆炸式增长。美国学者西奥多·舒尔

---

① 辛秋水. 走文化扶贫之路:论文化贫困与贫困文化 [J]. 福建论坛 (人文社会科学版),2001 (3):16-20.
② LEWIS O. The Culture of Poverty [J]. Scientific American, 1966, 1 (4):19-25.
③ BANFIELD E C. The Moral Basis of a Backward Society [M]. New York:The Free Press,1958:156.
④ 马尔萨斯. 人口原理 [M]. 杨菊华,杜声红,译. 北京:中国人民大学出版社,2018:4.

茨认为,贫困地区及国家落后的根本原因,不是经济落后及物质资本匮乏导致的,而是这些地区长期以来对人力资本发展的忽视导致的;贫困治理的核心是让贫困人口有效融入社会体系当中,在知识技能培训、教育发展及医疗卫生服务自主治理等层面,增加贫困人口在参加经济、政治及社会服务方面的机会。① 此外,布朗等学者则将生态系统服务的概念引入贫困治理的研究领域,通过深入阐述生态环境保护和扶贫之间的内在关系,试图通过发挥人的主观能动性来构建一种适当的生态扶贫模式。② 人力贫困论突破了先前贫困治理"制度与结构"的静态研究范式,在研究的视野中嵌入了主体性的理论范式,强调发挥贫困群体的个体及组织能动性,以此通过外在的干预来实现个体的可持续性发展。

国外对于贫困治理的研究呈现多维的研究视角及理论方法,为我国贫困治理的研究提供了较好的研究范式。但由于中国的贫困治理体系与西方国家存在很大的差异,并且贫困的发生原因也有很大不同,单纯套用西方贫困治理理论不利于深入分析我国农村贫困产生的原因及探索反贫困的路径。如何在有效吸收西方贫困治理理论的基础上,构建契合我国社会发展且具有中国特色的贫困治理理论,是当前我国贫困治理研究的重要课题。

二、农村精准扶贫的相关研究

自农村精准扶贫政策实施以来,农村反贫困成为学界研究的热点话题。随着研究的不断深入,学者们的研究逐步从政策探讨向现实实践的话语转换,学者们围绕农村精准扶贫标准化、扶贫政策执行的过程及政策执行效能等问题进行了较为深入的研究。

(一)农村精准扶贫标准化的相关研究

在农村精准扶贫政策体系的设计过程中,标准化作为一种治理机制被全方位引入贫困治理场域,由此推动了贫困治理标准化体系的建设。在这种背景下,学者们从贫困治理标准化体系建构、标准化与自由裁量权等层面,对农村精准扶贫标准化进行了初步探讨。

---

① 武沁宇. 中国共产党扶贫理论与实践研究 [D]. 长春:吉林大学,2018.
② DAW T, BROWN K, POSENDO S, et al. Applying the Ecosystem Services Concept to Poverty Alleviation: the Need to Disaggregate Human Well-Being [J]. Environmental Conservation, 2011 (38): 370-379.

一是贫困治理标准化体系建构的相关研究。根据荷兰学者汉克·德·弗里斯的定义，标准是指"对社会中已经存在的或者潜在存在的问题制定并形成一套有规律的实施方案来平衡社会群体之间的利益及日常需求，这种方案在一定时期内具有重复使用或连续使用的功能"[1]。我国2014年颁布的《标准化工作指南第1部分：标准化和相关活动的通用术语》明确规定，标准是指"通过标准化活动，按照规定的程序经协商一致制定为各种活动或为其结果提供规则、指南或特性"[2]。标准作为标准化的核心要素，也是现代国家治理的基础性制度。1991年国际标准化组织（ISO）与国际电工委员会（IEC）联合发布的《标准化与相关活动的基本术语及其定义》将标准化定义为："标准化是对实际与潜在问题做出统一规定，供共同和重复使用，以在相关领域内获得最佳秩序的效益活动，其中标准化活动由制订、发布和实施标准所构成。"[3]

标准化运行的核心是制定清晰且规范化的标准，以此来规范标准化对象的运行过程。在现代社会，"标准化作为推进国家治理现代化的重要机制，国家治理体系的规范化及合理化都与标准化紧密相关，它是现代国家建构的重要表现"[4]。随着标准化要素的全方位嵌入，精准扶贫的政策体系设计需要规范且具体，它不仅是一种典型的标准化治理范式，同时也是乡村治理范式转换的重要体现。[5] 精准扶贫标准化体系建构的核心，是围绕"扶持对象精准、项目安排精准、资金使用精准、措施到户精准、因村派人精准、脱贫成效精准"的要求，制定及完善贫困治理基础标准、实现标准、保障标准及评价标准。[6] 贫困标准作为测定贫困程度、贫困人口规模的衡量标准，它是测定是否为贫困人口和贫困地区的机制，以确定是否给予帮扶措施或者判断一个地区

---

[1] 梁正. 标准与公共管理的双向互动：推进标准化治理体系与治理能力现代化 [N]. 中国社会科学报，2017-03-14 (5).

[2] 李春田. 标准化概论 [M]. 北京：中国人民大学出版社，2014：9.

[3] 胡税根，黄天柱，翁列恩，等. 政府管理与公共服务标准化创新研究：以杭州市上城区为例 [M]. 杭州：浙江大学出版社，2013：14.

[4] 俞可平. 标准化是治理现代化的基石 [J]. 人民论坛，2015 (31)：44.

[5] 刘建，吴理财. 制度逆变、策略性妥协与非均衡治理：基于L村精准扶贫实践的案例分析 [J]. 华中农业大学学报（社会科学版），2019 (2)：127-134，169.

[6] 田晓平. 河北省贫困治理标准化体系构建与实施研究 [J]. 中国质量与标准导报，2018 (1)：51-55.

的经济收入水平，也就是贫困线的标准。① 由于标准化提升了国家认证能力，通过自下而上的民主评议机制与自上而下的标准化监督机制的耦合，有效提升了国家在基层社会的贫困识别能力。②

学者们认为，相较于粗放型扶贫的治理体系，标准化明显提升了贫困治理制度体系的精准度。③ 吴晓燕从精细化治理的视角出发，认为"把精细化的治理理念贯穿精准扶贫的全过程，加强精细化的制度体系的构建，形成精细化的扶贫瞄准及治理机制，是提升国家贫困治理效能的关键"④。"扶贫清单作为政府在贫困治理场域的规制性治理机制，也是提升农村精准扶贫效能的有效路径，清单治理在实践中有利于消除扶贫单元纵向科层治理与扶贫对象横向识别之间的张力，解决贫困治理'内卷化'等政策执行的负面效应，纠正国家资源输入与消除社会内生需求相脱节的悖论。"⑤ 在政府购买扶贫服务标准体系建构的过程中，通过政策性工具、数字化技术和绩效管理方法三种治理工具，有效提升了政府购买扶贫服务的政策绩效。⑥ "在乡村扶贫标准化治理体系的运转过程中，中央政府在制定总体性规划以后，通过将脱贫任务逐级细化和分解，建立政府主导的贫困治理体系。在贫困治理的运作情境之中，上级政府为了保障下级政府（特别是基层政权）能够在规定时间内完成相应的治理任务，制定了无缝隙及强压力的考核及控制机制，通过标准化的考核机制来提升贫困治理的效能。"⑦

二是贫困治理与自由裁量权的相关研究。"自由裁量权"作为利普斯基建构并发扬的一个概念，现已成为公共管理学及政治学等学科重要的理论分析

---

① 武沁宇. 中国共产党扶贫理论与实践研究 [D]. 长春：吉林大学，2018.
② 张世勇. 国家认证、基层治理与精准识别机制：基于贵州W县精准识别实践的考察 [J]. 求索，2018（1）：132-140.
③ 洪潇. 精准扶贫标准体系建设的研究：以贵州地方标准体系支撑区域精准扶贫为例 [J]. 标准科学，2020（7）：83-87.
④ 吴晓燕. 精细化治理：从扶贫破局到治理模式的创新 [J]. 华中师范大学学报（人文社会科学版），2016，55（6）：8-15.
⑤ 陈浩天. 精准扶贫政策清单治理的价值之维与执行逻辑 [J]. 河南师范大学学报（哲学社会科学版），2017，44（2）：26-32.
⑥ 郭春甫，闫妍. 政府购买扶贫服务标准化治理体系研究：制度规范、工具选择与行动框架 [J]. 新疆大学学报（哲学·人文社会科学版），2019，47（4）：20-27.
⑦ 王刚，白浩然. 脱贫锦标赛：地方贫困治理的一个分析框架 [J]. 公共管理学报，2018，15（1）：108-121，158-159.

范式。在利普斯基看来，裁量权是指"公共政策的基层执行者进行政策实践的行为选择及将这种行为转换为一种能力及责任的过程，它主要包括奖励与惩罚的能力的实施"①。"自由裁量权"理论引入我国以后，许多学者从不同的视角将其运用于基层政权行为及公共行政的分析之中。如王猛与毛寿龙以杭州市上城区为案例研究，探讨了自由裁量、标准化与基层治理变革之间的关系："公民与基层官僚的诉求作为政府管理与服务领域自由裁量权标准化改革的重要动力，但现代政府治理体系的建构及治理理念变革的观念指导，需要以现代化的网络信息技术为支撑条件，标准化作为推动政府治理体系变革的重要机制，政府管理与服务的标准化及服务效能的优化，是标准化运行的核心内容及目标追求。"② 朱亚鹏与刘云香则通过对我国最低生活保障政策执行过程的研究发现，街头官僚对自由裁量权的使用与多方面因素有关，它主要与国家的政策意图、制度环境及部门的利益等外在因素紧密相关，而个人追求私利的考虑等街头官僚的内在因素则相对影响较小，强约束的制度体系使基层官僚只是在形式上掌握了公共政策执行的自由裁量权，在公共政策的实践过程中难以实现"政策再制定"的目标。③ 在精准扶贫政策自上而下执行的过程中，贫困治理并非单纯的科层治理范式，也并不是上下级政府之间的行政包干制，而是行政性和政治性、常规性与运动型治理模式的混合。④ 基层政府基于"程序认证"的逻辑，有效平衡政策执行过程中的工具理性和价值理性，在公平性的价值导向下按照规范化和制度化的运作技术，让扶贫政策通过标准化最终得以在基层社会得到精准执行。⑤

在中国贫困治理政策执行的过程中，标准化既实现了中国共产党对科层结构的统合，同时也实现了对乡村社会的整合与吸纳，由此推动了贫困治理

---

① LIPSKY M. Street-Level Bureaucracy [M]. New York：Russell Sage Foundation，1980：13.
② 王猛，毛寿龙. 自由裁量、标准化与治道变革：以杭州市上城区为例 [J]. 上海行政学院学报，2016，17（1）：58-68.
③ 朱亚鹏，刘云香. 制度环境、自由裁量权与中国社会政策执行：以 C 市城市低保政策执行为例 [J]. 中山大学学报（社会科学版），2014，54（6）：159-168.
④ 王春光. 政策执行与农村精准扶贫的实践逻辑 [J]. 江苏行政学院学报，2018（1）：108-117.
⑤ 李小艺. 中国公共政策执行中的程序认证：基于贵州省 P 县精准扶贫动态管理的政策实践分析 [J]. 公共管理学报，2021，18（1）：1-11，165.

的精细化转型。① 县乡干部作为扶贫政策执行的主体，通过"有效政策执行"的机制，来实现国家政策在基层社会的有效执行。② 杨亮承在"场域"的视野下，认为贫困治理的实践过程作为行动者之间的权力争斗及博弈的过程，由于行动者在场域中占据了不同的社会资本与关系结构，扶贫场域限制了行动者"争夺"扶贫资源的行动空间，行动者通过策略性行动在互动与博弈过程中形成了扶贫资源传递与分配的结构。③ 李金龙与杨洁通过运用街头官僚理论来分析农村精准扶贫政策执行过程，发现在乡村治理场域，村组干部在精准扶贫政策执行过程中由于具有较大的自由裁量权空间，在村组干部自由裁量权异化的背景下，会导致精准扶贫政策在乡村社会执行过程中的变异。④ 在精准扶贫政策执行过程中，上级政府通过对政策内容的变更、执行尺度有选择性地调整，在政策执行者策略性应对行为的影响下，使上下级政府之间的政策更迭和策略性应对形成了基层政府政策执行的悖论。⑤

总体来看，目前学界对于贫困治理标准化的研究，尚未形成系统化的理论及实践范式。尽管许多研究认识到标准化及自由裁量权是影响贫困治理政策执行效能的两个重要因素，但目前学界尚未将农民的行动策略有效纳入，而缺乏农民主体的贫困治理情境将会陷入"结构—功能论"的思维之中，进而简化贫困治理情境的复杂性，这有待学界进一步深入研究。

（二）精准扶贫政策实践张力的相关研究

由于精准扶贫政策执行过程中的实践偏离，精准扶贫场域下的贫困治理存在多向度的困境，许多学者从体制困境、村社文化伦理以及村庄治理等视角，探讨了农村精准扶贫政策执行过程中实践偏离的成因及影响。

一是体制困境的视角。一些学者认为，由于一统体制与有效治理的内在悖论，再加上制度与行动情境张力的影响，导致扶贫政策在基层执行过程中

---

① 李小云. 中国消除贫困政策过程的社会学分析 [J]. 中央社会主义学院学报，2021 (6)：126-133.
② 樊红敏，王怡楚，许冰. 县域精准扶贫政策执行中的干部主动性：一个创造性执行的解释框架 [J]. 中国行政管理，2023，39 (5)：54-62.
③ 杨亮承. 扶贫治理的实践逻辑 [D]. 北京：中国农业大学，2016.
④ 李金龙，杨洁. 农村精准扶贫政策执行的失范及其矫正：基于街头官僚理论视角 [J]. 青海社会科学，2017 (4)：120-127.
⑤ 李卓，郭占锋，郑永君. 政策更迭与策略应对：基层政府"反复整改"的逻辑及其治理：以A镇精准扶贫政策执行为例 [J]. 中国行政管理，2022 (3)：30-38.

的不确定性。① 如汪三贵等学者在回顾我国扶贫开发政策实践变迁的基础上，认为当前农村精准扶贫工作机制在扶贫模式、返贫预防、绩效考核和资金管理方面存在诸多缺陷，农村精准扶贫存在体制性的困境，精准扶贫的治理能力有待提升。② 王春光通过调查研究发现，"扶贫开发在体制构建上没有将村社团结作为政策目标，无论是在决策还是资源配置层面，都不能有效建构社会参与机制，进而导致当前精准扶贫存在恶化村社团结的风险"③。周冬梅则通过深入调研发现，由于贫困识别在实践中的执行错位及扶贫资源的"项目化"运作，扶贫资源的输入遭遇了乡村社会内生秩序及政策执行的科层化等因素的反嵌，正式制度体系与非正式制度体系的脱耦，导致了扶贫资源配置体系合法性话语的紊乱，内嵌式的"反科层"逻辑使精准扶贫资源配置陷入困境。④ 邢成举则在扶贫资源传递与分配的视野下，深刻展示了贫困治理实践过程中权力、制度和社会结构与国家扶贫资源分配、传递的复杂关系。由于农村精准扶贫资源配置体系在实践中的困境，基层政权与乡村社会精英在贫困治理场域通过多向度的合谋，进而导致了农村精准扶贫政策执行过程的偏离，"精英俘获"现象也成为扶贫资源下乡过程的一大困境。⑤ 李文君在周雪光"控制权"理论的基础上提出："中央政府通过'高位推动'和层层施压的方式，使得地方政府的利益和目标与中央政策基本保持一致，但由于科层化及项目化的资源与制度控制方式严重束缚了地方政府的自主性，基层政权基于自身利益的考量及风险规避选择了与精准扶贫目标偏离的行为。"⑥ 白维军认为，"由于政策执行过程作为一个相互关联的系统，精准扶贫政策制定者与目标者之间在理性'经济人'动机的诱导下，存在着政策设计的合理性与科学性的制度风险：由于行政职责的模糊不清以及事权与财权的不匹配，各

---

① 杨宇，陈丽君，周金衢. 制度逻辑视角下基层政策执行"偏差"的形成机制：基于产业扶贫政策执行悬浮的分析 [J]. 公共管理学报，2023，20（3）：39-52，167.
② 汪三贵，殷浩栋，王瑜. 中国扶贫开发的实践、挑战与政策展望 [J]. 华南师范大学学报（社会科学版），2017（4）：18-25，189.
③ 王春光. 扶贫开发与村庄团结关系之研究 [J]. 浙江社会科学，2014（3）：69-78，157.
④ 周冬梅. 精准扶贫的资源配置逻辑与实践困境 [J]. 西北农林科技大学学报（社会科学版），2018，18（2）：1-9.
⑤ 邢成举. 乡村扶贫资源分配中的精英俘获 [D]. 北京：中国农业大学，2014.
⑥ 李文君."控制权"、基层政府行为与精准扶贫目标的实现和偏离：以豫西Y县为例 [J]. 中国农村研究，2017（1）：155-169.

级政府及部门存在相互推诿或相互争夺的行政风险；由于政策执行效果及官僚体制的负面效应的影响，贫困治理制度在实践过程中存在着政治失信的社会风险"[1]。

二是村社文化伦理的视角。在精准扶贫的政策执行过程中，贫困户的认知态度及当前村社文化伦理的形态，是形塑精准扶贫政策实践路径的重要因素。何绍辉看来，在当前我国农村精准扶贫的政策实践过程中，由于片面强调技术化治理在农村精准扶贫场域中的功能，而忽视了村社伦理文化对国家贫困治理体系的反嵌，这是当前农村精准扶贫政策实践困境的重要原因。[2] 许汉泽与李小云通过对精准扶贫政策在村级实践过程的调研发现，"精准扶贫政策实践偏离的背后，隐藏的是乡土社会的模糊性、农民平均主义及小农生存伦理的思维、部门之间条块化分割与基层社会组织化困境的乡土逻辑"[3]。王雨磊则认为，农村精准扶贫技术化治理在基层社会失效的根本原因，是国家的治理话语与乡村社会的话语失调导致的，国家自上而下嵌入的"帮穷"话语与乡村社会的多元伦理话语之间存在张力，而基层扶贫干部深陷乡村社会的关系网络结构之中，村社伦理本位导致了国家扶贫政策的变通执行在乡村社会具有很强的合法性。[4] 此外，刘斐丽则在"地方性知识"的视野下，认为农村精准扶贫政策执行的偏离，是由于国家贫困识别政策与乡村社会的地方性知识存在张力，国家精准识别话语侧重经济层面的定量化及简单化测量，而村社化的地方性知识则是一个包括文化、经济等的综合性系统，这两种话语在实践中的碰撞导致了精准扶贫政策在落地过程中的偏离。[5]

三是村庄治理的视角。农村精准扶贫作为重塑村庄治理结构的重要机制，在实践过程中也深受村庄治理结构的影响。如万江红与孙枭雄在研究中发现，权威缺失是农村精准扶贫政策实践困境的重要原因："在国家制度嵌入以及扶贫动员的过程中，村级组织作为扶贫政策的底端执行者，由于村级组织自身

---

[1] 白维军. 精准扶贫的风险识别与治理 [J]. 社会科学辑刊, 2018 (3): 72-78.
[2] 何绍辉. 从"技术"到"伦理"：精准扶贫研究的范式转换 [J]. 求索, 2018 (1): 141-147.
[3] 许汉泽, 李小云. "精准扶贫"的地方实践困境及乡土逻辑：以云南玉村实地调查为讨论中心 [J]. 河北学刊, 2016, 36 (6): 184-188.
[4] 王雨磊. 技术何以失准？——国家精准扶贫与基层施政伦理 [J]. 政治学研究, 2017 (5): 104-114, 128.
[5] 刘斐丽. 地方性知识与精准识别的瞄准偏差 [J]. 中国农村观察, 2018 (5): 14-28.

权威性不足，乡镇政府对于村级组织的行政性控制，驻村干部的长期入驻对于村级组织的权力挤压再加上个体化的村民对于村级组织的反制，导致了村级组织在精准扶贫场域陷入多重困境。"① 李博则在"村庄合并"的视角下，认为"由于合村并组过程中的'形合神不合'，导致了贫困治理单元扩大及项目安排与开发过程中目标靶向的偏离，造成了精准管理的难度加大及扶贫资源的内卷化，村庄治理的'再悬浮'以及贫困人口边缘化地位形塑了形式上的脱贫路径"②。此外，陈义媛从基层治理的角度，认为"村庄层面精准识别的'去政治化'及县乡层面'行政吸纳政治'的逻辑，精准扶贫未能形成对大多数村民的有效组织及动员，进而导致了农村精准扶贫在实践过程中的偏离"③。

袁明宝则认为，在农村精准扶贫政策执行的过程中，由于数字化、文本化的扶贫模式导致了贫困治理效能的降低，压力型体制又导致了精准扶贫的对象在实践过程中的错位或缺席，乡村社会出现"人人争贫困"现象，精准扶贫呈现"扶贫吸纳治理"的悖论。④ 吴高辉则用"多重治理"来概述农村精准扶贫场域中的贫困治理模式："在农村精准扶贫这一场域，当国家试图将技术治理逻辑嵌入乡村社会的过程中，通过科层制的压力机制无法与乡土社会多元化规则所形塑的间接治理模式相耦合，贫困治理体系在国家和农村社会的'第三领域'存在冲突，由此产生出应对冲突的权宜策略：多重治理。在第三领域的制度因素及组织体系的综合作用下，正式治理、半正式治理和非正式治理体系共同构成了贫困治理的多元化及权宜化的治理模式，进而衍生扶贫腐败、多重俘获和局部瞄准并存的局面。"⑤ 包先康则认为，"在压力型体制的背景下，扶贫指标作为贫困治理的重要机制，它有利于明晰各级治理主体的权责，并以此作为考核地方政府和官员贫困治理成效的依据，进而

---

① 万江红，孙枭雄. 权威缺失：精准扶贫实践困境的一个社会学解释：基于我国中部地区花村的调查 [J]. 华中农业大学学报（社会科学版），2017（2）：15-22，130-131.
② 李博. 村庄合并、精准扶贫及其目标靶向的精准度研究：以秦巴山区为例 [J]. 华中农业大学学报（社会科学版），2017（5）：93-98，148.
③ 陈义媛. 精准扶贫的实践偏离与基层治理困局 [J]. 华南农业大学学报（社会科学版），2017，16（6）：42-49.
④ 袁明宝. 扶贫吸纳治理：精准扶贫政策执行中的悬浮与基层治理困境 [J]. 南京农业大学学报（社会科学版），2018，18（3）：57-64，153-154.
⑤ 吴高辉. 国家治理转变中的精准扶贫：中国农村扶贫资源分配的解释框架 [J]. 公共管理学报，2018，15（4）：113-124，155.

通过数目字治理、项目治理、目标治理和压力治理来实现'规划性脱贫'的目标。但地方治贫实践状况表明，过度依赖指标治贫会引发诸如'精准与失准'的背反和'手段与目标'倒置等现象"[①]。何绍辉通过对红村扶贫开发的研究，认为运动式治理是我国贫困治理的重要逻辑，并针对当前贫困治理的实践困境，提出需要从运动式治理向制度化治理转型，加强基层基础性权力的构建。[②]

（三）农村精准扶贫政策执行效能的研究

学者们尽管认为精准扶贫政策在执行过程中存在多向度的张力，但在中国共产党的正确领导下，在乡村贫困标准化治理体系的基础上，我国乡村贫困治理取得了举世瞩目的成就。特别是2020年我国脱贫攻坚任务取得绝对性胜利后，学者们既对我国贫困治理效能进行了检视，也对中国为什么能够完成脱贫攻坚任务进行了解释。

学者们认为，中国特色乡村减贫道路之所以能够取得成功，核心在于在中国共产党的正确领导下，将中国特色社会主义的制度优势有效转换为治理效能。在贫困治理效能的研究层面，学者们认为，中国共产党通过充分发挥政治优势，并在构建中国特色贫困治理制度体系的基础上，建立了科学完善的脱贫攻坚责任体系，有效构筑了社会大扶贫的合力，不仅在中国社会彻底消除了绝对贫困，并在很大程度上丰富了人类反贫困的理论。[③] 邢成举与李小云通过对精准扶贫政策执行的历史研究发现，中国贫困治理的伟大实践形成了一条超越结构与行动的扶贫道路，不仅有效破除了乡村社会的致贫结构，还确立了新型的贫困治理制度与政策结构，并在扶贫干预中凸显了贫困户的行动力和发展力。[④] "国家在场"和国家主导是中国特色贫困治理的鲜明标志，通过强大的国家力量介入并优化治理体系，实现了减贫脱贫这一宏伟目

[①] 包先康. 指标式治贫模式的理论探讨及其失灵困境应对 [J]. 社会科学辑刊, 2018 (3): 53-63.

[②] 何绍辉. 贫困、权力与治理 [D]. 武汉: 华中科技大学, 2011.

[③] 燕继荣. 反贫困与国家治理：中国"脱贫攻坚"的创新意义 [J]. 管理世界, 2020, 36 (4): 209-220; 洪名勇, 娄磊, 龚丽娟. 中国特色贫困治理：制度基础与理论诠释 [J]. 山东大学学报（哲学社会科学版）, 2022 (2): 23-37.

[④] 邢成举, 李小云. 超越结构与行动：中国特色扶贫开发道路的经验分析 [J]. 中国农村经济, 2018 (11): 32-47.

标，进而推进了全体人民共同富裕的伟大进程。① 在贫困治理模式的研究层面，学者们认为，贫困治理的"中国模式"在宏观及微观层面实现了系统性的创新：在宏观层面，贫困治理的"中国模式"遵循了发展干预及治理体系优化的双重逻辑；在微观层面，贫困治理的"中国模式"通过将各种任务型组织进行整合，由此将中国特色的制度优势有效转换为治理效能。② 在贫困治理"中国模式"的运转过程中，党政体制下的脱贫攻坚指挥部作为贫困治理取得绝对性胜利的组织基础，也是中国特色社会主义制度优势有效转换为治理效能的载体。③ 在政党、政府和社会的共同努力下，行政主导型扶贫治理模式有效提升了国家政策在基层社会的执行效能，提升了国家扶贫政策的行动力。④

徐勇与陈军亚认为，中国由于拥有强大的善治能力，所以才能真正完成绝对贫困治理这一人类社会的大型工程。⑤ 周飞舟认为，贫困治理场域中的国家与社会关系，并不是西方社会情境下"国家—社会"的利益互动及博弈关系，而是体现了"家国一体"的关系形态，这种关系形态为国家与农民的制度化互动提供了动力，为脱贫攻坚的胜利提供了前提基础。⑥ 王雨磊从技术治理的角度，认为"数字下乡是技术治理在农村扶贫开发中的典型应用，通过将数字化有效嵌入基层政权及乡村社会，实现数字信息在地化、系统化和逻辑化，国家依托数字下乡能够有效改善基层治理场域信息不对称的问题，进而提升国家信息收集及对社会治理的能力"⑦。扶贫政策通过科层体系抵达乡村社会以后，扶贫政策执行的多元主体通过日常生活行动对扶贫政策产生了变异性影响，但国家通过政治对行政的融合、国家与社会的整合来保障乡村

---

① 杨博皓. 国家在场下峡门回族乡精准扶贫治理实践研究［D］. 兰州：兰州大学，2023.
② 曹湘怡，张凤阳. 从组织视角看精准扶贫：兼论贫困治理"中国模式"的原创性［J］. 天津社会科学，2022（2）：48-54.
③ 张建. 中国贫困治理的党政体制及其效能研究：基于青海省 H 县脱贫攻坚实践的考察［J］. 中国农业大学学报（社会科学版），2020，37（6）：61-70.
④ 许汉泽. 行政主导型扶贫治理研究［D］. 北京：中国农业大学，2018.
⑤ 徐勇，陈军亚. 国家善治能力：消除贫困的社会工程何以成功［J］. 中国社会科学，2022（6）：106-121，206-207.
⑥ 周飞舟. 从脱贫攻坚到乡村振兴：迈向"家国一体"的国家与农民关系［J］. 社会学研究，2021，36（6）：1-22，226.
⑦ 王雨磊. 数字下乡：农村精准扶贫中的技术治理［J］. 社会学研究，2016，31（6）：119-142，244.

脱贫攻坚政策和措施得以有效落实。① 许汉泽通过调研发现，如果将运动式治理与目标责任制进行有效结合，将乡村贫困治理上升为基层政权一项强制性的"中心工作"，可以较短时间内有效实现行政动员，为贫困户的脱贫摘帽及贫困地区面貌的改变提供保障。②

通过梳理现有文献发现，目前学界对农村精准扶贫政策执行的研究，呈现出从规范性分析转向实证性阐释转换的态势和跨学科多视角的格局，为理解农村精准扶贫的实践困境提供了较好的理论及实践范式。但在现有的研究中，对农村精准扶贫政策实践的理论总结及提升有待于进一步研究，需要通过对典型个案的深入研究，在规范研究与实证研究并重的视野下，加快中国特色贫困治理理论范式的研究，进而形成农村精准扶贫研究的综合理论范式。

三、国外关于国家自主性的相关研究

在国家自主性理论的论争中，西方社会主要在国家与社会关系的理论范式下，形成了"国家中心论"和"社会中心论"两种理论。国家自主性的理论溯源，最早可以追溯到黑格尔对国家与市民社会关系的论述。在黑格尔看来，"国家是绝对自在自为的理性东西"③，"市民社会代表的是特殊性，是不同个人和团体的特殊利益；而国家代表了一种普遍性，反映普遍的利益和意志"④。黑格尔对国家自主性的探讨，是一种典型的国家中心论，并影响了国家自主性理论的发展方向。而马克思和恩格斯虽然认为"国家不外是资产者为了在国内外相互保障各自财产和利益所必然要采取的一种组织形式"，但也同时认为国家作为社会公共利益的代表，决定了国家能够相对独立于经济上的统治阶级，由此将国家自主性理论推向了社会中心论的范式。⑤ 自20世纪70年代以来，随着对国家治理能力研究的不断深化，国家自主性理论在西

---

① 李小云，徐进. 消除贫困：中国扶贫新实践的社会学研究 [J]. 社会学研究，2020，35（6）：20-43，242.
② 许汉泽. 精准扶贫与动员型治理：基层政权的贫困治理实践及其后果：以滇南M县"扶贫攻坚"工作为个案 [J]. 山西农业大学学报（社会科学版），2016，15（8）：545-550，562.
③ 黑格尔. 法哲学原理 [M]. 范扬，张企泰，译. 北京：商务印书馆，2009：288.
④ 黑格尔. 法哲学原理 [M]. 范扬，张企泰，译. 北京：商务印书馆，2009：300.
⑤ 中共中央马克思恩格斯列宁斯大林著作编译局. 马克思恩格斯文集（第1卷）[M]. 北京：人民出版社，2009：584.

方社会兴起以后,逐渐形成了不同的理论流派。

在斯考克波眼中,"作为一种对特定领土和人民主张其控制权的组织,国家可能会确立并追求一些并非仅仅是反映社会集团、阶级或社团之需求或利益的目标,这就是通常所说的国家自主性"①。在此基础上,斯考克波进一步提出,国家自主性是"国家被看作是拥有领土和人民控制权的一种组织。它可以制定和追求自己的目标,而不是简单反映社会集团利益、阶级利益或整个社会的利益"②。无论是国家中心主义理论还是"回归国家"理论,都强调国家对于社会的主导作用,国家作为一个完整的组织单元:赋予政府某种"全能假设",认为政府如果打算(would)处理,就肯定可以(could)正确处理事务。③ 针对国家中心论及社会中心论的弊端,乔尔·S. 米格代尔提出了非常有见地的批评,并由此提出了"社会中的国家"(state in society)的分析路径:必须理性看待国家与社会的关系,既要看到国家对社会的作用,也不能忽视社会对国家的影响。米格代尔将国家定位为"一个权力的场域,其标志是使用暴力和威胁使用暴力,并被以下两方面所塑造:(1)一个领土内具有凝聚性和控制力的、代表生活于领土之上的民众的组织的观念;(2)国家各个组成部分的实践"。④ 米格代尔对国家概念的界定,是将国家作为行动与场域相互建构的主体,在实质上突破了"国家中心主义"和"社会中心主义"的论争,将国家自主性视为一种"有限的自主性":国家自主性的强弱取决于国家与其他社会势力的关联,国家自主性在不同的国家,或在同一国家内部的不同时间、不同政策领域,呈现不同的发展面向。⑤ 此外,迈克尔·曼则将国家权力分为专制性权力和基础性权力两个层面:"国家专制性权力是指国家精英可以在不必与社会各集团进行例行化、制度化讨价还价的前提下自

---

① 埃文斯,鲁施迈耶,斯考克波. 找回国家[M]. 北京:生活·读书·新知三联书店,2009:10.
② SKOCPOL T. Bringing the State Back in: Strategies of Analysis in Current Research [M]// EVANS P, RUESCHEMAYER D, SKOCPOL T. Bringing the State Back In. Cambridge: Cambridge University Press, 1985.
③ ANDERSON. Politics and Economic Change in Latin America: The Governing of Restless Nations [M]. Princeton: D. Van Nostrand, 1967: 5.
④ 米格代尔. 社会中的国家:国家与社会如何相互改变与相互构成[M]. 李杨,郭一聪,译. 南京:江苏人民出版社,2013:2.
⑤ 米格代尔,柯里,苏. 国家权力与社会势力:第三世界的统治与变革[M]. 郭为桂,曹武龙,林娜,译. 南京:江苏人民出版社,2017:369.

行行动的范围；国家的基础性权力是指国家事实上渗透社会，在其统治的领域内有效贯彻其政治决策的能力。在不同的权力类型之中，国家权力的实践具有不同的面向，国家自主性呈现不同的特性"[1]。

在国家自主性理论论争的过程中，国家与社会的关系从对抗逐步走向合作，成为当前国家自主性的实践形态。"镶嵌式自主"最早是由彼得·埃文斯等学者用来分析国家与社会互动关系的一个概念。在其看来，官僚体制必须镶嵌于社会关系之中，与社会相连接，只有官僚自主性与社会镶嵌性相结合，国家才能得到持续发展。[2] 按照彼得·埃文斯等学者关于国家自主性建设的历史进程的分析，国家自主性主要包括三个层面的内容：一是资本积累，国家能否通过公共所有权和财税政策等机制来实现对公共资源的控制及分配权；二是国家机构的集体行为能力，主要体现在国家能否通过行政理性来实现资源的有效分配；三是政治文化，其中意识形态统摄力的培育尤为重要。[3] 在国家与社会关系互嵌的过程中，国家能够有效实现其治理目标，并在嵌入社会的过程中提升国家的治理能力，是国家与社会关系"镶嵌式自主"的实践目标。按照武考克的观点，自主在微观上是指社群外的网络，在宏观上指具有自由选择、决策的能力。[4] 根据埃文斯对"镶嵌"的定义，它主要包括五方面的内涵："一、它体现了政府与社会大众之间的互动关系，这种关系既可以存在于政府与非营利组织之间，也可以存在于政府与社会精英之间；二、这种镶嵌需要官员及精英的共同合作来实现；三、这种互动具有一定的工具性及目的性；四、联系不仅需要政府的有限介入，还要发挥社会组织的行动能力；五、政府官员要获得当地人的信任和认同才能更好地介入。"[5] "镶嵌"和"自主"作为一对相互独立又相互补充的社会关系形态，其耦合既需要制度性衔接，也是形塑制度体系结构的一种范式，更体现了国家自主性的理论建构越来越依托于国家与社会之间的关系互赖。

---

[1] MANN M. State, War and Capitalism [M]. New York: Basil Blackwell, 1988: 5-8.
[2] EVANS P. Embedded Autonomy: States and Industrial Transformation [M]. Princeton: Princeton University Press, 1995: 39-42.
[3] EVANS P. Embedded Autonomy: States and Industrial Transformation [M]. Princeton: Princeton University Press, 1995: 39-42.
[4] 邵任薇,王桢桢. 自主与镶嵌：城中村研究的新视角 [J]. 探求, 2013 (5): 26-31.
[5] 徐林,吴咨桦. 社区建设中的"国家—社会"互动：互补与镶嵌：基于行动者的视角 [J]. 浙江社会科学, 2015 (4): 76-82, 157.

四、国内关于国家自主性的相关研究

立足于中国的基本国情,一些学者将西方国家自主性理论引入中国,用于分析中国国家治理的形态。在概念界定层面,国内学者对国家自主性的内涵认识,大多受到新国家主义的影响。杨光斌等认为,"国家自主性作为来自社会的国家享有超越社会的能力,国家超越于个人和群体利益之上而代表公共利益和公共意志"[①]。刘召则试图摒弃国家中心论与社会中心论的弊端,在主体间性的理论视野下认为国家自主性并不代表国家对社会的排斥,也不意味着国家权力的无限扩张,而是由"孤立性国家自主性"向"互动式国家自主性"转换,由此实现国家自主与社会自主之间的均衡。[②] 在中国社会的语境下,国家自主性是与国家治理能力紧密联系的一个概念。[③] "国家能力和国家偏好是影响国家自主性的两个要素:国家治理能力影响了国家的偏好,而国家偏好(国家政策选择)又影响了国家能力。"[④] 由于国家自主性在各个国家存在较大的差异,国家自主性的"强"与"弱"是一个相对概念,并且在不同的历史阶段及情境也会呈现较大差异,国家自主性并非越强越好,也并非越弱越好。[⑤]

周光辉等学者认为,中国共产党通过掌握国家权力结构的领导权、构建分工协作的制度体系及建立高效运转的权力运行机制,在国家治理场域建构了较强的自主性,国家的强自主性破解了中国现代化道路的"双重难题"。[⑥] 有学者在"嵌入式自主"的理论视野下,提出了"引领型自主"这一具有中国治理情境的分析框架,认为国家有为与地方有效是中国国家自主性建构的

[①] 杨光斌,郑伟铭,刘倩. 现代国家成长中的国家形态问题 [J]. 天津社会科学,2009(4):51-59.

[②] 刘召. 国家自主性理论的批判与重构 [D]. 南京:南京大学,2012.

[③] 杨嵘均. 国家自主性与国家能力视域中网络空间政治安全建设 [J]. 行政论坛,2022,29(2):10-17.

[④] 马天航,熊觉. 理解"国家自主性":基于概念的考察 [J]. 学术月刊,2018,50(8):80-92.

[⑤] 苗爱民,蓝剑平. 国家自主性与国家能力:文献综述与理论探索 [J]. 中共福建省委党校(福建行政学院)学报,2022(6):91-101.

[⑥] 周光辉,彭斌. 国家自主性:破解中国现代化道路"双重难题"的关键因素:以权力、制度与机制为分析框架 [J]. 社会科学研究,2019(5):12-24.

理想形态,是推进治理现代化及满足人民美好生活需要的动力。① 王中女认为,伴随着国家基层社会治理制度体系的不断完善,国家治理能力也由此得到明显提升,基层社会场域中的国家自主性呈现明显的相对主动态势。② 邵任薇则在"镶嵌式自主"的理论视野下,以地方政府、村集体及村民为分析主体,探讨了城中村改造过程中的国家自主性的实践形态,由于地方政府、村集体及村民在博弈过程中具有不同的利益诉求及行为策略,在实践过程中彼此的自主性都是镶嵌的。③ 李祖佩通过对涉农项目实践过程的考察发现,国家自主性的不足是项目制在基层产生实践困境的重要原因:由于基层政府的组织自利性以及由此延伸的乡村庇护结构,国家项目指标分配及资源输入遭遇了基层社会的反嵌,基层精英日益成为一个固化的利益群体,进而导致项目制在基层社会的"精英俘获",由此绑架了国家项目实施的公共意志。④ 徐琴通过对国家涉农政策执行过程的研究发现,国家自主性在实践过程中呈现碎片化状态,表现出动态性与有限性并存、层次性与相互性并存的特征。⑤

随着国家自主性研究的不断深入,学者们将国家治理能力作为衡量国家自主性的主要指标。冀梦晅从国家能力与国家自主性的关系层面,考察了中国国家自主性的变迁及困境:在中华人民共和国成立以后,在强国家、弱社会的格局下,国家自主性相对较强;而改革开放改变了全能型政府模式,在增强社会自主性的同时,也导致了国家自主性的弱化;在国家治理现代化的背景下,需要通过政府与社会的协商及共同治理,实现国家权力与公民权利的协同合作。⑥ 在为数不多的文献中,穆军全和方建斌从国家自主性的视角,对农村精准扶贫的运作机制进行了分析,提出嵌入性机制是提升农村精准扶

---

① 陈荣卓,金静.我国农村人居环境治理的引领型实践过程及经验逻辑:基于"嵌入式国家自主"理论的情景化拓展 [J]. 中国行政管理, 2023 (7): 24-33.

② 王中女. 限度与能动性的张力:城市基层治理中的国家能力 [D]. 北京:中共中央党校, 2022.

③ 邵任薇. 镶嵌式自主的城中村改造研究:基于深圳A村的个案考察 [M]. 北京:人民出版社, 2015: 2.

④ 李祖佩. 项目制基层实践困境及其解释:国家自主性的视角 [J]. 政治学研究, 2015 (5): 111-122.

⑤ 徐琴. 国家涉农政策执行效能差异性的生成逻辑 [J]. 华南农业大学学报(社会科学版), 2023, 22 (1): 36-45.

⑥ 冀梦晅. 发展视角下中国国家自主性与国家能力探析 [J]. 青海社会科学, 2016 (4): 78-84.

贫场域国家自主性的重要手段，通过组织动员、干部驻村和项目下乡等机制，我国农村精准扶贫的贫困治理能力有一定程度的提升，但由于嵌入性机制与乡村社会运行机制之间的冲突、嵌入性机制之间的关系失调，导致了扶贫资源分配中国家自主性的流失。① 余敏江认为，在精准扶贫政策执行过程中，国家通过多向度的嵌入提升了精准扶贫资源输入的精准性，但由于多重地方自主性也影响了国家自主性效能的发挥。② 此外，他还在"制度"与"行动者网络"的双重视角下，实现国家自主性制度体系的情境性嵌入，提升国家的制度、组织及技术平台嵌入能力，由此最大限度地提升国家在基层社会的治理能力。③ 国家自主性作为现代国家治理的重要问题，特别是在转型中的中国社会，如何提升国家自主性及国家治理能力，是国家治理现代化领域的重要课题。如有学者认为，加强国家文化治理体系建设、建构国家与社会的互动整合机制及提升法治化程度是国家自主性构建路径的基础性结构要素。④

目前学界对于国家自主性的研究，仍然带有较强的西方理论色彩，中国特色的国家自主性理论建构相对不足。同时，贫困治理作为国家治理的重要内容，贫困治理体系的优化及贫困治理效能的提升，直接关系到农村精准扶贫的现实成效。目前学界对贫困治理场域中的国家自主性研究的文献相对较少，有待进一步深入研究。

五、研究述评

总体来看，学界关于贫困治理的研究可谓汗牛充栋。特别是农村精准扶贫政策提出以后，许多研究者认识到精准扶贫是一种新型治理体系建构的尝试。但在现有的研究中，贫困治理主要侧重一种静态性的现象描述，主要集中于贫困治理的路径及模式层面的探讨，而贫困治理作为一种动态性的实践过程有待于进一步深入研究。从研究视角来看，现有的研究主要在技术治理

---

① 穆军全，方建斌. 精准扶贫的政府嵌入机制反思：国家自主性的视角 [J]. 西北农林科技大学学报（社会科学版），2018，18（3）：90-97.
② 余敏江. 精准扶贫中国家自主性的内在张力及其调适 [J]. 学术研究，2020（6）：44-50，177.
③ 余敏江. 长三角水环境协同治理中的国家自主性及其提升路径：基于"制度—行动者网络"的分析框架 [J]. 甘肃行政学院学报，2021（6）：28-35，123.
④ 丁岭杰. 民族政治与国家自主：民族冲突与民族整合中国家自主性探析 [J]. 中共福建省委党校（福建行政学院）学报，2021（6）：82-89.

及"制度与结构"的研究范式之下,探讨农村精准扶贫的运作机制及实践范式,为农村精准扶贫的实践困境研究提供了较好的理论及实践范式。在以往的研究中,特别是精准扶贫的实践困境及相关瞄准偏差的研究,通过技术治理的研究路线,将研究的视角聚焦于精准扶贫的有效瞄准及落地,这种研究视角为贫困治理做出巨大贡献。在技术治理的视野下,精准扶贫充分体现了技术治理的精细化逻辑,但这种研究范式掩盖了制度因素的影响,有将"制度问题技术化"的倾向。在"制度与结构"的研究范式之下,尽管将扶贫场域当作一个由权力、制度和社会结构共同构成的网络体系,但在实践过程中容易将贫困治理的过程作为一种静态的过程来研究。同时,在现有的研究中,有一些研究者从"标准化治理"的视野对农村精准扶贫进行了初步研究,但现有的研究主要侧重贫困识别标准层面,尚未上升到一种研究范式。特别是在精准扶贫的背景下,标准化的治理方式为村庄社会和乡村治理带来了哪些新特性,有待进一步深入研究。标准化对于自由裁量权的规范化发展具有重要意义,但现有的研究主要侧重对标准化与自由裁量权的应然性探讨,自由裁量权的规范化在基层的实践形态仍然值得深入研究。

农村精准扶贫是现代国家治理体系的重要组成部分,通过对农村精准扶贫运作过程的研究,有利于透视现代国家治理的路径及治理术的运作逻辑,进而探索农村治理现代化的有效路径。由于在特定的治理情境之中,不同的治理主体受到多重制度逻辑的影响,在自上而下的制度嵌入及资源输入过程中,在场域中行动的治理主体(基层政府、村干部及村民)共同形塑了场域的转换,进而影响了村庄治理的现实形态并造成了国家治理目标的偏离。国家农村精准扶贫政策实施的过程,并不是简单地停留在国家政策文本的规定之中,而是基层治理主体在实践过程的行动演绎。扶贫资源向农村基层社会传递的过程,是国家意志自上而下表达的过程,但基层政权执行国家政策的过程并非完全按照国家意志,而是通过自由裁量权对国家政策进行变通,以此建构了贫困治理场域的乡村治理形态。本研究试图回答国家扶贫政策在基层实践的路径及逻辑,阐述精准扶贫政策执行场域中乡村治理结构转型的面向,由此回应贫困治理场域中国家自主性的实践逻辑。本研究将制度研究和技术治理这两种研究范式有机结合,从国家治理的视野来阐释精准扶贫过程中存在的机制失调问题,并试图提出推进贫困治理现代化的路径。

党的十八届三中全会通过的《中共中央关于全面深化改革若干重大问题

的决定》指出,"政府要加强发展战略、规划、政策、标准等制定和实施",这意味着标准化开始成为我国政府治理体系建设的基本内容。2020年8月,农业农村部等三部门联合印发的《乡村振兴标准化行动方案》明确指出,"加强对防止返贫动态监测和帮扶机制、相关项目管理机制等相关标准研制"。标准化作为农村精准扶贫的运作机制,其不仅是精准扶贫的一种媒介,本身也是一种治理方式,内含社会权力的融合与冲突,忽视了农村精准扶贫标准化运行的治理机制,将无法深刻理解我国扶贫治理运作的内在逻辑。本书拟将标准化治理理论引入农村精准扶贫这一场域,通过贫困治理制度情境、行为情境及关系情境的转换来阐释精准扶贫标准是如何嵌入乡村社会的,并探讨贫困治理情境中的乡村治理结构及国家自主性的实践形态,进而为提升贫困治理情境的国家自主性提供理论支撑。

第三节 研究内容

本书通过将农村精准扶贫政策执行的制度情境、行为情境及关系情境设为分析维度,阐释贫困治理多元治理情境转换的面向及逻辑,以此来阐述贫困治理政策执行场域的国家自主性。在研究的过程中,通过对L乡精准扶贫实践的个案研究,深刻阐述农村精准扶贫政策执行的过程,进而透视贫困治理的运作逻辑及国家自主性的实践形态。在实际的研究过程中,本书按照"一条主线、两个基本点、三大要素、三个层面"的基本思路,以基层治理现代化为研究主线,以贫困治理政策执行和国家自主性为两个基本点,从标准化、自由裁量权及街头博弈这三个层面,以贫困治理的制度情境、行为情境及关系情境为三大要素,探讨贫困治理情境中的乡村治理结构及国家自主性的实践形态。

(1)在乡村治理体系变迁的视野下,将国家自主性理论引入基层治理情境的研究场域之中,建构贫困治理情境中国家自主性的分析框架。在"行动与结构"的范式下,对国家自主性的维度进行了分类;在此基础上,引入贫困治理情境这一分析维度,分别从制度情境、行为情境及关系情境三个视角,建构贫困治理情境中的国家自主性的分析框架,为本研究提供基本的理论支撑。

(2) 在标准化治理的视野下，探讨贫困治理场域制度情境建构的形态。标准化作为贫困治理政策执行的一种有效机制，本身也是贫困治理的一种范式。通过对 L 乡农村精准扶贫制度嵌入形态的分析，阐释精准扶贫场域标准化的制度体系是如何建构的，探讨贫困治理场域国家自上而下控制基层政权行为的制度建构逻辑。

(3) 在自由裁量权的视野下，探讨基层政权执行国家扶贫政策的行动策略，进而透视贫困治理行为情境的实践形态。通过对 L 乡扶贫干部日常治理行为策略的研究，透视国家政策在乡村社会是如何执行的，进而分析基层扶贫干部在贫困治理场域政策变通的逻辑。

(4) 在街头博弈的视野下，探讨贫困治理场域关系情境的实践形态。在农村精准扶贫政策执行的实践过程中，基层政权、村民与国家之间的关系并不是一种制度化均衡的博弈关系，而是在街头空间这一场域下呈现的一种情境性均衡的博弈关系。

(5) 在总结贫困治理制度情境、行为情境与关系情境的基础上，探讨贫困治理情境转换的路径及逻辑，由此透视贫困治理情境转换中的乡村治理结构。通过对贫困治理情境转换的路径进行分析，来证明贫困治理场域的乡村治理结构呈现结构脱耦的悖论，乡村治理的结构再生产呈现一种介于"简约式"与"规则化"之间的范式，"规则软化"成为贫困治理情境转换的重要面向。

(6) 在国家治理能力的研究视野下，探讨贫困治理政策执行中国家自主性的实践形态。本研究力图证明国家自主性在基层社会的实践形态，除了受国家与社会关系这一结构性框架的影响，还与公共政策执行的情境紧密相关，贫困治理情境中的国家自主性呈现一种"非均衡嵌入"的格局。

(7) 通过对本研究进行总结及反思，并与西方国家自主性理论进行对话，总结精准扶贫场域中国家自主性的实践形态。在基层治理现代化及乡村振兴的时代背景下，探讨推进贫困治理体系及能力现代化的路径，进而提升贫困治理场域的国家治理能力。为有效推动贫困治理现代化，本研究提出需要从国家、基层政权及农民三者关系出发，通过标准化实现三者之间的合作与互嵌，构建一种新型的贫困治理结构。

第四节 研究方法及创新点

一、主要研究方法

学界对农村精准扶贫政策执行的研究，涉及政治学、社会学、公共管理学等多个学科，并且呈现了不同的研究路线。本书则在个案研究的基础上，通过规范研究与实证研究相结合，借鉴文献研究法、参与观察法及深度访谈法这三种人文社科领域常用的研究方法，在跨学科的基础上设计研究路线。

（一）文献研究法

文献研究作为人文社科领域必不可少的研究方法之一，也是了解学术发展史的基础。贫困治理作为国内外人文社科领域研究的热点话题，涌现的文献汗牛充栋。通过系统梳理学界关于贫困治理、国家自主性及基层治理情境相关文献，了解我国贫困治理研究的现状，并通过历史比较以及国内外研究经验对比，为本研究提供基本的理论资源。

（二）参与观察法

观察作为理解社会现象的重要路径，也是学术研究的重要范式。基于观察主体的实践方式，可以分为参与观察和局外观察两种方式。为有效理解农村精准扶贫在基层实践的面向，笔者以"扶贫专干"的身份在L乡扶贫办实习了三个月，在实习期间全程参与了L乡农村精准扶贫的工作，特别是全方位参与了L乡精准扶贫年度扶贫规划等相关资料的制定、扶贫工作动员、驻村帮扶、迎接上级政府的检查等事项，较为深刻地了解了L乡农村精准扶贫的运作过程。

（三）深度访谈法

由于参与式观察的局限性，笔者借助"扶贫专干"的身份，对L乡分管扶贫的相关领导、驻村第一书记、扶贫队员、村干部、贫困户、普通村民进行了大量的深度访谈。在实习结束以后，笔者借助先前建立的良好关系，两次对L乡5个村庄进行了专项调研。在调研及研究的过程中，为避免陷入"眉毛胡子一把抓"的困境，重点关注农村精准扶贫政策在基层是如何实施的，获取了大量的一手资料，为本研究奠定了材料基础。

二、本研究可能的创新之处

（一）研究视角的创新

在现有的研究中，对农村精准扶贫的研究主要从扶贫的视角来研究贫困治理。尽管一些研究者从国家治理的视野探讨了贫困治理模式的构建，但仍然侧重对贫困本身的研究。同时，尽管学界对于农村精准扶贫的研究可谓汗牛充栋，但主要是从不同的视角探求贫困治理的有效路径，少有文献对农村精准扶贫政策执行中的国家自主性进行深入分析。本研究则将技术治理与"制度与结构"这两种研究范式进行整合，在"制度、行为与关系"的三维视野下，探讨贫困治理场域的乡村治理结构及国家自主性。通过将L乡农村精准扶贫的实践过程作为研究对象，以贫困治理情境的转换来充分展示贫困治理政策在基层实践的路径及逻辑，进而阐述贫困治理政策执行中国家自主性的实践形态。

（二）理论视角的创新

在研究的过程中，本研究在基层治理情境及标准化治理的双重理论视野下，通过清晰展示农村精准扶贫的运作过程，深刻探讨精准扶贫政策执行的逻辑，进而与西方"国家自主性"理论进行对话。目前学界对于治理情境及标准化治理理论的研究尚处于起步阶段，通过将二者引入贫困治理的分析场域，有利于对贫困治理运作逻辑的研究提供新的理论视角，进而更好地阐述贫困治理情境中的国家自主性。在基层治理情境的理论视野下，跳出"国家中心论"和"社会中心论"的理论争论，将国家自主性放入国家与社会关系的理论框架中，通过具体治理情境来检视国家自主性的实践形态。

第五节 概念界定

一、农村精准扶贫

农村精准扶贫作为我国2014年提出来的针对农村反贫困的新政策，代表了贫困治理新的目标定位。根据官方的政策表述："精准扶贫是通过对贫困户和贫困村精准识别、精准帮扶、精准管理和精准考核，引导各类扶贫资源优化配置，实现扶贫到村到户，逐步构建精准扶贫工作长效机制，为科学扶贫奠定坚实基础。"① 在官方政策表述的框架下，汪三贵等学者认为，精准扶贫最基本的定义是扶贫政策和措施要针对真正的贫困家庭和人口，通过对贫困人口进行针对性的帮扶，从根本上消除导致贫困的各种因素和障碍，达到可持续脱贫的目标。精准扶贫的主要内容包括：贫困户的精准识别和精准帮扶，以及扶贫对象的动态管理和扶贫效果的精准考核。② 结合国家政策及当前学界的研究，本研究认为，农村精准扶贫是指在精细化的扶贫标准和程序的基础上，通过贫困治理流程的无缝隙对接，对贫困群体进行精准帮扶，实现贫困人口、贫困地区脱贫致富，在扶贫流程上它主要包括精准识别、精准管理、精准帮扶以及精准考核这四个层面。

二、贫困治理

本书对于贫困治理概念的界定，主要借鉴于学界对福利治理的概念界定。"贫困治理"概念的使用主要有两重意涵：一是将"贫困"及贫困对象作为治理的对象，通过对贫困的治理来满足贫困群体的需求并提升贫困对象的日常生计；二是实现乡村社会的公平正义，这是国家治理体系的重要组成部分。贫困治理第一层次意义上的内涵是其应然性内涵，指通过贫困治理体系的优化，推动贫困治理结构的融合，以此来解决贫困问题的系统性实践过程。第一层面上的贫困治理是对传统福利国家范式的超越，是对传统贫困治理体系的重构及反思，贫困治理的根本目标是更好地满足贫困群体的社会需求。在这一概念之中，"贫困"既是治理的对象，也是治理的内容及目标。第二层面上的贫困治理是国家（政府或其他主体）通过对贫困进行治理，借助贫困治理的实践过程来实现国家治理目标，这一层面上的贫困治理实质是国家（社会）治理体系的一部分，贫困治理的目标是维护社会的稳定或常态化运行，

---

① 左停，杨雨鑫，钟玲. 精准扶贫：技术靶向、理论解析和现实挑战［J］. 贵州社会科学，2015（8）：156-162.
② 汪三贵，郭子豪. 论中国的精准扶贫［J］. 贵州社会科学，2015（5）：147-150.

进而提升国家治理能力。① 在分析的过程中，对于贫困治理的内涵及外延主要遵循上述两个层面，它不仅是解决贫困问题的实践过程，同时也是国家通过对贫困问题的治理来实现国家治理的过程。

三、国家自主性

本书对国家自主性的概念界定，主要借鉴斯考克波在《回归国家》一书中的定义。在斯考克波看来，国家自认为是控制特定领土及其之上人民的组织，可以去形成并寻求目标，而非单纯地去反映社会、阶级或社会团体的利益或要求；国家的自主性是指国家机器所拥有的权力能够在某种程度上独立于组成生产关系的社会权力，当政府实施政策遭到社会团体的反对或对抗时，政府有能力通过政策操作与权力运用，完成政策目标。② 本书对国家自主性概念的界定，是指国家在实现特定的治理目标的过程中，能够通过特定的行动来提升国家的治理能力。在这一概念的界定上，国家自主性是与基层自主性相对的一个概念，尽管国家在主体上包括中央政府与地方政府及其组织，但在中国治理体系的运转过程中，如何保障中央政府的政策在地方政府及基层社会得到有效执行，是国家自主性得以实现的重要前提。基于此，本书所界定的国家自主性，主要侧重上级政府（特别是中央政府）的自主性，反映了地方政府及基层社会对中央政府政策执行的接受程度。在具体的研究过程中，对国家自主性的检视主要将其置于国家公共政策制定及执行的过程中，特别是分析各个治理主体（包括中央政府、基层政权及农民）在贫困治理政策执行过程中的博弈形态，由此来探讨精准扶贫背景下的国家自主性的实践形态。

第六节　个案介绍

本研究的经验材料来源于笔者对 L 乡的实地调研。在 2018 年 1 月至 3 月，笔者在 L 乡政府扶贫办以"扶贫专干"的身份进行了实习，实习结束后又多

---

① 李迎生，李泉然，袁小平. 福利治理、政策执行与社会政策目标定位：基于 N 村低保的考察［J］. 社会学研究，2017，32（6）：44-69，243.
② EVANS P, RUESCHEMEYER D, SKOCPOL T. Bringing the State Back In［M］. Cambridge：Cambridge University Press，1985：311.

次以"朋友"的身份进行跟踪调研,整个田野调查过程持续了三个多月,收集了大量的一手资料。在实习的过程中,笔者参与了 L 乡扶贫政策的制定及驻点帮扶工作,并对驻村干部、村干部及一些贫困户进行了重点访谈。

L 乡位于 N 区东南部,土地总面积 107 平方千米,其中耕地面积 26186 亩,林地面积 99450 亩。共有 17 个行政村,236 个村民小组,有农户 12155 户 52417 人。有建档立卡贫困户 2228 户 8419 人,2015 年脱贫 478 户 2113 人,2016 年脱贫 619 户 2602 人,2017 年脱贫 589 户 2204 人,剩余未脱贫人口 542 户 1500 人;贫困村 X 村于 2016 年顺利退出,贫困村 L 村于 2018 年顺利退出。按照精准扶贫、精准脱贫的基本方略,紧扣"核心是精准、关键在落实、确保可持续"总要求,全面落实乡党委主体责任,做到以脱贫攻坚统揽经济社会发展全局,依托农业产业发展优势,突出抓好"十大扶贫工程",L 乡紧紧围绕实现"两不愁三保障"的基本目标,抓好脱贫攻坚工作。根据区委、区政府的统一部署,L 乡精准扶贫工作以解决"两不愁三保障"等核心问题为主线,紧扣"产业发展、就业带动、整村推进"三项重点,制订发展规划,多方统筹力量,强化扶贫责任,全力实施"产业扶贫、就业扶贫、健康扶贫、教育扶贫、金融扶贫、保障扶贫、安居扶贫、社会扶贫、基础扶贫"等扶贫重点工程,L 乡农村精准扶贫工作取得了很大的成效,并在 2019 年 3 月顺利通过了第三方评估组的验收,成功实现了脱贫摘帽。

第二章

基层治理情境中的国家自主性：类型结构与分析框架

农村精准扶贫政策执行场域中的国家自主性研究，实质上是在特定情境中考察国家对基层社会政策嵌入的路径及基层政权执行国家公共政策的效度及博弈的情况，它涉及公共资源的合理分配及社会的公平正义等问题。本章在借鉴前人研究的基础上，对农村精准扶贫政策执行中的国家自主性的内涵及维度进行细化，并在引入基层治理情境这一概念的基础上，在公共政策执行的视野下建构了基层治理情境的类型结构，进而建构了贫困治理情境中国家自主性的分析框架。

第一节 主体、约束与能力：理解国家自主性的三重维度

对于国家自主性的内涵及其影响因素，不同的学者有不同的理解。在彼得·埃文斯等三位学者主编的《找回国家》一书中，将国家自主性的影响因素概括为三方面："国家能力与国家自主性的影响因素、国家的形成与重构以及国家行动的知识基础。"[①] 在"回归国家"学派的眼中，国家自主性可以从以下三方面进行理解："（1）国家作为特定的组织及结构体系，它在主体上至少是相对独立于社会的；（2）国家的组织及结构体系具有主体性，具体体现为特定的偏好和利益诉求；（3）国家通过其组织及结构体系，能够较好地实现国家的偏好及诉求。"[②] 根据学者们的理解，国家自主性是指国家作为一个

[①] 埃文斯,鲁施迈耶,斯考克波. 找回国家 [M]. 方力维,莫宜端,黄琪轩,等译. 北京：生活·读书·新知三联书店,2009：10-36.
[②] 马天航,熊觉. 理解"国家自主性"：基于概念的考察 [J]. 学术月刊,2018,50（8）：80-92.

结构中的行动者，为了实现特定的利益诉求及治理意图，通过相应的组织、制度及资源来约束治理主体之间的行为，以此来提升国家治理能力的过程。国家自主性可以进一步划分为治理主体、治理行为及治理能力三个层面，三大构成要素既相互影响，又相互制约："首先，国家作为一个具有自我行动能力的主体，在实际的行动过程中它可能与社会中的特定阶级或群体的利益诉求不相一致，它甚至可能与社会中统治阶级的利益相冲突，并由此塑造一种新的结构体系；其次，国家在现实中并不是也不可能与社会完全脱嵌，国家必须在社会中生长并受到社会的制约，并与社会中特定的阶级或群体进行合作或者结盟，才能保持自我行动的动力；最后，国家能力是衡量国家自主性的重要指标，也是实现国家自主性的关键。"① 也就是说，主体、约束及能力这三个层面，作为国家自主性的三大要素，三者的形态决定了国家自主性的实践形态，并由此影响了国家自主性的强弱。

一、主体

国家自主性作为国家实现社会公共利益及提升国家治理能力的过程，国家是在结构中行动的一个"行动者"。国家不仅是一种宏观层面上的组织结构体系，也是一种微观层面的行动主体，国家的主体地位是国家自主性建构的前提基础。从这种意义上来说，国家自主性可以具体化为国家组织及官僚体系的行为，政党、政府机构及行政官员是国家自主性的行动主体。在古德诺看来，"在所有的现代政府体制中，都存在着两种主要的或基本的政府功能，即国家意志的表达功能和国家意志的执行功能。在所有的国家中也都存在着分立的机关，每个分立的机关都用它们大部分时间行使着两种功能中的一种。这两种功能分别是政治与行政"②。在"政治与行政两分法"的框架中，西方政府治理呈现结构分化与职能分工的格局，但在中国的语境下，"政治与行政"的价值属性在政府治理过程中难以明确划分，且在实践过程中也呈现不同的价值面向。国家作为一个具有能动性的行动主体，基于国家组织责任承担的价值属性，贫困治理场域的国家主体性可以分为政治性主体与行政性主

---

① 苗爱民，蓝剑平.国家自主性与国家能力：文献综述与理论探索 [J].中共福建省委党校（福建行政学院）学报，2022（6）：91-101.
② 古德诺.政治与行政 [M].王元，译.北京：华夏出版社，1987：13.

<<< 第二章 基层治理情境中的国家自主性：类型结构与分析框架

体两种类型：政治性主体代表了国家意志以何种形式表达，它体现了国家主体地位的道德化形象；而行政性主体则体现了国家意志以何种形式执行，是国家主体地位实践面向的表征。

二、约束

国家自主性永远是相对的，没有绝对的国家自主性。国家作为一个在特定情境中的行动主体，它无法真正与社会完全隔离，国家治理结构及国家文化传统等多种因素共同约束了国家的行动空间。国家作为社会中一个能动的主体，国家自主性的强弱除了取决于国家的主体地位，还与国家对社会的约束以及社会对国家的约束强度紧密相关。为有效实现国家的治理目标，必须通过相应的规则体系来约束治理主体的行为，进而实现国家治理体系的有效运转。在现代国家治理体系运转过程中，在引入现代民主因素的同时，需要建立强政府及法治来保障国家治理体系的正常运转。只有在明确各级政府治理权责的基础上明晰政府与社会之间的边界，才能有效保障社会秩序及维护社会公共安全。为了保障国家政策在基层社会得到有效实施，制度体系及信息技术是提升国家自主性的有效机制，同时也是影响国家治理效能的双重约束机制。也就是说，国家在通过制度体系和信息技术来约束政府及其组织体系行动空间的过程中，社会也在通过制度体系及信息技术来约束国家的行动能力，国家自主性在实践过程中存在较多的不确定性。

三、能力

国家治理能力作为衡量国家自主性强弱的重要指标，体现了国家实现自我意志及治理意图的能力。国家只有拥有强大的国家治理能力，才能保障国家政策得到有效实施，并实现社会公共利益的最大化，以此保障国家治理体系的正常运转。同时，国家自主性作为行动国家的实践面向，国家治理能力代表了"实体国家"的运作形态。国家能力是"国家领导人通过国家的计划、政策和行动来实现其改造社会的目标的能力"，"包括渗入社会的能力、调节社会关系、提取资源，以及以特定方式配置或运用资源四大能力"。[①] 国家自

---

① 米格代尔. 强社会与弱国家：第三世界的国家社会关系及国家能力 [M]. 张长东，朱海雷，隋春波，等译. 南京：江苏人民出版社，2012：5.

主性理论的兴起是传统国家向现代国家转型的时代产物,在民族国家建构浪潮的影响下,国家能力及国家对社会的超越及适度分离,特别是国家的认证能力及国家对于社会的渗透能力,成为衡量现代国家治理能力的重要指标。但国家治理能力并不是以一种静态的形式呈现,而是在不同的时空情境中具有不同的面向,这也就导致了国家自主性具有很强的情境性特征。特别是当国家所推行的政策与社会的偏好不相符合时,国家可能在社会的压力下按照社会的偏好行动,也可能坚持自己的政策目标而不顾社会的压力,国家与社会的关系及政策执行的情境决定了国家治理能力及国家自主性的强弱。

第二节　基层治理情境：理论资源及类型结构

一、情境与基层治理情境

在"行动与结构"的理论研究中,情境作为一个重要的分析概念,是社会系统运转的重要范畴。在帕森斯看来,社会行动的系统主要包括以下四方面:(1)行动者,也就是实践的主体;(2)目的,也就是行动者通过自我行动来对未来处境及未来事态的预期;(3)处境,包括条件及手段;(4)行动者的"规范性价值取向及制度体系"[①]。在帕森斯"社会行动"的理论中,"处境"一词是社会行动理论的核心,也充分体现了情境的韵味。"情境"一词最先来源于互动论大师托马斯的《不适应的少女》一书。在他看来,"在任何自决的行为之前,总有一个审视和考虑阶段,我们可以称之为情境的界定。事实上,不仅具体的行为依赖情境的界定,而且一生的策略和个体的个性都会遵从一系列这样的界定"[②]。在托马斯眼中,情境主要包括三个层面的要素:"(1)具有强制性规范和文化价值这些内容在内的客观环境;(2)个体和群体两种态度,个体在做出行动选择时,除了要受到社会文化影响外,还要受到所在群体的亚文化影响;(3)具有受社会影响的个体所接受的'情境

[①] 特纳. 社会理论的结构 [M]. 邱泽奇,译. 北京:华夏出版社,2006:37-44.
[②] 托马斯. 不适应的少女 [M]. 钱军,白璐,译. 济南:山东人民出版社,1988:37.

定义'。"① 在托马斯研究的基础上，加芬克尔通过批判帕森斯的"结构功能论"，进一步推动了情境理论的发展。在加芬克尔看来，现实生活中，存在大量的临时性、权宜性的情境，行动并非按照事先规定的规则进行，而是行动者根据局部情况及场景条件，依赖自身永无止境的努力完成的，情境—情境定义—行动三位一体。② 在加芬克尔眼中，社会行动都是在特定情境之中进行的，在实践中的情境本身就是行动的一部分，行动者通过在特定的时空场域中将情境与行动有效耦合，推动了社会情境系统的再生产。从这个层面来说，情境性也就是指"行动者在特定的时空场域之中的互动，它容纳了多元化的行动者、互动的场域以及行动者的共享意义的建构等要素"③。

国内学者孙立平与郭于华在"情境建构"的视野下，探讨了社会情境中的行动者如何通过自我行动及实践推动社会情境再生产的过程。基层权力的实践者将乡村社会的人情、面子等非正式准则及观念引入正式的权力运作过程中，进而达到"正式权力的非正式运作"来争夺情境的主导权。④ 费爱华在对情境理论进行系统性梳理的基础上，将情境进一步划分为两个纬度：结构—行动纬度和理性—非理性纬度。并在此基础上将情境分为制度情境、关系情境、常人情境和集群情境四种类型，不同情境在运作过程中具有不同的逻辑。⑤ 在基层治理的实践过程中，由于个体或者特定群体的行动总是处于特定的情境过程中，也就是"事件—过程"的实践方式，实践中的行动与治理情境中的关系、制度及结构密切相关，形成了"制度、行动与结构"的情境分析范式。

情境是指在一定时间内各种情况的相对或结合的境况，是文化、制度、经济、心理等多重因素相互交织、互动的状况，是各种"宏观情境""微观情

---

① 珀杜. 西方社会学：人物·学派·思想 [M]. 贾春增，李强，等译. 石家庄：河北人民出版社，1992：298.
② 杨善华. 当代西方社会学理论 [M]. 北京：北京大学出版社，1999：53-54.
③ 谢宇. 时空情境视角下的越轨行为及治理 [J]. 广东社会科学，2018（5）：203-209.
④ 孙立平，郭于华. "软硬兼施"：正式权力非正式运作的过程分析——华北 B 镇收粮的个案研究 [M]//曹峰. 中国公共管理思想经典：1978—2012（上）. 北京：社会科学文献出版社，2014：475-499.
⑤ 费爱华. 情境的类型及其运作逻辑 [J]. 广西社会科学，2007（3）：178-181.

境"的统一。① 对贫困治理政策执行过程的研究,只有深入、嵌入具体的社会情境中,才能在具体的情境中深刻把握乡村治理的特性及国家与社会动态性关系的建构。而基层治理情境作为一个分析载体,关注的是基层政权在特定的制度约束及考核风险的情境范畴内,根据不同的情境所做出的行为策略及逻辑。治理情境决定了地方政府以及其他社会主体的行动场景②,也是建构基层公共政策执行的空间场域。综合国内外学者的研究,本书认为,基层治理情境是指在基层治理实践过程中的环境、行动者及手段等为一体的要素综合体,它不仅是基层治理体系有效运行的场域空间,同时也是各个治理主体之间相互博弈的结果及表征。

二、基层治理情境的类型结构

在米切尔·黑尧看来,政策作为在特定社会情境中的目标选择以及一系列相互关联的决定,它本质上是社会实践的约束形态,这种形态一旦确立就可能生成一种情境,行动者的行动都将在这一情境中做出选择。③ 在特定的治理情境中,情境的有效运转需要相应的规则体系来维系,而规则是通过社会行动得以实践,同时经过社会关系得以展现。正如费爱华认为的,行为情境包括常人情境和集群情境两个层面,是将"结构—行动"与"理性—非理性"两种视角进行调和的产物,本质上是从制度、行为与结构三维视角进行论述的。④ 从这种意义上来说,情境主要包括制度情境、行为情境及关系情境三种类型,这三种类型情境共同构成了情境的三维结构。制度情境是行动者日常行为的制度约束,也是行为情境的外在约束空间;行为情境作为制度情境的实践形态,它形成了行动者之间的关系形态;而关系情境作为行动的产物,它又进一步影响了制度情境的建构及行动者行动策略的选择。总之,制度情境、行为情境及关系情境作为治理情境转换的三个阶段,三者共同构成了治理情境的类型结构,同时也是国家政策嵌入基层社会的三个重要面向。

---

① 张佩国,王文娟. 道德民族志的情境化实验 [J]. 广西民族大学学报(哲学社会科学版),2018, 40 (1):124-132.
② 吕方. 治理情境分析:风险约束下的地方政府行为:基于武陵市扶贫办"申诉"个案的研究 [J]. 社会学研究,2013, 28 (2):98-124, 244.
③ 黑尧. 现代国家的政策过程 [M]. 赵成根,译. 北京:中国青年出版社,2004:6.
④ 费爱华. 情境的类型及其运作逻辑 [J]. 广西社会科学,2007 (3):178-181.

(一) 制度情境

公共政策的制定及执行过程实质上是制度的建构和嵌入的过程，政策执行的效果除了政策本身的科学性及规范性，还深受政策执行情境中制度的规范性约束。政策执行作为与具体情境紧密相关的一种具象化行为，任何政策执行都是在特定的情境时空中发生的，具体的情境约束着执行主体的相关决策，并深刻影响着政策执行的情况。[①] 也就是说，公共政策的执行总是嵌入在特定制度体系之中，政策执行的制度情境形塑了政策执行主体及目标对象之间的行为空间，并影响了政策执行的过程及结果。在基层治理政策执行的场域之中，它包含了一个正式制度与非正式制度为一体的制度体系，二者共同构成了基层治理的制度环境。在基层治理的制度情境中，正式制度与非正式制度是制度情境的双重内容，并凝结了制度情境的现实形态。

正式制度情境是科层制理性与治理结构共同形塑的产物，它是在特定社会结构中先于个体意志及行动存在的，并遵循非人格化的方式进行运作的情境。[②] 在正式制度情境运作的过程中，正式制度情境中的条令化的制度规则具有强大的约束力，在实践的过程中遵循着"情境—问题—规定"的运转逻辑。诚如韦伯的科层制理论所言："固定的、规范化的规则体系，也就是法律或者行政规则体系，遵循着统一有序的、权责明确的原则，对于官员的职位及职责进行明确的分工，官员的行为也就深受抽象化的文本条例的约束。"[③] 在正式制度情境中，情境具有清晰性和规范化的约束功能，代表了一种"人造秩序"的建构，是社会秩序理性化、抽象化的表征。

非正式制度情境是非正式制度体系的凝结，它是基层社会一种共识性知识的综合，以不成文的形式形成的一种自发秩序。非正式制度情境相较于正式制度情境，也具有相应的情境约束力，但其约束力具有较为隐形且弥散性的特征。同时，非正式制度情境是正式制度情境发挥效力的基础，正式制度情境与非正式制度情境的有效耦合，是制度情境发挥约束力的前提基础。特别是在乡村社会，国家为掌握基层社会秩序建构的控制权，加强了对乡村社

[①] 吴小建，王家峰. 政策执行的制度背景：规则嵌入与激励相容 [J]. 学术界，2011 (12)：125-134，286.

[②] 费爱华. 情境的类型及其运作逻辑 [J]. 广西社会科学，2007 (3)：178-181.

[③] WEBER M. Economy And Society, An Outline of Interpretive Sociology [M]. Berkeley, Los Angeles, London: University of California Press, 1968: 24-26.

会的规则嵌入，自上而下嵌入的正式制度情境与乡村社会的非正式制度情境在互动的过程中，推动了基层治理体系的现代化转型。

（二）行为情境

政策执行是在不同层级政府之间、多个治理主体之间的互动过程，在结构化场域中的各个治理主体在策略性行动的过程中，为情境的建构及转换提供了动力。瞿同祖认为："社会行为的分析，必须将其放入特定情境中进行检视。也就是说，我们必须在特定社会及政治条件下所形塑的情境进行分析。从这种意义上来说，解释特定政治环境中官僚的日常行为方式，一般来说要阐明行政官僚及官僚行为的一般规律。"[1] 行为情境作为行动者在治理情境中的行动选择，体现了制度情境在实践过程中的形态，形塑了行动者在治理情境中的角色定位。

美国社会学者欧文·戈夫曼在《日常生活中的自我呈现》一书中认为："在日常生活的情境中，个体在日常情境中向他人展现的自己日常生活的方式，会引导及控制他人对其的印象模式。"[2] 行为情境是行动者角色定位的基础，但行为情境并不完全等同于角色情境，而是体现了行动者在结构化场域中的行动策略选择。公共政策作为国家正式制度嵌入的一种载体及形式，它在实践过程中由制定和实施两部分构成。在中央与地方的关系影响下，我国公共政策的实践过程存在制定与实施适度分离的特性，上级政府（特别是中央政府）主要负责政策制定（决策），而下级政府则主要负责政策执行，二者在公共政策实践过程中存在一种委托—代理的关系。由于信息的不完全性及治理主体之间有限理性等因素的影响，导致了公共政策的执行过程存在高度不完全性的特性，这也构成了基层政权及官僚行为情境建构的场域空间。

（三）关系情境

社会关系作为社会结构的一部分，也是社会再生产过程中的重要因子。在不同的情境形态之中，关系情境具有不同的面向，并由此生成了关系情境的结构。在传统社会，社会关系具有很强的社会本位属性，国家与个体之间的关系也具有很强的模糊性。诚如费爱华所认为的，关系情境是先赋性且非

---

[1] 瞿同祖. 清代地方政府（修订译本）[M]. 晏丰，何鹏，等译. 北京：法律出版社，2011：19.

[2] 戈夫曼. 日常生活中的自我呈现[M]. 冯钢，译. 北京：北京大学出版社，2008：1.

<<< 第二章 基层治理情境中的国家自主性：类型结构与分析框架

理性的，是各种社会规范的表征。① 此外，许烺光则从关系本位出发提出了"情境模式"这一概念：关系本位是社会活动的基础及核心，关系取向论强调不同圈层有不同的行为法则，并在这种关系情境中发展出"情境理性"②。但在日益开放性和流动性的现代社会，在理性化和个体化的浪潮下，社会关系的明晰化和去先赋性成为个体社会身份建构的机制，关系情境也越来越具有建构性的特征。在现实的情境实践过程中，关系情境是一种理性及非理性的综合体，它是制度情境与行为情境相互交织的结果，它既可能是先赋性的，也可能是建构性的。一方面，制度与行为作为社会结构变迁的动力，是塑造社会关系的外在环境；另一方面，关系作为社会的本质，它也影响着人类行为及社会制度的变迁。

制度、行为与关系的分析范式，与侧重于社会行为的结果分析或侧重于制度的静态性分析存在着典型区别，因为"制度—行为"范式侧重于强调国家制度及社会结构的功能效应，在实践过程中对情境行为的分析缺乏理论弹性；而"关系—行为"的分析范式则偏重于情境行为场域的关系结构，对社会行为的宏观结构缺乏解释力。韦伯社会理论的逻辑假设：首先，社会关系是由诸多社会规则组成的，这些规则在实践中支配着社会行动；其次，在社会规则体系中，占据合法性且在规则系统中具有主导性的规则，在实践中将会产生具有共享意义且相对稳定的规则系统，进而为社会主体的日常行动提供规则指导；最后，只有在"规则、权威及支配"的规则运转过程中，社会的行动及社会结构才能得以生成，社会秩序才能稳定。③ 基于此，本书将"制度—行为"范式与"关系—行为"范式进行综合，建构制度、行为与关系的三维情境结构，有利于深入阐释基层治理情境实践的面向及其内在结构。但需要进一步说明的是，在制度、行为与关系情境的三维框架之中，这三种情境在现实中是无法割裂的，在实践中它们常常交织在一起。

---

① 费爱华.情境的类型及其运作逻辑 [J].广西社会科学，2007 (3)：178-181.
② 许烺光.美国人与中国人：两种生活方式比较 [M].北京：华夏出版社，1990：290.
③ 张云昊.规则、权力与行动：韦伯经典科层制模型的三大假设及其内在张力 [J].上海行政学院学报，2011，12 (2)：49-59.

第三节 分析框架：贫困治理情境中的国家自主性

结合国内外学者对治理情境的研究，本书认为，贫困治理情境是指在贫困治理场域由各种情境要素共同组成的一种境况，它是影响贫困治理效能和建构贫困治理体系的主客观要素的总和。在现实的政策情境运作过程中，由于农村精准扶贫的政策执行涉及政府各个部门和层级，如果政府各个层级和部门之间缺乏有效的信息沟通和合作机制，将会导致农村精准扶贫工作的碎片化治理。周雪光认为，国家治理模式主要有两条线索：一是中央权威与地方权力之间的关系，二是国家与民众之间的关系，而一统体制与有效治理是中国国家治理的一个深刻矛盾。[①] 在组织社会学的视野下，周雪光进一步提出了"控制权"的三个维度：目标设定权、检查验收权和激励分配权。首先，中央政府作为委托方，通过与地方正式或非正式的协商，将相应的任务转换为具体目标或者政策方向，将这些政策目标"发包"给中间政府（如省、市级政府部门）；其次，中央政府行使检查验收权，定期检查、评估中间政府上交的政策实施成果，以确保作为承包商的中间政府如期按约完成政策目标；最后，行政发包制模型的关键是将激励权以及具体实施过程的控制权赋予作为管理方（承包商）的中间政府。[②] "一统体制及有效治理"是我国国家治理运作的情境结构，贫困治理标准化的目标在于构建控制权，标准化治理作为农村精准扶贫政策执行的场域空间，也构成了贫困治理政策执行的情境空间。

为保障农村精准扶贫政策在乡村社会得到有效实施，国家在制度设计层面建立了标准化的制度体系，以此来约束基层政权的行为，进而建构一种标准化治理的情境结构。在贫困治理场域，标准化治理的运作逻辑主要表现为：依托清晰化的标准准确识别贫困人口、运用现代信息技术全方位管理扶贫对象、利用标准化的机制（"五个一批"）精准帮扶扶贫对象、建构规范化的流程精准考核基层政府，标准化在贫困治理场域发挥了控制及规范的功能。

[①] 周雪光．中国国家治理的制度逻辑：一个组织学研究［M］．北京：生活·读书·新知三联书店，2017：13．

[②] 周雪光．中国国家治理的制度逻辑：一个组织学研究［M］．北京：生活·读书·新知三联书店，2017：97．

在农村精准扶贫领域引入标准化治理体系，把标准化的理念嵌入精准扶贫的全过程中，从制度层面压缩基层政权自由裁量权的滥用空间，使基层政权自由裁量权在扶贫标准和政策规则的范围内运行，在有约束条件下和边界范围内行使行政权力，不让基层政权的治理行为"脱嵌"，进而促进贫困治理体系的优化和贫困治理效能的提升。

在复杂化的国家治理领域，由于地方政府与基层社会紧密相连而具备强大的信息收集能力，上级政府通过标准化向下级政府"授权"，引导基层政权根据上级政府的意图来加强政策的执行，进而提升国家政策在基层多元情境下"差异化需求"的回应能力。另外，中央政府在加强对基层社会控制的同时，往往会在政府权责配置中对基层政权保留特定的自由裁量权空间，同时建立相应的激励机制，进而防止基层政权在执行中央政府政策的过程中异化。[①] 在复杂性的政策执行过程中，无论政策标准制定得多么详细，在现实政策实践过程中的复杂性也远远超过政策制定初期的考虑。在农村精准扶贫这一场域，如何保证基层政权在政策执行过程中切实按照国家政策目标行动，在贫困治理政策执行过程中有效控制基层政权的行为来提升国家政策执行的效能，进而让基层政权在与农民的互动中实现国家贫困治理的目标，中央与地方关系的界定构成了农村精准政策执行的情境。在农村精准扶贫的政策实施过程中，尽管国家详细制定了扶贫清单，详细划分了各级政府的权责，以及规定了"贫困户的认定、怎么帮扶及怎样脱贫"等涉及精准扶贫各类事项的标准，但在乡村社会的不规则性和复杂性的影响下，扶贫标准和扶贫政策的执行效果还要依赖基层干部的自由裁量权，这样才能保障扶贫标准的有效实施。同时，贫困治理的政策执行过程实质上是各个治理主体之间的博弈过程，贫困治理政策执行效果更多地取决于治理情境中相关治理主体博弈的结果。

因此，在贫困治理这一场域，国家、基层政权与农民作为这一社会系统中的行动者，需要在基层治理的实践过程中在自身资源掌握与规则体系之间做出理性选择；同时行动者的行动也要被社会系统结构化，通过行动改变社会结构。在贫困治理的情境转换中，结构化场域既是农村精准扶贫的情境约

---

① 吕方，梅琳."复杂政策"与国家治理：基于国家连片开发扶贫项目的讨论［J］.社会学研究，2017，32（3）：144-168，245.

束空间，也是基层治理主体进行行动的媒介。在贫困治理情境中，国家自主性、官僚自主性与社会自主性三者作为关键变量，既相互合作又相互竞争，进而推动了贫困治理情境结构的再生产。本书在"主体—实践"研究范式下，通过将制度、行为、关系作为三维框架，将基层治理主体看作能动的主体，而不是完全被"结构"所限定的行动者，行动者的日常行动在实践过程中推动了乡村治理结构的转型。基于此，本书采用制度、行为与关系的分析框架，探讨贫困治理场域中国家正式制度与基层官僚行为之间的关系，进而阐述贫困治理情境中国家自主性的实践形态（见图2-1）。

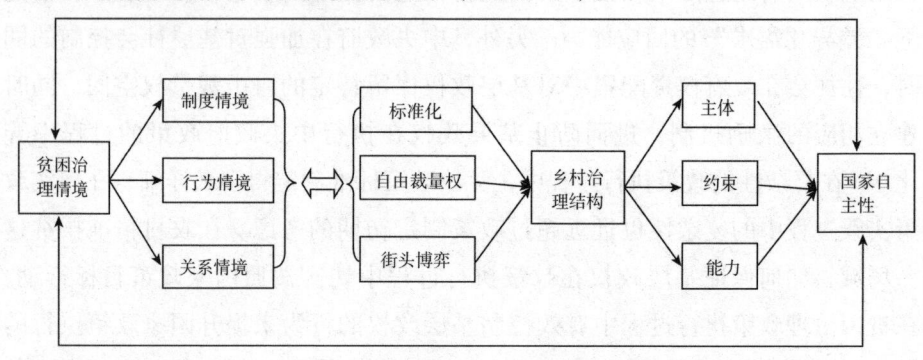

图2-1 本书的分析框架

从公共政策执行的视野来看，贫困治理政策的执行过程主要包括三个层面：公共政策嵌入、政策实施和实施效果。也就是说，政策制定情境、政策嵌入情境、政策执行情境及互动情境共同构成了贫困治理政策实施的情境结构。结合前文对国家自主性的分析，主体、约束及能力不仅是分析公共政策执行的三个维度，还是分析公共政策执行场域中国家自主性的重要工具。所谓主体是指公共政策执行过程中的执行主体和利益表达主体；约束则是指在执行具体政策时国家以何种形式来约束基层政权的行为，从而保障国家政策的实施；而能力体现了各个治理主体在公共政策执行过程中的博弈形态，也就是国家在与基层政权及农民的博弈中实现自我意图的能力。国家通过标准化治理的制度体系决定了基层政府的行动方向和行为空间，自由裁量权形塑了贫困治理的现实形态，街头博弈则体现了政策执行的效果。标准化的贫困治理规则体系在实践过程中，能够为公共政策执行者的行为设置一个标准化的治理结构和激励机制，为基层官僚规定行动的方向，为公共行政行为设置一个自由裁量权的空间结构，进而有效建构国家对于贫困治理情境的"控制权"。由于公共政策执行的情境是一个复杂博弈的动态过程，标准化的规则体系在实践中取得的"控制权"存在很大的不确定性，贫困治理情境中的国家自主性也就取决于情境建构的形态。因此，本书在贫困治理情境这一分析框架中，以标准化、自由裁量权及街头博弈作为分析的维度，分析贫困治理的制度情境、行为情境及关系情境形态，以此透视贫困治理场域中乡村治理结构的转换逻辑，并在此基础上从主体、约束及能力的视野探讨贫困治理情境中的国家自主性，进而探讨国家将如何保障扶贫政策在基层社会得到有效落实。

第三章

标准化控制：贫困治理制度情境的嵌入

制度作为保障社会秩序良好运转的基础，它不仅限定了社会组织存在和发展的场域空间，同时也是国家治理体系有效运转的前提。在现代国家建构的过程中，嵌入性作为现代国家治理体系运作的重要特性，国家通过组织和制度体系的嵌入来保障中央政策在基层社会得到有效执行，并由此推动基层社会的有效整合。从人类文明史的视角来看，标准化是人类文明建构的重要机制。工业革命之后，标准化理论已是一种发展较为完善的技术性理论，并经由工业技术领域发展到企业管理领域。特别是伴随着市场话语在政府管理与服务领域的兴起，标准化逐步拓展到政府管理和公共服务领域，成为现代国家政府治理体系运转的重要机制。在国家治理这一场域，标准化作为一种"控制权"建构的机制，内含着一种规则化治理的韵味。[1] 标准化制度体系的建构过程，实质上是国家对基层社会制度嵌入的过程，而标准化作为制度发展成熟的重要表征，也是制度体系发展成熟的一种重要表现。标准化具有实现秩序规范化的功能，是基层社会秩序建构的重要载体，可以保证社会秩序具有连续性、确定性的特征。为保障农村精准扶贫政策在基层社会得到有效执行，国家在制度设计层面建构了标准化的治理体系，通过推动贫困治理规范化发展来保障国家在贫困治理场域的"控制权"。在标准体系的构成要素中，农村精准扶贫标准化体系主要包括扶贫指标的建构、扶贫规范的制定以及扶贫程序的设定等层面，通过裁量基准的设定、扶贫流程的规范化以及目标责任制的实施来完成。贫困治理标准化制度体系的建构，提升了贫困治理场域精细化治理的程度，由此规范了基层干部日常治理行为的情境空间。

---

[1] 刘建. 农村公共法律服务标准化研究[D]. 武汉：华中师范大学, 2017.

<<< 第三章 标准化控制：贫困治理制度情境的嵌入

第一节 作为裁量基准的标准：贫困治理制度情境的建构

裁量基准是作为行政机关颁布的一系列规范性文件，以细化行政裁量标准为目标，为行政机关提供行动之实体和程序要求的准则。[①] 在基层治理体系的运转过程中，"自由裁量权基准这一制度的核心技术，是以'规则细化''量化'的载体来压缩甚至消灭自由裁量空间，借助具体的、明确的、细化的规则来抑制自由裁量权的滥用，在治理理念和实践中作为一种基本的控制技术存在"[②]。农村精准扶贫政策从中央政府到基层政权自上而下传达的过程中，中央政府的治理理念需要依靠基层政权的执行才能得以实现，但由于地方政府（特别是基层政权）的利益诉求和行为选择都与中央政府存在很大的差异，如何保障国家这一"利维坦"能够在总体上达到协同一致，成为贫困治理体系有效运转的关键。在农村精准扶贫的制度建构中，通过设定规范化的扶贫标准、治理流程以及组织规范等裁量基准，约束基层扶贫干部的自由裁量行为按照严格的标准和流程精准识别特定的贫困户群体，并对贫困户群体进行精准帮扶，进而实现精准脱贫的战略目标。韦伯认为，"可计算的法治系统"与"基于规则的行政管理"是国家与社会关系理性化的重要标志。[③] 从标准的功能和运作方式来审视标准化治理的结构框架，可以将我国农村精准扶贫裁量基准划分为两个层次，即"作为行为规范的指导规则"和"作为技术性的扶贫标准"，也就是原则性指导规则与标准性参照规则两个层面。

一、权责清单：作为原则性的指导规则

原则性指导规则作为国家治理体系运行的宏观指导原则，位于规则体系的上层位置，发挥一种概括性和方向性的功能，并对下位规则的制定与运行发挥了导向作用。[④] 为保障国家政策在基层社会得到有效实施，国家通过各种规划的形式来表达国家治理目标，国务院扶贫办及相关承担具体业务的行政

[①] 胡建淼. 行政行为基本范畴研究 [M]. 杭州：浙江大学出版社，2005：122.
[②] 王锡锌. 自由裁量权基准：技术的创新还是误用 [J]. 法学研究，2008，30 (5)：36-48.
[③] 韦伯. 学术与政治 [M]. 冯克利，译. 北京：生活·读书·新知三联书店，1998：28-30.
[④] 刘根正. 权力运行规则细化及其效力发挥探究 [J]. 管理观察，2017 (7)：104-107.

部门自上而下实施相关政策与规划，勾画出公共政策的总体性框架，进而将国家的意志有效输入基层社会。扶贫清单作为一种典型的原则性指导规则，在标准体系的要素构成中承担了规划性指导的功能。2015年中共中央与国务院联合发布的《中共中央 国务院关于打赢脱贫攻坚战的决定》及2016年国务院颁布的《"十三五"脱贫攻坚规划》等文件，是我国农村精准扶贫实施的纲领性文件。国家通过扶贫规划制定了农村精准扶贫的总体性清单，从精准识别、精准帮扶、精准管理及精准考核层面，设定了精准扶贫的相关事项，进而建构了贫困治理标准体系的总体框架（见表3-1）。

表3-1 我国精准扶贫政策标准体系总体框架[①]

一级指标	二级指标
精准识别	贫困标准与规范，识别贫困村贫困户，建档立卡信息库
精准管理	扶贫对象精准，项目安排精准，资金使用精准，措施到户精准，因村派人精准，脱贫成效精准
精准帮扶	发展生产脱贫一批，易地搬迁脱贫一批，生态补偿脱贫一批，发展教育脱贫一批，社会保障兜底一批
精准考核	贫困人口退出机制，贫困人口再入机制，贫困县考核与退出

扶贫规划和扶贫清单不仅是标准化治理的工具，也是标准化治理的目标。国家通过扶贫清单来明确贫困治理的基本规范，明确了精准扶贫项目需要达到的基本目标，并通过对各个扶贫事项设定二级指标，对贫困户需求清单、脱贫目标清单、扶贫措施清单和扶贫责任清单等进行界定，试图通过扶贫指标的嵌入来达到对农村精准扶贫的目标控制。在制度设计的构建过程中，L乡根据上级政府的规划要求，制订了《L乡"十三五"脱贫攻坚规划》，提出"坚持'规划到村、扶贫到户、服务到人'的原则，稳定实现建档立卡扶贫对象'两不愁三保障'，优化贫困治理体系，稳步实现脱贫攻坚工作的跨越式发展"。L乡脱贫攻坚规划对农村精准扶贫各类事项都作出了明确的规定，将国家扶贫理念和政策规划有效转换为具体的行动方案。比如，在精准管理层面，

---

① 宋宸刚，丛雅静．我国精准扶贫的最优模式与关键路径分析［J］．调研世界，2018（3）：58-61．

L乡扶贫规划明确要求扶贫对象精准，项目安排精准，资金使用精准，措施到户精准，因村派人精准，脱贫成效精准；在精准帮扶层面，建立了"五个一批"的脱贫帮扶路径，对贫困户的帮扶制定了规范化的脱贫路径，充分发挥了扶贫清单的治理效能。"扶贫政策清单作为一种规制性治理工具，是实现精准扶贫与精准脱贫的有效途径。扶贫清单作为贫困治理的重要载体，有利于破除和消解扶贫治理单元纵向和横向治理之间的张力，即纵向科层治理与横向识别体系的冲突，进而消解扶贫治理过程的'内卷化'与政策执行中的负面效应，纠正国家资源输入与内源式脱贫互相排斥的扶贫治理悖论。"① 扶贫清单为贫困治理的目标设定了一个最低标准和行动年限，让基层政权能够在扶贫清单的基础上，明确自己的责任与义务，规范自己的行为，进而规范农村精准扶贫的秩序空间。通过扶贫清单这一治理载体，明晰了基层政府精准扶贫的治理路径及治理目标，将中央政府的贫困治理理念向地方政府及社会进行了有效展示。

二、目标设定：数字化的标准嵌入

在国家治理现代化的视野下，标准化的基本运作机制在于标准体系的建构与实施，通过对标准的制定、秩序及考核换届等进行控制，实现治理流程清晰化的目标。在农村精准扶贫政策执行过程中，上级政府将标准和目标进行分解与细化，生成一套完整的指标体系作为基层政权组织考核的依据。数字化的标准体系作为标准化制度体系有效运作的核心，数字化管理构成了"作为技术性的标准"。"作为技术性的标准"是指在原则性标准的框架中，在现代治理技术的基础上制定的一种规则细化及相对确定的标准。具体到农村精准扶贫领域，"作为技术性的标准"是针对农村精准扶贫事项而制定的定量数据、规则与指标，通过可量化的数字和各种程序对农村精准扶贫进行专业化的技术性监测，进而实现扶贫工作的清晰性和规范化控制。相较于原则性的指导规则，详细的技术性标准作为一种较为确定的标准，清晰性与可实施是其重要特性，规则细化也是标准化治理体系运行的核心要素。

指标体系作为标准化的核心要素，也是科学评价标准化程度的重要媒介。

---

① 陈浩天. 精准扶贫政策清单治理的价值之维与执行逻辑［J］. 河南师范大学学报（哲学社会科学版），2017，44（2）：26-32.

只有在政策的执行过程中明确各项指标，才能保证国家政策在基层社会得到有效执行。瞿同祖在《清代地方政府》一书中认为，"至少在清代，数目字管理是政府体系运转的重要特征，它甚至延伸乃至渗透到了基层治理场域。特别是历法、地图和名册等为帝国建立起时空坐标系，由此为基层治理提供了信息及数据；官制、俸禄、刑罚、升迁标准等技术互为支撑，构成了基层官吏的行为空间"[1]。数字化的指标体系作为约束基层官僚行为实践的重要机制，也是国家提升基层治理控制权的重要媒介。在贫困治理体系的历史变迁过程中，虽然我国贫困治理的单元经历了从县到村再到户的精细化转变，但在实践过程中扶贫资源仍然无法真正有效地瞄准贫困群体，贫困治理的政策偏离仍然是农村精准扶贫执行中的一大困境。一方面，由于在当前的扶贫资源瞄准与传递背后治理机制的束缚下，容易出现扶贫资源的投入与贫困人口实际需求相脱离的问题；另一方面，社会阶层分化和基层社会治理结构的离散，导致了扶贫资源下乡过程中的"精英捕获"，造成了我国扶贫瞄准机制面临治理困境。[2] 在扶贫政策设计的过程中，为解决政策制定和执行分离导致的信息不对称问题，在技术治理的理念下将"数字"有效嵌入基层社会，以建档立卡贫困户为治理单位，通过"数字"这一载体将贫困治理的对象、行动及效果都进行量化，由此将贫困治理的任务体系分解为相应的数字化指标，再以年度考核和总考核的形式，提升农村精准扶贫贫困治理的政策执行势能。[3] 为了有效瞄准乡村社会的贫困人群，提升精准扶贫的治理效能，采用多重指标量化考核的方式将扶贫流程进行详细分解，进而形成一套清晰且可量化、可评估的指标体系，借助数字化的扶贫标准最大限度降低人为因素的影响。

为了有效实现脱贫攻坚的任务目标，L乡在全面掌握贫困人口数量、分布、贫困程度、致贫原因、脱贫路径、帮扶措施和帮扶责任的基础上，对农村精准扶贫各个层面都制定了详细的标准，全方位构建了贫困治理标准化体

---

[1] 瞿同祖. 清代地方政府（修订译本）[M]. 范忠信，等译. 北京：法律出版社，2011：203.

[2] 李小云，唐丽霞，许汉泽. 论我国的扶贫治理：基于扶贫资源瞄准和传递的分析[J]. 吉林大学社会科学学报，2015，55（4）：90-98，250-251.

[3] 王雨磊. 数字下乡：农村精准扶贫中的技术治理[J]. 社会学研究，2016，31（6）：119-142，244.

系。从L乡农村精准扶贫标准的具体指标来看，它主要根据国家颁布的扶贫清单及上级政府制定的政策文本，围绕"两不愁三保障"、贫困识别、贫困村退出标准、贫困户退出、"三度四率"及精准帮扶标准等层面（具体见表3-2），实现扶贫标准的无缝隙嵌入。在现实的政策实践过程中，贫困治理标准化的目标控制主要包括三种类型：一是总量控制，二是方向性控制，三是门槛控制。① 从L乡精准扶贫标准体系可以看出，在标准设计层面采用"软指标"定量化和"硬指标"定性化的策略，最大限度提升扶贫标准在执行过程中的适应性。

表3-2 L乡农村精准扶贫标准的具体指标（部分）②

具体内容	具体指标
"两不愁三保障"	1. 安全饮水：（1）水质不达标；（2）水量不足；（3）水源偏远；（4）饮用河水 2. 住房安全：（1）儿女有安全住房老人住危房；（2）贫困户住危房；（3）非贫困户住危房；（4）建房负债超过5万元；（5）保障房未搬迁入住；（6）居住的土坯房未维修加固；（7）房屋无门窗（有人居住的楼层）或窗户无玻璃 3. 医疗保障：（1）患慢性病或精神病长期服药（自购无报销）；（2）患大病"四道保障线"报账后仍然负担不起；（3）长期卧床需专人护理；（4）乡村门诊看病费用较大，无报销；（5）前几年因病负债超过1万元；（6）医保卡未发放到位或医保卡信息不清晰 4. 教育保障：（1）义务教育辍学（自身身体原因无法入学；自身厌学不愿上学；因贫辍学）；（2）贫困家庭学生未享受教育补助；（3）子女接受义务教育负债超过1万元 5. 吃有保障：（1）无厨房；（2）有厨房无灶台；（3）有厨房无橱柜；（4）不能经常吃到蛋制品或肉制品 6. 穿有保障：（1）无四季换洗衣物；（2）衣着破烂；（3）无衣柜 7. 厕所：（1）无卫生厕所；（2）有厕所无化粪池 8. 有线电视：（1）无电视；（2）无电视信号

---

① 安永军. 规则软化与农村低保政策目标偏移［J］. 北京社会科学, 2018（9）：110-118.
② 资料来源：N区脱贫攻坚领导小组办公室：《N区脱贫攻坚工作手册》；L乡精准扶贫标准体系，按照国家精准扶贫的内容体系进行制定，共有八大项。限于篇幅，只列出部分内容。如下文还涉及其他扶贫标准，将另外进行补充说明。

续表

具体内容	具体指标
贫困识别标准	年人均纯收入低于国家农村贫困线，不具备"两不愁三保障"条件的农户及家庭人口，可列为建档立卡贫困对象。收入：2014年为2800元；2015年为2968元；2016年为3146元；2017年为3335元；2018年为3535元；2019年为3747元；2020年为4000元
贫困村退出标准	1. 贫困发生率：贫困发生率低于2%，不达标的，不得退出 2. 交通方面：（1）25户（含25户）以上自然村有3.5米以上（含3.5米）宽度的硬化道路；（2）75%以上农户入户路硬化 3. 饮水方面：100%农户饮水安全，有水质、水量达标的自来水、家用井水或山泉水 4. 住房方面：（1）100%农户住房安全；（2）无人居住危房拆除率100% 5. 用电方面：（1）100%农户通生活用电；（2）村委会所在地通动力电 6. 通信方面：（1）村委会所在地通宽带网络；（2）100%农户能收看电视节目 7. 环境建设方面：（1）65%以上农户享有水冲式卫生厕所；（2）25户（含25户）以上自然村排水沟渠基本健全，无污水横流现象；（3）25户（含25户）以上自然村有保洁员；（4）25户（含25户）以上自然村有垃圾集中收集点 8. 公共服务设施方面：（1）贫困村有卫生室；（2）贫困村有农村综合服务平台或综合文化活动室（中心） 9. 村级集体经济发展方面：贫困村集体经济年收入达到5万元以上
"三度四率"	确保三度（识别的精准度100%、退出的精准度100%、群众的满意度100%）、四率（贫困发生率低于2%、漏评率低于1%、错退率低于1%、满意率100%）
精准帮扶标准	按照"1086"的标准建立帮扶机制：采取处级干部联系10户贫困户、科级干部联系帮扶8户贫困户、一般干部联系6户贫困户的"1086"帮扶机制，精准到户，结对帮扶

在贫困识别的过程中，遵循分类识别及总量控制的原则：对贫困户产生贫困的成因进行分解与归类，并通过自上而下的指标进行分解来确定各个地区贫困户的数量。比如，贫困户的识别层面，N区扶贫办制定了《精准识别工作指导意见》《贫困对象动态管理办法（试行）》《关于建立贫困户贫困村

退出机制的意见》等多个指导性文件，各个乡镇贫困户指标自上而下层层下派，通过省级相关部门测算本地贫困发生率后，再乘以本地人口基数，再将贫困户指标分配给各个村庄。为防止精准识别政策执行的错位，在年人均纯收入低于国家农村贫困线及"两不愁三保障"标准的基础上，增加了漏评率低于1%这一指标，在贫困户分类识别和总量控制的基础上，进一步瞄准贫困群体，提升精准识别政策落地过程中的科学性与可行性。

精准扶贫的方向性控制，主要体现在精准扶贫的流程规定、资源分配、脱贫时间等层面，严格按照国家脱贫规划与相关政策的要求，提升农村精准扶贫政策执行的精准度。在精准扶贫的政策执行过程中，"两不愁三保障"作为精准扶贫的核心，也是精准识别进而精准帮扶的基本方向；在脱贫任务层面，国家设定了2020年在现行标准下实现农村贫困人口全部脱贫的年限。为保障精准扶贫工作取得实效，要求基层政权严格按照标准化扶贫流程进行运作，在精准识别、精准帮扶、精准管理及精准脱贫层面，都严格按照国家的总体性原则进行，防止"虚假脱贫"问题出现。

门槛设置主要是在贫困户认定和贫困户（村）退出等层面制定相应的识别与纳入标准。在具体的政策实践过程中，L乡制定了贫困户识别的标准与不能列为贫困户的标准，除了贫困户认定的基本标准，还增加了七种情况一票否决及四种情况从严审核和甄别的标准，明晰了精准识别的门槛。

七种情况一票否决：（1）农户已经在集镇、县城或其他城区购买了商品房、商铺、地皮等房地产，或者在村庄修建了豪华的住房，但不包括搬迁移民扶贫户居住的商品房；（2）拥有家用小汽车、大型农用车、大型工程机械、船舶等其中之一的农户；（3）家庭成员有私营企业主，或长期从事各类工程承包、发包等营利性活动的，长期雇用他人从事生产经营活动的家庭；（4）由于长期在外打工，常年不在家居住，或者无法提供实际居住地的等人户分离的农户；（5）家庭成员中有自费出国留学的；（6）家庭成员中有因参与违法活动，特别是长期进行赌博、吸毒、打架斗殴、寻衅滋事、邪教活动等违法行为，被公安机关依法处理但仍不知悔改的；（7）为了争取贫困户资格，故意将城市户口迁入农村，但实际不在村庄从事生产生活的空挂户，或明显为争取贫困户资格，故意进行拆户或分户的家庭。

四种情况从严审核和甄别：（1）家庭成员在村委会（现任）任职的农户；（2）家庭成员中有在国家机关、事业单位、社会团体等由财政部门统发工资，或在国有企业和大中型民营企业工作，收入相对稳定的农户；（3）购买商业养老保险的农户；（4）对举报或质疑不能做出合理解释的农户。

通过对精准识别的过程、对象进行分解及细化，特别是列出不能被认定为贫困户的标准，明确了精准识别政策执行的规则体系。利用"定量化"与"定性化"相结合的方式，在规则细化的基础上，国家通过数目字管理提升对基层政权自由裁量权的控制力度。

第二节 无缝隙对接：贫困治理流程的规范化

从标准化的理论溯源来看西方新公共管理理论的兴起，特别是无缝隙政府理论提出以后，标准化成为现代社会治理不可缺少的要素。无缝隙政府理论的提出是对传统公共行政理论的扬弃及变革，无缝隙政府构建的核心是推进政府治理体系的变革及"再造"，使政府治理体系运转的每个环节都相互配合，进而形成一种整体性而不是碎片化的政府治理模式。从这种意义上来说，无缝隙政府并不是对条块分割的政府部门进行简单的整合，而是构建一种无缝隙的"大脑式组织模式"：首先，在组织机构层面，它强调政府部门的职责明确及相互配合，各级政府及部门是一个相对对立又相互联合的整体；其次，在治理流程层面，它强调各级政府及部门治理流程的规范化及无缝隙对接；最后，在组织监督层面，它强调信息的共享而不是碎片化，作为整体的政府能够通过信息的共享来实现下级政府的有效监督。[①] 规范化的治理流程作为标准化的重要内容，也是提升国家政策嵌入能力的有效路径。在具体指标的基础上，L乡探索了包括"精准识别、精准帮扶、精准管理及精准考核"为一体的贫困治理机制，对农村精准扶贫的流程进行明确规定，实现了农村精准扶贫流程的无缝隙对接。

一、无缝隙对接：扶贫流程的规范化控制

程序作为制度体系的重要组成部分，也是促进权力运行制度化、规范化

---

① 王莹，马斌. 无缝隙政府理论与政府再造 [J]. 电子科技大学学报（社会科学版），2003（2）：9-13.

的重要载体。程序性操作规则作为标准化治理制度体系的重要部分，它主要表现为政策制定规范、政策执行规范及结果的规范。公共政策制定的清晰性与治理目标的确定性要求政策制定的目标、要求、规则与工具等层面都较为明确且具体，在政策实践过程中具有控制性，在政策执行中能够达到统一且规范化的效果。① 国家为有效实现对精准扶贫流程的控制，对农村精准扶贫政策执行的各个环节都进行了无缝隙的规制，力图提升贫困治理的规范化程度。以贫困户建档立卡工作流程为例，L乡根据国务院扶贫办颁布的《扶贫开发建档立卡工作方案》，对贫困户建档立卡流程进行了严格界定，通过程序规范化及信息收集技术化的方式，实现了精准扶贫流程的无缝隙对接。

第一步：规模分解。在《贫困人口规模分解参考方法》等相关文件的指导下，各省级政府对本地区的贫困人口进行规模测算，国务院扶贫办核定以后，再将贫困人口的规模进行进一步的分解，由此来确定各个行政村贫困人口规模。第二步：初选对象。在各个行政村贫困人口数量确定以后，在区扶贫办和L乡人民政府指导下，农户自愿提交申请书，各行政村随后召开两级村民代表大会，在民主评议基础上形成初选名单，村委会和驻村干部经过全方位的核实以后，在全村对初选名单进行第一次公示。在公示无异议后，再将名单上报至L乡人民政府。第三步：公示公告。各村贫困户初选名单上报以后，L乡人民政府扶贫办再次审核，对全乡贫困户资格进行确认以后，在各村对贫困户名单进行再次公示，经公示无异议后报区扶贫办复审，复审结束后在各行政村进行公告。第四步：结对帮扶。在省级人民政府指导下，区政府根据本地的实际情况，充分整合本地资源，建立健全精准帮扶体系，确立贫困户结对帮扶方案，明确扶贫干部与帮扶对象的责任体系。第五步：制订计划。在L乡人民政府指导下，村委会、驻村工作队和扶贫干部根据各村及贫困户的实际情况，制订帮扶计划。第六步：填写手册。在区扶贫办指导下，由L乡人民政府组织村委会、驻村工作队和大学生志愿者对已确定的贫困户填写"扶贫手册"。第七步：数据录入。在区扶贫办指导下，L乡人民政府组织扶贫干部及社会志愿者将全乡贫困户和贫困村的信息录入到全国扶贫信息网络系统，并对相关数据进行严格审核与监控。第八步：联网运行。在

---

① 韩志明. 政策过程的模糊性及其策略模式：理解国家治理的复杂性［J］. 学海，2017（6）：109-115.

全国扶贫信息网络系统基础上，由省扶贫办进行协调与对接，将省级扶贫信息系统与国家系统进行衔接，实现全省扶贫信息数据共享。第九步：数据更新。在区扶贫办的统一指导下，扶贫干部定期对贫困户信息进行摸底调查，将相关信息在信息系统进行更新，并录入全国扶贫信息网络系统。

在对精准扶贫的流程进行规范以后，针对每一个治理环节设定相应的标准和规范，进而实现农村精准扶贫流程的全方位控制。就以精准识别为例，为有效规范精准识别的流程，从识别程序、识别标准、归档材料、组织过程及督查追责等层面制定了相应的文件及标准，最大限度提升了精准识别的规范化程度。在贫困户精准识别的过程中，通过采用定性识别的方式将贫困户致贫的原因进行归类，进而为贫困户精准帮扶提供基础。在贫困户认定的过程中，家庭收入作为首要衡量标准，"它是作为衡量农户贫困程度及各地贫困人口数量的主要依据，它是反映一个地区及农户经济收入水平的前提，也就是我们通常说的贫困线"[①]。在精准识别的标准层面，确定了"1+4"扶贫对象界定标准：以"双线合一"确定的2800元（2014年）贫困线为主线，综合考虑因病、因学、因灾、因残4种特殊困难和较大支出因素，对贫困家庭进行精准识别和界定。同时，在精准识别流程层面，扶贫对象要按照"七步法"的识别方式和"七进八不进"一票否决法，严格把握"申请、评议、公示、审核"等程序，按照"应进则进""该退则退"的原则，及时清理和更新扶贫对象，确保扶贫帮扶对象精准、施策精准。"七步法"的识别流程即农户申请—村民小组评议—组级公示—村民代表大会审核—村委会公示—乡镇人民政府复核和区扶贫办批准—村公告以及扶贫对象签字。（1）农户申请。由农户自愿申请（要求有农户亲笔签字的贫困户申请书）。（2）组级评议。根据农户上报的申请书，召开村民小组民主评议会议，要求包组村干部、村民小组长、超过2/3的户主参加会议（要求提供会议记录、参会人员签字、评议会议照片等资料）。（3）组级公示。在村民小组进行组级公示，公示名单必须与评议会议记录名单一致，公示时间为7天（要求提供公示照片）。（4）村级审核。召开村民代表大会进行审核，要求村第一书记、驻村工作队长、常驻队员、乡挂村领导、驻村干部参会。此外，村级层面参会人员不能少于30人，包括村"两委"干部、村党员、村小组组长、每组2名以上村民代表

---

① 武沁宇. 中国共产党扶贫理论与实践研究［D］. 长春：吉林大学，2018.

（不能与党员和组长重复）参加评议会议，会议要求提供会议记录、评议统计表（含得票数）、参会人员签字、评议会议照片等资料。(5) 村级公示。进行第二次公示，公示时间为7天，经公示无异议后报乡镇人民政府复核（要求提供公示照片）。(6) 乡镇复核。乡镇人民政府对各村上报的名单进行复核，确定全乡贫困户名单，在各村进行第三次公示，公示时间为7天（要求提供各村上报的关于审核确认贫困户的报告、××村贫困户初选名单、公示照片）。(7) 村级公告。经公示无异议后报区扶贫办复审，复审结束后在各村公告（要求提供关于复审贫困户的报告、××乡镇拟定贫困户名单、公告照片）。

二、标准的监控：贫困治理信息的清晰化控制

信息收集能力作为现代国家的基础性能力，也是中央政府对下级政府日常治理行为控制的载体。在精准扶贫政策执行过程中，信息的收集与共享作为打破扶贫单位之间"条块"分割的有效机制，也是国家认证体系有效运转的载体。国家需要一种覆盖能力来追踪流动的个体，从而汲取必要的资源来维系自我生存；国家也需要一种识别能力来干预社会，通过统一度量衡或编码单位、计算、分类和汇总概括实现标准化以及对社会的清晰认识，将自己感兴趣的、成文的、静态的、集合或个人的、分门别类的社会事实简单化。[1] 在农村精准扶贫政策的执行过程中，通过各种治理机制实现基层社会贫困治理信息的清晰化控制，是保障和监控扶贫标准在基层社会得到有效执行的重要机制，也是提升贫困治理效能的重要载体。在贫困治理标准的监控层面，L乡通过加强扶贫监测信息系统建设，在提升国家在乡村社会信息收集能力的过程中，促进贫困治理流程的规范化与科学化。

"清晰性作为国家机器的中心问题：固定姓氏的创建，度量衡的标准化，土地调查和人口登记制度的建立，自由租佃制度的出现，语言和法律条文的标准化，城市规划以及运输系统的组织等看来完全不同的一些过程，其目的都在于清晰化和简单化。"[2] 在现代国家的制度建构中，伴随着国家权力的微型化发展，出现了国家权力监控体系与公民权利保障体系不断完善的双向发

---

[1] 欧树军. 国家基础能力的基础 [M]. 北京：中国社会科学出版社, 2013: 11.
[2] 斯科特. 国家的视角：那些试图改善人类状况的项目是失败的 [M]. 王晓毅, 译. 北京：社会科学文献出版社, 2004: 2.

展结构。按照吉登斯的分析，现代国家的特色之一就是国家权力集中化与国家监控体系的不断完善：一是国家为有效完成特定的治理目标，加强对基层社会信息的收集及控制，进而为国家对社会及个体的监控提供基础；二是在国家信息收集能力不断提升的基础上，国家及其代理机构对个体的监控不断微型化，国家对社会的监控体系也在不断完善，现代信息技术不仅提升了国家对社会的监控能力，也有效延伸了国家的监控范围。[1] 国家一方面通过信息控制来缩小基层政权的信息优势与自由裁量权空间，另一方面通过严格的考核机制来保障扶贫政策在农村基层社会得到有效执行。在精准扶贫政策的实践过程中，"建档立卡"作为精准识别及精准帮扶的重要载体，是国家认证能力提升和对乡村社会信息清晰化控制的重要尝试。"建档"是指为贫困村和贫困户建立纸质版和电子版为一体的信息档案，记录日常生产生活，特别是人口、土地及收入等相关信息；"立卡"则是在贫困户和贫困村"建档"的基础上及时发放帮扶手册，一切帮扶措施及成效都必须在帮扶手册上得到体现。在建档立卡的过程中，L乡为保障"一证两册"的使用规范，建立了规范化的建档立卡流程，进而建构了贫困治理标准清晰化、规范化的监控机制。

为保障建档立卡工作的规范化，L乡依托国家信息化的共享平台，通过电子信息与纸质信息同步对接的方式提升了对贫困户信息的收集能力，由此加强对扶贫干部日常治理行为的监控。首先，贫困户"一户一档"等资料必须统一放置村部扶贫工作室，以便政府及村民翻阅、核对。贫困户"一户一档"主要收集贫困户家庭基本信息、结对帮扶、享受扶贫政策等资料，它包括贫困户申请书、贫困户识别摸底调查表、贫困户审批表、贫困户信息对照采集表、贫困户"两不愁三保障"情况调查表（每年）、贫困户脱贫审批表、贫困户脱贫退出确认书、走访连心照、产业扶贫协议或合同、贫困户享受政策的有关资料（存折流水、户口本、身份证、医疗证、残疾证等复印件）等，以贫困户脱贫情况一览表（简称一览表）为统揽，确保一览表、户档资料、一本通、国办系统与贫困户实际情况"五个一致"。其次，在贫困户"一户一档"资料的基础上，要在国家信息平台及时更新贫困户信息，对贫困户家庭收入状况、家庭人口、主要致贫原因、脱贫属性、贫困户属性等关键信息发

---

[1] 吉登斯. 民族—国家与暴力 [M]. 胡宗泽，赵力涛，译. 北京：生活·读书·新知三联书店，1998：14, 221.

生变更时，既要更新信息，还要及时补齐原来没有和发生变更的佐证资料，确保资料规范和逻辑合理。

政策实施过程中的信息监控及反馈成为政策落地的重要环节，国家为了有效加强对基层社会的信息监控，实现"委托—代理"过程中的信息对称，上级政府（特别是中央政府）通过信息技术建构了一条通畅的信息渠道，保障公共政策在执行过程中的"上传下达"。为有效解决贫困治理场域信息的不对称问题，国家通过数字化的信息监控平台，要求村书记、第一书记、驻村干部配备专门的业务工作手机，每天定点定时发送实时位置，做到对扶贫干部日常行为的全方位监控。为有效加强精准帮扶和工作队驻村帮扶工作，在J省2017年推出省级精准扶贫大数据平台APP以后，L乡要求每个帮扶干部下载APP，并为各帮扶干部统一注册个人账号，帮扶干部可以在手机中查询和修改自己所帮扶贫困户的信息，每个帮扶干部必须每天在APP平台上签到，并发送日常工作图片，签到要显示实时位置。国家通过现代信息技术加强了对基层社会的信息控制，以此来约束基层扶贫干部的行为，实现了农村精准扶贫工作的可视化，进而为扶贫标准的监控提供了信息基础。

为提升农村精准扶贫的标准化程度，国家通过技术嵌入的机制来提升贫困治理信息的清晰化，对各地精准扶贫工作的开展进行全方位的监督。国务院扶贫办印发的《关于做好2017年度扶贫对象动态管理工作的通知》（国开办司发〔2017〕36号）明确指出，各地要按照全国扶贫信息的采集范围、采集方法、信息录入的基本程序，将建档立卡贫困户家庭人口等基本信息在村部等村民比较集中的地段进行公示。在现代信息技术平台的基础上，国家从组织层面加强了组织机构的协同与互动，进一步提升了国家在基层社会的认证能力。为提升贫困户识别的精准性，由区政府统一安排，组织公安、人社、住建、民政、残联、金融、保险、工商、税务、不动产管理等机构部门，对建档立卡贫困户"七清四严"中的各种情况进行比对，逐户甄别，乡镇梳理出比对数据，及时分发至各乡镇。在公开摸底、比对情况的基础上，由各乡镇组织各村召开村民代表大会，民主评议确定贫困户清退和新增名单。总之，通过将现代信息技术与标准化的监控机制有效融合，从制度设计层面最大限度地减少基层政权的自由裁量权空间，使贫困治理的政策实践嵌入规范化的制度情境中，进而最大限度提升国家对贫困治理情境的"控制权"。

第三节　目标责任制：标准的分解与执行机制

目标责任制作为我国 20 世纪 80 年代以来逐渐建立起来的一种政府治理形式，它兼具规则化治理与技术化治理的双重属性，是现代国家治理精细化的体现。目标责任制又称为"目标管理责任制"，简而言之，就是在特定公共事务的治理过程中，上级政府将相应的目标和任务进行逐级分解、细化，进而生成一套清晰的目标与指标治理体系，并通过文本化的"责任状"形式在上下级党政机关部门之间进行逐级签订，以此作为各级组织和部门进行考核与奖罚的依据。在目标管理责任制的运转过程中，指标体系作为这一制度体系运转的核心，责任制是目标任务执行的基础，考核体系是政策执行的动力，在此基础上形成一套完整的治理网络体系，进而建构一套具有较高效能与约束力的治理体系。[1] 目标责任制作为标准化制度体系构建的重要机制，在实际运行过程中，以建构清晰性的目标任务和规范化的考评奖惩体系为中心，包括目标界定和分解、考评和奖罚两个层面。为保障农村精准扶贫政策的有效执行，L 乡严格按照"目标管理责任制"的要求，通过建立标准化的组织体系、定量化的目标分解以及奖惩考核等方式，有效建构了农村精准扶贫的执行机制，进而将贫困治理的政策生产和执行链条有效向基层社会延伸。

一、职责同构：标准化的组织体系的建立

在目标责任制的运转过程中，首先需要建立标准化的组织体系，推动组织体系的规范化和部门之间的合理分工与有效合作。从组织体系标准化的视角来看，贫困治理组织体系建构需要遵循三个层面的因素：执行部门是否有相应的权责、目标任务在组织体系内部分配是否清晰、组织领导与成员的重视程度。在中国政府治理体系的运转过程中，职责同构是政府组织体系建设的重要原则，"即按照权责一致和上下对口的原则，纵向政府之间在机构设置、职责归属等层面保持高度的一致与协调。也就是说，职责同构的政府治

---

[1] 王汉生，王一鸽. 目标管理责任制：农村基层政权的实践逻辑 [J]. 社会学研究，2009，24（2）：61-92，244.

理体系是在政府条块结构下对公共事务进行部门分类,在机构设置上表现为'上下对口,左右对齐'"①。在这一原则的指导下,各地都加快了标准化扶贫组织机构的建设,根据职责同构的组织体系建设,保障精准扶贫政策在基层得到有效执行。

在乡镇政府层面,L乡成立了农村精准扶贫工作领导小组,按照"定场所、定编制、定人员、定经费"的标准建立乡镇扶贫工作站这一乡镇正式机构,并建立了"五个一"精准扶贫工作规范:一个精准扶贫办公室、一套工作制度、一个精准扶贫资料橱、一张产业扶贫示意图、一个分类脱贫规划。"一个精准扶贫办公室",即精准扶贫工作领导小组办公室,办公室由分管扶贫的副乡长领导,扶贫办主任及副主任具体落实相关工作,并配备落实1~2名精准扶贫专职岗位,配齐计算机、打印机、办公桌等设备。"一套工作制度",即精准扶贫工作制度牌,包括精准扶贫工作领导小组与工作职责、精准扶贫工作制度、工作流程图、产业发展规划布局图与干部结对帮扶工作制度等。"一个精准扶贫资料橱",即贫困户精准扶贫档案橱。"一张产业扶贫示意图",即乡镇"一村一品"产业扶贫示意图,乡镇要有1~2个特色扶贫产业,各村形成"一村一品"的乡村扶贫产业发展格局。"一个分类脱贫规划",即"五个一批"脱贫规划,并要求留存有相关的工作台账、会议记录、影像资料等。

在村级组织建设层面,严格按照"五个一"的流程加强村级扶贫工作室规范化建设,在各村推行村级一室、一橱、一袋、一牌、一套"五个一"的扶贫工作法。"一室",即精准扶贫工作室。每个村建立精准扶贫工作室,由驻村扶贫工作队和乡村干部在扶贫工作室联合办公,并制定相应岗位牌。"一橱",即贫困户精准扶贫档案橱。对本村贫困户的档案信息材料进行分组存放,包括走访调查资料、历次评议的会议与影像资料、扶贫工作队工作资料、全村贫困户脱贫资料。"一袋",即贫困户精准扶贫档案袋。实行"一户一档",详细记载收录扶贫对象申请表等内容。"一牌",即建立贫困户长期性公示牌。行政村制定精准扶贫结对帮扶贫困户信息公示牌,包括贫困户的基本情况、主要致贫原因、帮扶责任人、主要帮扶措施、计划脱贫时间等。"一

---

① 朱光磊,张志红."职责同构"批判[J].北京大学学报(哲学社会科学版),2005(1):101-112.

套",即精准扶贫工作制度等,包括驻村工作队工作制度、第一书记工作职责、扶贫工作室管理制度、政策宣传栏等;村级扶贫工作室要留存贫困户识别、退出、结对帮扶、项目推进等工作台账和影像资料等。

二、目标分解:贫困治理标准的嵌入机制

为保障农村精准扶贫政策得到有效执行,全面按照"中央统筹、省负总责、县抓落实"的原则,中央政府对中西部22个省(自治区、直辖市)精准扶贫工作制定了《脱贫攻坚责任制实施办法》,通过"层层签订脱贫攻坚责任书、立下军令状"的形式,构建了一个"责任清晰、各负其责、合力攻坚"的责任体系。在目标责任制度的基础上,各级政府与上级政府签订脱贫攻坚责任书,明确本级政府在脱贫攻坚工作中的职责。县乡政府村级扶贫工作室也通过签订责任状的形式,全面落实党委、政府主体责任。乡党委主要负责人与包片领导、驻村干部、村支部书记层层签订责任书,层层压实脱贫责任,落实最严格的"按期脱贫"责任制。以乡村两级组织为例,目标管理责任制主要涉及三个层次:第一个层次是乡镇党委书记与上级党委和政府签订的脱贫攻坚责任书,责任人为乡镇党委书记和乡镇长;第二个层次是乡镇分管领导在分管领域签订的脱贫攻坚责任书;第三个层次是乡镇与村庄签订的脱贫攻坚责任书,责任人是村党支部书记和村委会主任。此外,驻村干部也与乡镇政府签订责任书,目标责任制无缝隙嵌入精准扶贫场域。

精准扶贫是由中央顶层设计并自上而下强制性推动,经党的强大动员和领导号召,在政府科层组织系统内通过"层层量化"和"逐级加码"技术方法下派指标和量化任务,最后通过基层组织得以落实。① 在精准扶贫标准和目标界定以后,扶贫标准并不是简单意义上的分解,上级政府通过技术化测算之后,将指标在本区域范围内进行分配。在国家政策层面,贫困人口的脱贫退出和再识别纳入都要坚持国家现行扶贫标准,既不提高也不降低,要求严格执行贫困退出和识别程序,在贫困人口识别纳入时,要坚持和完善数据比对制度,贫困村和贫困县的退出要按照《关于建立贫困退出机制的意见》中要求的标准和程序执行。2017年,J省扶贫开发领导小组印发了《关于下达

---

① 钟海.权宜性执行:村级组织政策执行与权力运作策略的逻辑分析——以陕南L贫困村精准扶贫政策执行为例[J].中国农村观察,2018(2):97-112.

2018年减贫指导性计划的通知》，要求以各县（市、区）脱贫人口数为基数，完成贫困人口脱贫任务，以2014年建档立卡规模数为基数，保持建档立卡规模数和年度脱贫规模数相对稳定，按照规定标准和程序做好识别失准贫困人口剔除和贫困人口漏评补录工作，严禁数据骤变，坚持进出相宜，确保贫困人口总规模的连续性和严肃性，将扶贫任务进行精细化分解。

按照N区农村精准扶贫的政策规划，必须在2018年全面实现脱贫摘帽，在2018年年底将贫困发生率控制在2%之内。2017年12月，N区要求各个乡镇按照本地扶贫的实际情况，上报各个乡镇2018年贫困人口减贫计划，有序做好贫困户脱贫摘帽的工作。在目标的界定层面，基层政府经常根据上级政府下派的指标，设定一些自主性指标来体现政策执行的绩效，进而导致精准扶贫政策执行过程中层层加码现象的产生。在目标的界定和分解过程中，L乡农村精准扶贫工作也存在扶贫指标层层加码的现象，2018年L乡贫困人口减贫计划的制订就是一个典型代表。在2018年年初，L乡扶贫办在综合分析L乡各个村扶贫情况的基础上，制订2018年L乡贫困人口减贫计划为500人，贫困发生率控制在1.78%以内（见表3-3）。但减贫计划制订后，经L乡党委书记审阅，提出L乡要"争当N区精准脱贫排头兵"，要求2018年年底贫困发生率必须控制在1%以内。后经党政联席会讨论后，将2018年年底贫困发生率确定为0.95%，要求各村要把减贫任务的落实作为一项政治任务，切实加强组织协调，积极做好汇报衔接，要按照乡镇下达的计划要求，将任务及时分解到户、到人，签订责任书，逐项抓好落实。

表3-3　2018年L乡贫困人口减贫计划①

行政村	各村总人口	2017年年底国办系统未脱贫人数	2018年减贫计划		2018年年底未脱贫人数		2018年年底贫困发生率	
			指标1	指标2	指标1	指标2	指标1	指标2
合计	52989	1500	566	1000	934	500	1.78%	0.95%
A	3263	120	60	90	60	30	1.84%	0.92%

① L乡扶贫办：《2018年L乡贫困人口减贫计划》。指标1是由L乡扶贫办制订的指标，指标2是经L乡党政联席会讨论以后的指标。

续表

行政村	各村总人口	2017年年底国办系统未脱贫人数	2018年减贫计划 指标1	2018年减贫计划 指标2	2018年年底未脱贫人数 指标1	2018年年底未脱贫人数 指标2	2018年年底贫困发生率 指标1	2018年年底贫困发生率 指标2
B	6875	287	160	220	127	67	1.85%	0.97%
C	1495	28	4	14	24	14	1.61%	0.94%
D	2860	71	20	43	51	28	1.78%	0.98%
E	3930	122	50	85	72	37	1.83%	0.94%
F	2147	48	8	27	40	21	1.86%	0.98%
G	2751	70	20	43	50	27	1.82%	0.98%
H	1732	39	10	22	29	17	1.67%	0.98%
I	3089	93	40	64	53	29	1.72%	0.94%
J	2780	74	25	48	49	26	1.76%	0.94%
K	3303	102	40	70	62	32	1.88%	0.97%
L	3011	59	10	30	49	29	1.63%	0.96%
M	1502	15	4	4	11	11	0.73%	0.73%
N	3617	84	15	50	69	34	1.80%	0.94%
O	3932	135	60	97	75	38	1.91%	0.97%
P	2973	74	20	45	54	29	1.82%	0.98%
Q	3729	79	20	48	59	31	1.80%	0.95%

L乡贫困人口减贫计划制订以后，要求各村按照现有标准加强目标责任制的实施，保障精准扶贫工作在基层社会得到有效执行。根据《N区委区政府关于全力打好精准扶贫攻坚战的决定》，严格执行脱贫攻坚"一把手"责任制和扶贫干部对口负责制度，按照产业扶贫、就业扶贫、易地扶贫搬迁、健康扶贫、教育扶贫、危旧房改造及社会保障等精准帮扶路径，全方位落实脱

贫攻坚责任制。

L乡2018年脱贫攻坚责任书

L乡共有"十三五"贫困村两个，2017年共有建档立卡贫困户3293人。根据《中共中央 国务院关于打赢脱贫攻坚战的决定》（中发〔2015〕35号）、《中共J省委J省人民政府关于全力打好精准扶贫攻坚战的决定》（J发字〔2015〕10号）和《中共G市N区委G市N区人民政府关于全力打好精准扶贫攻坚战的决定》（N字〔2015〕20号）的部署，我们向区委、区政府承诺以下脱贫攻坚责任：

一、严格执行脱贫攻坚"一把手"负责制，坚决执行中央及省市区关于脱贫攻坚的战略部署，将竞争扶贫工作作为一项政治任务来抓。

二、认真实施精准扶贫、精准脱贫方略，切实落实"十三五"脱贫攻坚规划和年度减贫计划，动态管理好贫困人口，确保不漏评一户贫困户。大力发展扶贫产业，实现每个贫困村至少有一个"五个一"产业扶贫基地，实现产业扶贫的100%全覆盖。大力实施整村推进，切实改善农村基本生产生活条件，完成易地扶贫移民搬迁任务，加强社会保障管理，确保各项扶贫政策和扶贫资金落实到村、到户、到人。对标"两不愁三保障"，确保本乡（镇、街道）不出现辍学和贫困户居住在危房或者无房现象。

三、共同努力，注重脱贫实效，全面完成2017年贫困人口减贫任务，并确保2018年在现行标准下本乡（镇、街道）农村贫困人口实现脱贫、贫困村全部退出，解决区域整体贫困。

四、每年向区委、区政府报告扶贫脱贫情况，接受督查考核。如因工作履职不到位，影响全区脱贫攻坚考核、验收结果，愿按照相关规定接受问责。

总之，在L乡精准扶贫政策执行的过程中，通过技术嵌入的形式将贫困治理标准和任务进行分解，将农村精准扶贫的目标任务分解、细化到各级政府组织内部，防止因为政府责任分工的不明确导致贫困治理政策的"空转"，并在目标责任制的约束下强化贫困治理目标的实施，有效推动贫困治理体系的运转，进而实现国家对贫困治理场域的"控制权"。

三、"脱贫锦标赛"：标准的考评与奖惩体系的建立

建立科学合理的考评和奖罚体系，是目标责任制在基层得到有效执行的前提基础。在农村精准扶贫领域，国家根据总体规划针对精准扶贫的政策实践和目标制定相应的绩效考评指标评价标准，根据标准体系对地方政府的脱贫成效进行相应的考评，达到标准的地方政府和部门给予相应的奖励，对于不达标的则给予相应的处罚。诚如王刚与白浩然所认为的，农村精准扶贫政策执行的核心是"脱贫锦标赛"：为保障各地区在规定时间内实现脱贫摘帽，在制度层面建立"强监控—强激励"治理情境，在党中央和国务院统一规划下，省级政府制订本区域范围的短期和长期脱贫规划，将脱贫任务逐级向下分解，下级党委、政府作为代理者，根据上级政府下派的脱贫目标和任务，通过充分整合本地政府组织体系和治理资源，加强本地区脱贫攻坚任务的动员。为保障下级政府在规定时间内完成上级政府交代的任务，上级政府制定了标准化的监督控制与奖惩激励机制，通过考核及奖惩的形式来加强对下级政府工作的评估。[①] 在农村精准扶贫政策执行的过程中，通过将标准化的指标体系与清晰性的考核体系有效结合，将乡村两级组织的目标任务与奖惩有效耦合，通过"脱贫锦标赛"的形式建构同构性的扶贫场域下的竞争体系，通过责任连带和"一票否决制"将脱贫攻坚工作纳入乡村两级政权组织的中心工作，加强贫困治理全过程的动员。

标准化治理由于具有相对较好的激励和约束机制，在治理体系的运作过程中具有较好的导向作用，它一方面可以通过指标来横向测量地方政府的工作能力和态度，同时也可以通过职位晋升和奖惩的形式来激励基层政权的行为，保障基层政权充分发挥自我能动性，推动国家公共政策的执行。[②] 为保障农村精准扶贫政策得到有效实施，J省在2019年制定了《设区市（贫困县）脱贫攻坚工作成效考核指标体系评分细则》，L乡在其基础上制订了《L乡农村精准扶贫工作绩效考核评价实施方案》（见表3-4）。在目标责任制的基础上，对精准扶贫的各项工作都制定了详细的考核标准。

---

① 王刚，白浩然. 脱贫锦标赛：地方贫困治理的一个分析框架 [J]. 公共管理学报，2018, 15（1）：108-121, 158-159.
② 万江. 指标控制与依法行政：双重治理模式的实证研究 [J]. 法学家，2017（1）：1-16, 175.

表 3-4　L 乡农村精准扶贫工作绩效考核评价实施方案①

项目	计分条件或评分标准	考核标准分（100）
贫困户脱贫成效	每乡抽查 2 个村，每村抽查 10 户贫困户	40
精准识别	2015 年已脱贫的 2 户，2016 年（预）脱贫贫困户 6 户，其他贫困户 2 户，扶贫开发户、扶贫低保户、纯低保户、五保户都要有一定数量。每发现 1 户识别不精准，扣 0.5 分，扣完为止。主要指公示牌、一本通、户口本三者的人口信息与实际信息是否相符，不相符则认定为不精准。贫困户一户一档资料不规范，每发现 1 户扣 0.5 分	14
大数据管理信息系统	通过查看大数据平台，对系统数据采集、录入和更新维护的及时性、准确性、完整性比例进行评分。信息录入问题户占比 10% 以内扣 0.5 分，10%~30% 扣 1 分，30%~40% 扣 1.5 分，40% 以上扣 2 分	6
结对帮扶	抽查的贫困户中，没有安排结对帮扶干部的，每发现 1 户扣 0.5 分；无村级帮扶规划和年度帮扶计划的，每村扣 0.5 分；查看一本通无结对帮扶工作记录的，每发现 1 户扣 0.5 分；结对帮扶干部走访联系次数不足 4 次的，每发现 1 户扣 0.5 分；贫困户对符合享受条件的精准扶贫政策不知晓且未享受的，每发现 1 户扣 0.5 分；贫困户对结对帮扶工作不满意的，每发现 1 户扣 0.5 分。单项和合计扣分均以 8 分为限	10
政策落实	抽查贫困户时，查看一本通享受政策记录、一卡通等相关凭证。一本通的填写、发放情况计 4 分，每发现 1 户不规范，扣 0.5 分，扣完为止；除普惠农民政策，2016 年每户贫困户至少落实 2 项（含 2 项）以上扶贫政策，达到 2 项（含 2 项）以上得 4 分，每发现 1 户未享受或仅享受 1 项政策扣 0.5 分，扣完为止	10

---

① L 乡脱贫攻坚领导小组办公室：《L 乡农村精准扶贫工作绩效考核评价实施方案》。

续表

项 目	计分条件或评分标准	考核标准分（100）
精准退出	抽查的贫困户中，每发现1户贫困户脱贫不按程序或程序不到位的，扣0.5分；每发现1户贫困户未达到脱贫条件被脱贫的，扣0.5分。扣完为止	10
计划落实	完成当年省、市下达的贫困人口预脱贫计划数，得5分，每少一个百分点扣1分	10

在"强激励"与"强惩罚"并存的考核体系之中，依托"一票否决制"和责任连带等制度体系的嵌入，在贫困治理制度情境中建立一种强压力的脱贫攻坚考核体系。在实际的运行过程中，乡镇精准脱贫工作的考评工作在区精准扶贫工作领导小组的领导下开展，具体工作由区精准扶贫工作领导小组办公室负责。考评采取平时督查与重点抽查、综合考评与部门考核、交叉检查与委托第三方机构评估相结合的方式进行。考核得分比重为年终绩效评价占70%，日常考核占30%。依据《N区脱贫攻坚工作考核评价与责任追究》四十七条的规定，综合考核结果一次排名在倒数两位且不达标的乡镇（街道），对乡镇（街道）党政主要领导和扶贫工作分管领导予以诫勉，主要领导在电视台做公开表态，乡镇班子召开专题民主生活会查找问题并限期整改；综合考核结果连续两次排名在倒数两位且不达标的乡镇（街道），对乡镇（街道）党政主要领导停职，对扶贫工作分管领导和相关责任人员予以免职。单项考核一次不达标的乡镇（街道），对乡镇（街道）党政主要领导和该单项工作的分管领导予以诫勉；连续两次考核不达标的乡镇（街道），对乡镇（街道）党政主要领导予以相应的纪律处分，单项工作的分管领导予以免职。单项考核一次不达标的职能单位，对该单位主要领导、分管领导予以诫勉；单项考核两次不达标的职能单位，对该单位主要领导停职、分管领导免职，专抓扶贫工作。

在综合考核或单项考核中，因受检村（社区）工作不力导致L乡综合考核在全区排名在倒数两位且不达标或单项考核不达标的，对受检村（社区）的挂村领导（攻坚组组长）、驻村干部、第一书记和工作队长、结对帮扶单位分管领导予以诫勉，村（社区）党组织书记和村（居）委会主任、包组村干部予以停职、免职或依法罢免。因受检或受访的贫困户存在扶贫政策不知晓、帮扶措施未落实的，对帮扶干部予以诫勉。在区级以上（含区级）组织的抽查、巡察、督查、考核中发现第一书记和驻村工作队队长一次不在岗的，三年内不得提拔重用，并取消其年度评先评优资格；两次不在岗的，对其给予相应纪律处分，并对其单位分管领导予以诫勉；三次不在岗的，对其单位主要负责人予以诫勉，并取消该单位扶贫工作评先评优资格。乡村两级帮扶干部验收不合格每户扣100元，最高扣500元；区直单位帮扶干部出现验收不合格情况，以乡党委名义发函至所在单位要求限期整改，未按时整改到位的上报区扶贫办予以督办。村干部实行包组负责，所包组未完成或者验收不达标的，扣发绩效工资300元；该村有2人以上所包组未完成或者不达标的，该村第一书记、工作队长、村书记到乡村两级干部大会上做检查表态发言；该村全部未完成或者不达标的，片长到乡村两级干部大会上做检查表态发言，村书记停职。因脱贫攻坚工作不力受到问责的非常驻干部，一年内不得提拔重用；在其职务职级并行晋升职级时，现职级的任职年限需延长一年；当年度的公务员（事业单位工作人员）考核评为基本称职或不称职，且不得享受与脱贫攻坚工作相关的任何奖励。因脱贫攻坚工作不力受到问责的一般干部，所在乡镇或单位可视情节扣发奖金，并做待岗或调整岗位处理。对考核结果连续排在前三名，并顺利通过市级以上全部考核验收，在脱贫攻坚工作中取得显著成绩的，对所在单位主要负责人和具体负责的干部，优先推荐提拔重用。考核结果作为年度乡镇综合考评和区直（驻区）单位绩效考评依据，并作为领导干部个人评先评优的重要依据。在国家、省、市组织抽查、巡察、督查中被发现问题并对全区脱贫攻坚工作造成不良影响的，对涉及的责任单位和责任人员实行"一票否决"，取消评先评优资格，并视情形按责任追究办法予以严厉问责。全区顺利通过省级验收实现脱贫摘帽的，给予所有帮扶干部和脱贫攻坚相关人员一个月的全额工资（或相应的奖金）奖励；在精准扶贫绩效考核中被评为先进乡镇或先进单位的，对该单位干部职工再奖励一个月的全额工资；顺利通过国家检查验收的村（社区）奖励三万元。

　　行政村的脱贫攻坚考核工作，则是在乡镇党委的领导下，由乡镇扶贫办和党政办具体负责实施，相关党政领导根据工作分工。L乡在每个季度对各村的工作情况进行打分，年终根据考核排名对各个村进行奖励与处罚。其中，精准扶贫工作占村两委年度综合考核比重的30%，并实行"一票否决制"。

其中，村级精准扶贫工作季度考核主要分为基础资料、信访与参训参会、入户调查等几大块（见表3-5），年度考核则根据精准扶贫的相关事项进行分类别的考核。项目建设由脱贫攻坚五大类项目的分管领导分别打分，每类项目满分20分共100分，再由党政办负责折算计入评分表。"三率一度"、返贫率方面，存在以下情形：贫困发生率、漏评率、错退率高于2%（含2%）的；贫困群众满意度不达标，低于90%（含90%）的，对相关责任人进行问责。根据考核建立奖惩制度，按年度考核结果，排列A（优）、B（良）、C（中）、D（差）四个等次。对于考核为A、B两个等次的，以区委、区政府名义通报表扬。对于考核不合格的行政村，视情形给予相应的纪律处分，对村（居）委员会主要负责人依相关规定处理，对乡镇扶贫办主任、驻村干部、第一书记、驻村工作队队长视情形进行诫勉、组织调整、组织处理或给予相应的纪律处分。

表3-5　L乡2018年第一季度各行政村脱贫攻坚工作考核表①

行政村	基础资料	信访与参训参会	上报资料	入户调查	电话调查帮扶责任人	总分	等次
D	73.80	2	4	9.75	9.75	99.30	好
G	73.30	2	4	9.84	9.30	98.44	好
K	72.80	2	4	9.65	9.15	97.60	好
J	68.00	2	3	8.65	8.25	89.90	较好
H	68.20	2	2	8.18	8.45	89.83	较好
F	68.00	2	3	8.15	7.65	88.80	较好
B	68.00	2	2	8.65	7.70	88.35	较好
E	67.50	2	2	8.25	8.00	87.75	较好

---

① L乡脱贫攻坚领导小组办公室：《L乡2018年第一季度各行政村脱贫攻坚工作考核情况的通报》，根据L乡脱贫攻坚基础材料整理。

续表

L乡2018年第一季度各行政村脱贫攻坚工作考核表							
Q	60.00	2	2	8.15	8.75	80.90	较好
A	59.00	2	2	8.25	8.25	79.50	一般
K	58.00	2	2	7	8	77	一般
N	58.00	2	2	7	7.5	76.5	一般
M	57.5	2	2	7	7	75.5	一般
L	58	2	2	7	6.15	75.15	一般
O	57	2	2	6	6.2	73.2	差
C	57	2	2	6	6	73	差
I	56.5	2	2	5	5.8	71.3	差

总之，在贫困治理制度情境这一场域，标准化不仅对农村精准扶贫的流程和内容进行简单的"标准化"，还对基层政权和扶贫干部的行为进行规训与教化，通过标准化来达到对基层政权的约束和对社会进行治理的双重目标。也就是说，在"脱贫锦标赛"考核体系之中，通过建立健全乡村两级脱贫攻坚考核机制，建构一种"强激励"与"强惩罚"并存的治理体系，特别是将脱贫攻坚工作纳入"一票否决制"的范围，实现"目标责任制"在农村精准扶贫场域的有效运转，进而实现上级政府对乡镇政府的强监控。

第四节 本章小结

为破除"一统体制与有效治理"的悖论，保障精准扶贫政策在基层得到有效执行，国家通过标准化的制度情境嵌入，依托扶贫标准自上而下的嵌入及技术化的动员机制，实现了贫困治理场域无缝隙对接的技术规制，为基层政府的精准扶贫政策建构了一个具有约束性的制度情境空间。在实际的运行过程中，标准化的贫困治理制度体系的构建，依托裁量基准实现一种"规则化"的"自制",在性质上作为一种典型的行政自制范式,是政府治理体系优化的重要路径。在贫困治理制度情境的建构过程中,国家依托标准化的制度体系建构加强了贫困治理政策执行的监控力度,不仅从结果层面进行控制,还在流程层面进行规范。特别是扶贫标准自上而下的嵌入以及目标责任制的实施,通过强制度约束来进行自上而下的控制和规范基层政权的行为,进而保障公共政策在基层得到有效执行。

按照扶贫标准在实际运行中的不同功能及特性,贫困治理场域的标准化主要包括三个层面:精准扶贫裁量基准的设定、精准扶贫流程的无缝隙控制以及目标责任制的实施,由此建构了贫困治理制度情境的嵌入。贫困治理制度情境的三个层面作为一个有机的整体,它建构了一个贫困治理主体之间共同行动与相互博弈的情境,为行动者的行动搭建了一个相对固定和规范化的场域。诚如韦伯的科层制理论认为,具有合法性和强约束力的正式制度体系,是作为政府组织及官僚的"宪法"而存在:一方面,它设定了政府组织和行动者的权力职责,建构了一个清晰化的权力实践空间;另一方面,它也确定了行动者日常治理的程序和准则,在为行动者的日常行动提供情境的过程中,又限定了行动者的行动。[①] 标准化与韦伯的科层制理论具有内在的契合性,标准化的制度体系建构在政府组织体系内部,设定了规范化的权力关系,同时也对公共政策的执行者设立了程序化的规则,进而为行动者建构了一个清晰化的情境空间。在贫困治理制度情境这一场域,标准化不仅是一种技术治理的范式,还是一种规则化的制度体系构建的表征,代表了基层治理体系的日益精细化、规则化。在现实的运作过程中,贫困治理的制度情境在现实中具有四种功能:一是界定各级政府责任清单,各级政府与部门之间的责任分工;二是界定基层政权可以做什么、怎么做及不可以做什么;三是考核和惩戒机制,即根据责任清单对贫困治理政策执行者进行考核和惩戒;四是清晰化的"度量衡"机制,即通过具体指标的嵌入来规范贫困治理的过程。

在贫困治理制度情境的建构场域,国家通过标准化的制度体系嵌入,将国家的治理意图有效输入基层社会,进而提升了农村精准扶贫政策话语权威。标准化的贫困治理制度体系的建构,推动了基层治理组织体系的规范化发展,

---

① 张云昊. 规则、权力与行动:韦伯经典科层制模型的三大假设及其内在张力[J]. 上海行政学院学报, 2011, 12 (2): 49-59.

提升了贫困治理体系的运作效率，同时标准化制度与结构体系耦合又实现了权力关系的稳定性和清晰性。标准化对自由裁量权正当行使的自我控制功能，主要通过情节的细化和效果的格化技术来达到对裁量权的限定、建构和制约。[①] 标准化作为消除"一统体制与有效治理"的治理媒介，通过标准化制度体系清晰界定了农村精准扶贫的具体指标、流程及目标，有效实现建构基层政权的裁量基准，并通过目标责任制的实施建构了贫困治理的制度情境，通过技术化的监控机制实现了农村精准扶贫的技术动员与信息控制，国家政策意图最大限度地在基层得到执行，在制度体系构建层面最大限度提升了中央政府对农村精准扶贫场域的"控制权"。

---

① 周佑勇.裁量基准的制度定位：以行政自制为视角[J].法学家，2011（4）：1-14，176.

第四章

强约束下的变通：贫困治理场域行为情境的建构

由于国家在制度设计层面制定了无缝隙的标准化制度体系，为地方政府搭建了一个标准化、具有强约束力的场域空间，由此提升了国家在贫困治理场域中的"控制权"。但在现实的政策实践过程中，国家政策执行的效能依赖于基层干部的执行情况，国家扶贫政策从制度到执行的情境转换是贫困治理政策嵌入的关键环节。由于精准扶贫制度体系在自上而下嵌入的过程中，伴随着贫困治理情境的转换，国家扶贫标准在实际执行过程中受到乡村社会的反嵌，导致农村精准扶贫政策标准在基层落地过程中的偏离，政策变通成为贫困治理场域行为情境的重要表现形态。本章将对农村精准扶贫政策执行的行为情境进行分析，探讨国家标准化的制度体系在乡村社会是如何执行的，通过分析贫困治理行为情境建构的形态，特别是基层政权与扶贫干部在制度情境中的行为选择，对国家扶贫政策的执行带来了哪些效应，进而透视贫困治理场域中基层政权的行动策略和逻辑。

第一节 "街头官僚"：贫困治理行为情境建构的基础

从理论上来说，标准化的制度构建了清晰性、统一性的规则体系，没有给基层政权留下任意行动的空间，贫困治理场域中的基层行动者应该如螺丝钉一样各就各位，没有任何模糊性的、不合理的行为发生。但在复杂性与标准化的情境悖论中，"高层的决定是具有高度原则性的，而基层的决定则具有高度的可操作性"[①]。处于政策执行链条底端的基层政权，通过自由裁量权将

---

① 黑尧. 现代国家的政策过程 [M]. 赵成跟，译. 北京：中国青年出版社，2004：164.

贫困治理的制度情境向行为情境转换，进而导致贫困治理的规则体系在基层执行过程中出现变通。哈贝马斯在1994年出版的《后形而上学思想》一书中提出了"情境理性"这一概念："行动者通过互动来采取的一种态度和选择行为的方式，理性必须是嵌入特定的社会情境之中，理性的存在都是情境性的，它绝非不依情境的变化而变化的一种抽象理性。"[1] 在情境理性的引导下，在国家与社会之间行动的基层干部充分借助自由裁量权，在贫困治理场域呈现了街头官僚的实践面向，进而推动了国家扶贫政策在基层实践过程中的在地化。

一、街头官僚：基层扶贫干部的角色定位

美国学者利普斯基在1980年所著的《街头官僚：公共服务中的个体两难困境》一书中，将"街头官僚"理论用于分析公共政策在基层执行的实践形态。从概念上来说，"街头官僚"是指处于基层、同时也在最前线的政府工作人员，他们是政府雇员中直接和公民打交道的公务员。典型的街头官僚包括警察、公立学校的教师、社会工作者、公共福利机构的工作人员、收税员等。[2] 街头官僚具有三个明显特征：街头官僚是公共服务的提供者；街头官僚是与公民直接产生联系的人员；街头官僚拥有大量的裁量权。[3] 基层扶贫干部在进行贫困治理政策执行的实践过程中，也在充当着公共服务提供者的角色；同时，他们是与贫困户及非贫困户日常互动的工作者；他们也拥有贫困户认定和政策解释等层面的自由裁量权。因此，基层扶贫干部在形态上符合利普斯基所描述的"街头官僚"的特性，是国家公共利益的供给者和乡村社会秩序的维护者，在现实中承担着公共政策的执行者和乡村社会福利分配"仲裁者"的双重角色。

（一）公共政策的执行者

扶贫政策作为国家在贫困治理场域的话语表达，也是国家意志在基层社会的体现，政策的受众对象是贫困群体，而执行者则是身处国家与社会双重

---

[1] 王澍. 从普遍理性到情景理性：美国教育哲学发展历程的一种新思路及启示[J]. 济南大学学报（社会科学版），2008（5）：79-82.

[2] 叶娟丽，马骏. 公共行政中的街头官僚理论[J]. 武汉大学学报（哲学社会科学版），2003（5）：612-618.

[3] 李宜钊. 政策执行中的复杂性研究[M]. 北京：人民出版社，2015：123.

场域中的基层政府和扶贫干部。农村精准扶贫政策的嵌入依托国家自上而下的推动，同时也需要扶贫干部这一群体作为纽带，扶贫干部在执行国家扶贫政策的过程中发挥着十分重要的作用。2016年，在国家颁布的农村精准扶贫政策相关文件的基础上，J省印发了《关于J省扶贫开发领导小组2016年度工作要点的通知》："要求对贫困村实行部门单位定点帮扶、第一书记和工作队驻村帮扶全覆盖，对其他有脱贫攻坚任务的行政村实行乡镇干部包村全覆盖，第一书记、驻村工作队和包村干部在国家政策的相关规定下，全程参与村级各项脱贫攻坚任务。"在实际的政策执行过程中，L乡建立了包括第一书记、工作队队长、常驻队员、包村干部及村干部等相互合作的精准扶贫帮扶体系。为保证L乡顺利通过第三方的评估验收并实现脱贫摘帽，N区扶贫办要求L乡在实现脱贫摘帽前，对常驻干部（第一书记和常驻队员）原则上只做充实，不做调整。在村级扶贫组织体系的建构过程中，要求配强"第一书记"和工作队队长。坚持严把常驻干部的人选关，对工作表现较差的干部及时"召回"。常驻干部调整只允许调优配强，除了允许科级干部调换一般干部，驻村干部需要至少在基层从事一年的扶贫工作，保障驻村干部队伍的稳定性。注重从区直单位表现优秀、工作经验较丰富、任职时间较长的副职和单位科级后备干部中充实调整一批人员担任常驻干部。另外增补结对帮扶力量，增补强化贫困村和深度贫困村驻村工作队力量，确保每个贫困村和深度贫困村驻村工作队有3名常驻干部。对帮扶单位选派常驻干部不满3人的，由乡镇选派优秀干部充实到驻村工作队，调整充实至3人。通过整合区、乡及村三级组织体系，L乡搭建了立体化的精准扶贫帮扶体系，并要求帮扶干部常年入驻村庄，保障国家精准扶贫政策在基层得到有效落实。

在实际的政策实践过程中，基层扶贫干部主要按照国家扶贫政策的相关要求，制订本村精准扶贫规划，并根据脱贫攻坚的具体要求全方位参与扶贫攻坚的相关工作，在现实中发挥国家扶贫政策执行者的功能。以L乡H村第一书记2017年工作总结为例：

> 立足于精准识别、精准统计的建档立卡贫困户数据，结合上级部门的政策，针对不同致贫原因的贫困人口，认真制定脱贫路径，精准发力，确保脱贫攻坚工作取得实效。通过紧紧围绕实现"两不愁三保障"为脱贫目标，通过扶贫干部的不懈努力，98户贫困户全部不愁吃、不愁穿；

<<< 第四章　强约束下的变通：贫困治理场域行为情境的建构

通过落实医疗"四道保障线"（城乡居民基本医疗保险、大病保险、贫困人口疾病医疗补充保险和医疗救助），贫困户看病自费比例控制在10%以内；通过落实教育扶贫政策，实现教育全覆盖，无辍学学生；通过落实移民搬迁、危房改造、保障房和维修加固政策，帮助48户解决住房问题，其中移民搬迁5户21人，保障房建设18户，危房改造18户，维修加固7户。①

在这一工作总结中可以发现，基层扶贫干部主要围绕国家扶贫政策进行帮扶工作，在国家扶贫政策和规划的基础上，将国家扶贫政策转换为具体的实践，在某种程度上承担了国家扶贫政策"在地化"的角色。国家颁布的扶贫规划和脱贫攻坚的相关文件，对于各地精准扶贫工作的规定大多是原则性、宏观性的表述，而基层扶贫干部则在国家扶贫政策的基础上，将国家扶贫政策转换成可实施的文本。也就是说，处于国家与乡村社会之间的基层扶贫干部，是作为一种政策执行者和调节者的角色而存在，承担着贫困治理情境转换的行动者角色。

（二）福利分配的"仲裁者"

街头官僚理论认为，街头官僚在日常治理中所做的决定，经常带有分配和再分配的特性，他们在政策执行过程中对政策受益者的资格判断，支持特定人群享受国家提供的公共物品和服务的权利，并在判断过程中会剥夺或者损害另一部分人的资格与利益，他们对国家在基层社会的福利分配起到了方向性控制的作用。② 贫困治理是福利治理的重要组成部分，而街头官僚作为贫困治理政策的执行者，也是乡村社会福利分配的"仲裁者"。尽管他们没有掌握国家扶贫政策的制定权，但在实践中事实上掌握了国家扶贫政策的解释权，特别是在扶贫标准的执行和解释层面存在一定的自由裁量空间，可以通过自我行动来分配国家自上而下输入的扶贫资源并认定贫困群体的身份资格。

　　国家的各项政策，还是要靠我们来执行的。很简单的道理，尽管国家对于贫困户的认定制定了详细的标准，特别是除了贫困户认定的基本

---

① 资料来源于H村第一书记2017年工作总结。
② 张国庆，莱恩，博里克. 公共政策经典［M］. 彭云望，译. 北京：北京大学出版社，2008：57.

标准，还增加了七种情况一票否决与四种情况从严审核和甄别的标准。但在实际的认定过程中，这个标准虽然提供了基本的准则，可光靠它也不能解决全部事情，贫困户致贫原因千差万别，完全靠这个标准就不行，还需要我们根据具体情况具体分辨。①

在扶贫干部的政策实践过程中，特别是村干部这一群体，事实上承担了福利分配的"仲裁者"的角色，掌握了国家政策在基层社会的执行权与解释权。在精准扶贫的政策执行过程中，扶贫干部在贫困户的资格认定、帮扶策略等层面，事实上掌握了福利分配的"仲裁者"的权力。在尹利民与项晓华看来，"在精准扶贫工作中复杂的层级关系之间，产生了非官僚体系中的半官僚化现象，精准扶贫中的半官僚化现象源于组织间界限和性质的模糊性和职责不明；组织间关系混乱导致利益争夺的激烈化和手段的非正规化；非正式结构的构建和非正式规则的实施导致了扶贫实践中人格化特征凸显等现象"②。通过"半官僚化"的角色定位，充分利用自己代表国家与社会的双重角色，将国家扶贫政策话语进行在地化转换，在标准化与乡土性共存的场域中进行"福利分配"，将自由裁量权嵌入贫困治理的结构化场域，进而推动贫困治理制度情境向行为情境转换，保持国家公共政策从制定到执行的有机衔接。

二、自由裁量权：基层扶贫干部行为建构的载体

自由裁量权作为基层政权角色定位的基础，也是基层扶贫干部行为建构的载体。在利普斯基看来，裁量权是指"决定某种行为适当性以及将该行为付诸实施的一种能力和责任，包括决定由其机构所提供的奖励和惩罚的本质、数量与质量"③。诚如邓赛尔用"项目中的项目"来分析特定情境中下级政府的"职权"：在一个层级组织中，下级项目依从于上级项目，但是它们可能意味着完全不同类型的行动。他列举了一个铁路关闭的案例来说明：虽然改变火车运行路线、出售铁路财产和清理废弃铁道上的铁渣等行为，都要按照上

---

① 根据访谈录音整理，C村村支书，2018年3月15日。
② 尹利民，项晓华．精准扶贫中的半官僚化：基于Y县扶贫实践的组织学分析[J]．贵州社会科学，2017（9）：132-137．
③ LIPSKY M. Street-Level Bureaucracy [M]. New York: Russell Sage Foundation, 1980: 13.

级有关铁路关闭的决定来进行，但是在具体的运作方式上，并不是根据层级组织最高层的决定预先确定的。他认为，高层的决定是高度原则性的。而基层的决定是具有高度可操作性的。当然，这并不是意味着"那些在具有高度操作性层级的员工，比那些在具有高度原则性层级工作的员工，所拥有的自由裁量权要少"①。从理论上来说，依托规范化的制度体系和技术化的治理机制，标准化的贫困治理体系的建构，将会极大程度地压缩基层扶贫干部的自由裁量权空间。但在"委托—代理"的治理体系中，自由裁量权的运用作为基层扶贫干部角色建构的基础，也是贫困治理行为情境建构的载体，基层扶贫干部依托自由裁量权，这一方面让国家扶贫政策在基层社会得到有效实施，另一方面也让国家政策在基层社会实施过程中有所变通。由于标准化与自由裁量权之间存在手段与目标的紧张关系，标准化的贫困治理制度情境无法完全约束灵活性的行为情境，扶贫标准与规则需要基层扶贫干部在执行过程中去实现。自由裁量权中这种目标与手段的紧张关系，导致基层干部的自由裁量权成为一种无法消除的权力，进而为基层干部行为情境的建构提供了可能性的空间。

由于信息在基层治理过程中是一种权力行使的机制，所以对在标准化的贫困治理制度情境中行动的基层扶贫干部来说，信息控制是自由裁量权行使的基础。在精准扶贫政策执行的过程中，由于贫困治理的复杂性以及贫困问题产生原因的多元性，上级政府特别是中央政府掌握的信息往往是抽象化的，而层级越低的政府（特别是基层政权）掌握的信息则更为丰富和具体。因为政策执行过程中国家与农民之间的信息不对称性，信息的传播更多地依靠基层政权组织，而处于国家与社会之间行动的基层扶贫干部，则充分利用信息不对称来行使自由裁量权。由于街头官僚所面对的治理情境十分复杂，需要在不同的情境中做出不同的回应，标准化的制度规则体系无法将其行为简化为一套标准化的行为体系。基层扶贫干部在落实国家政策的过程中，需要根据具体情境对公共政策进行再界定，这种界定既包括正常的、合理的转换，也包括对公共政策进行不合理乃至违背政策制定初衷的变通。在政策执行过程中，基层扶贫干部为了应对这种情况，常常在标准和变通的场域中徘徊，通过有选择性的执行标准来应对复杂性的情境实践。

---

① 黑尧. 现代国家的政策过程 [M]. 赵成根，译. 北京：中国青年出版社，2004：164.

也就是说，在基层治理的日常实践过程中，扶贫干部通过在责任目标体系的重构、指标权重、考核及奖惩机制等层面充分行使自由裁量权，进而建构了一个具有很强自主性的结构空间。基层政权作为公共政策执行的底端代理者，需要面对上级政府的考核和民众的多元化诉求，特别是在压力型体制的影响下，面对"上面千条线，下面一根针"的治理场域，上级政府制定的一些标准超出了乡镇政府的承受能力，选择性变通成为基层干部的日常行为策略。在 L 乡农村精准扶贫的政策实践过程中，基层扶贫干部根据不同类型的扶贫标准进行排序，进而呈现了标准化治理过程中选择性执行的面向，空心房拆除、"两不愁三保障"、贫困发生率等精准脱贫的硬性指标，成为扶贫干部政策实践过程中重点关注的对象。如精准扶贫"三度"（识别的精准度100%、退出的精准度100%、群众的满意度100%）、"四率"（贫困发生率低于1%、漏评率低于1%、错退率低于1%、满意率100%）等标准作为贫困户退出的硬性指标，面对上级政府制度化、标准化、程式化的考核路径，基层干部的街头官僚理性在这种场域便不断显现出来。为有效应对自上而下的标准化考核，基层政权对于涉及"一票否决"的硬指标进行重点关注，特别是在检查的过程中会通过"自我检查"或者"模拟演练"的形式来进行应对。例如，"两不愁三保障"作为扶贫督察考核的核心，为有效保障 L 乡在 2018 年顺利实现脱贫，乡、村两级干部提前对各个行政村进行交叉检查以及入户检查的"提前演练"；市、区两级政府通过抽检的形式进行再调查，通过多方督导与检查的形式让扶贫干部适应验收的内容与套路，在上级政府检查的过程中"教会"贫困户如何回答督导组的问题，保障硬指标的顺利过关。"在压力型体制的结构框架下，上级政府为有效贯彻某些重要的政策事项，往往将它们确定为'政治任务'进行分解，并在政治与经济层面给予相应的惩罚与奖励，保障下级政府能够及时完成。"[①] 在精准扶贫政策的执行过程中，基层扶贫干部通过自由裁量权来灵活执行，实质上是违背国家扶贫标准的相关规定的一种执行策略，情境性应对成为基层扶贫干部在标准化制度场域下的"潜规则"，进而推动贫困治理制度情境向行为情境转换。

[①] 杨雪冬. 压力型体制：一个概念的简明史 [J]. 社会科学, 2012 (11): 4-12.

第二节　强约束下的变通：基层政权的日常行为策略

"变通"一词最早由刘世定、孙立平等学者在1997年提出，以此来呈现一种制度运作和制度变迁的方式。在此基础上，孙立平、郭于华、应星等学者进一步发展了这一概念，即在制度实施过程中，执行者在未得到制度决定者的正式准许、未改变制度的正式程序的情况下，自行做出改变原制度中某些部分的决策，从而推行一套经过改变的制度安排。"变通"后的制度与原制度保持着形式上的一致，这种形式上的一致，有时包含明确的操作性内容，有时则仅采用和原制度相同的话语系统，并受与这套话语相联系的意识形态等因素的约束。[1] 变通代表了制度运行的一种形态，它是在各种制度相互交融场域中行动者互动的产物，体现了制度被社会接受的程度。由于农村精准扶贫作为国家自上而下推行的一项政策，在政府科层体系内部具有很强的政策约束力，下级政府需要在中央政府规定的政策约束空间内行动。特别是标准化的贫困治理制度嵌入基层社会以后，在现代技术性监控的情境下，脱贫攻坚成为基层政府高度重视的一项"中心工作"。"约束"则体现在公共政策执行的过程中，上级政府制定的政策对于下级政府和部门自主性的约束力，在行政科层体制的影响下，如果政策体系范畴下的制度能够有效约束下级政府及组织的创新和自由行动空间，那就是一种强约束；反之，如果约束力较低及下级政府自由空间较强，则是一种弱约束。[2] 通过标准化的制度体系自上而下的嵌入，并伴随目标责任制等强问责的情境建构，贫困治理场域建构了一种强约束的制度话语，强约束的情境也就变成了地方政府贫困治理行动的空间。为了应对上级政府强压力的考核情境，基层扶贫干部在运用自身自由裁量权的基础上，使强约束下的变通成为贫困治理场域行为情境建构的表现形态。

---

[1] 刘玉照，田青. 新制度是如何落实的？——作为制度变迁新机制的"通变"[J]. 社会学研究，2009，24（4）：133-156，245.
[2] 陈家建，边慧敏，邓湘树. 科层结构与政策执行[J]. 社会学研究，2013，28（6）：1-20，242.

一、简化复杂性：精准识别标准的"合法性变通"

精准识别作为精准扶贫的核心及基础，也是扶贫资源有效瞄准的前提。为了精准识别贫困人口，国家在制度设计层面制定了复杂但规范性的贫困识别制度体系，为基层干部的政策执行提供了制度保障。但在贫困治理的政策实践过程中，由于贫困识别标准的多元性和复杂性，复杂化的制度体系往往导致治理目标的冲突或街头官僚有选择性执行公共政策现象的产生，进而产生简化复杂性的公共政策执行和目标替代的负面治理效应。

（一）精准识别标准执行的错位

2014年1月，中共中央办公厅与国务院办公厅联合印发了《关于创新机制扎实推进农村扶贫开发工作的意见》，国务院扶贫办在此基础上又制定了《扶贫开发建档立卡工作方案》（以下简称《方案》），精准识别工作开始在全国范围内逐渐拉开序幕。在贫困户精准识别制度设计的制定过程中，遵循"规模控制"原则，国家通过对各地人口基数及收入水平进行测算，将贫困户的指标向下逐步分解，在进行摸底调查以后再将指标分配给各个村。[1] 依据《方案》的规定，精准识别实际上遵循了"贫困人口规模分解参考方法"："市县两级贫困人口的测算和规模分解，要求依据国家统计局调查所提供的数据，也就是根据本地区农村人口总数与贫困人口数量的计算所得，但到了乡镇及村庄层面，由于贫困人口测算难以依靠人均收入的数据支持，贫困人口规模的测算往往根据更易获取的衡量指标来测算"[2]。在现代统计技术的基础上，各地按照国家精准识别的政策要求开展了精准识别工作，对本地的贫困人口进行测算。在2015年，根据N区委、区政府的统一安排，L乡正式开始了精准识别工作，整个识别过程花费了将近四个月。在识别过程中，乡、村两级干部的日常工作全部被打断，围绕精准识别这一中心展开工作。根据精准识别的相关政策要求，L乡在全乡范围内开展了建档立卡贫困人口的"整村普查"工作，依据贫困户认定的标准共识别出贫困户2228户8419人（见表4-1）。通过对L乡2228户贫困户的逐户分析发现，可以将L乡贫困户主

---

[1] 左停，杨雨鑫，钟玲. 精准扶贫：技术靶向、理论解析和现实挑战 [J]. 贵州社会科学，2015（8）：156-162.

[2] 洪名勇，吴昭洋，王珊. 贫困指标分解、民主评议与扶贫云系统失灵：兼论贫困户识别的基层民主方式 [J]. 农业经济问题，2017，38（12）：22-30，110-111.

要致贫原因分为八大类：缺技术致贫 681 户 2704 人；因病致贫 533 户 2032 人；因残致贫 392 户 1511 人；缺劳力致贫 365 户 1121 人；因学致贫 105 户 505 人；因灾致贫 60 户 189 人；缺资金致贫 55 户 236 人；其他 37 户 121 人。

表 4-1　L 乡贫困户致贫原因①

总数	缺技术致贫	因病致贫	因残致贫	缺劳力致贫	因学致贫	因灾致贫	缺资金致贫	其他
2228 户 8419 人	681 户 2704 人	533 户 2032 人	392 户 1511 人	365 户 1121 人	105 户 505 人	60 户 189 人	55 户 236 人	37 户 121 人

指标自上而下分配背景下的贫困识别，导致村庄社会许多农户都符合贫困户识别一条或者多条标准，而哪些农户可以被认定为建档立卡贫困户，裁量权则主要掌握在扶贫干部与村组干部手中。在贫困户的识别过程中，L 乡精准识别工作力图采取标准化、规范化的测量方式全面排查本地农户的家境，对申请贫困户的家庭收入进行摸底调查，并通过量化指标的方式将申请贫困户的家庭收入进行数据化展示，并在此基础上将识别出来的贫困户进行建档立卡。在实际的操作过程中，乡村社会与农户的家庭经济指标通过统计的方式进行组合、分析，并按照上级文件版本的标准，对原本属于隐秘化、模糊性的经济收入进行大规模的编排。②从形式上来看，通过一系列的"精准识别"筛选出来的贫困农户，尽管致贫原因千差万别，但大部分属于村庄内家境相对较差的家庭，都符合贫困户认定的标准。在贫困户识别标准的执行过程中，残疾、大病、丧失劳动能力等是具体可衡量的指标，符合这几类标准的家庭基本可以列为贫困户，但家庭收入情况、无就业技能、无发展启动资金、教育致贫等标准则在现实中较难体现出家庭的贫困程度，为基层干部自由裁量权的发挥提供了空间。

要是家里真贫困，或者发生大病、残疾啥的，这样的家庭被评为贫困户，是没什么话说的，这样的家庭也确实应该帮扶。可你说没技术、

---

① 根据 L 乡脱贫攻坚基础资料整理。
② 韩庆龄. 精准扶贫实践的关联性冲突及其治理［J］. 华南农业大学学报（社会科学版），2018，17（3）：1-9.

没资金导致贫困,这就没道理了,现在这个社会,只要你能吃苦,到城里当个搬运工,都 300 块钱一天,比那些吃政府饭的人收入还高呢,怎么会贫困呢。家里有小孩读书这个也不好说,谁家没供过小孩读书,那现在为啥他家有小孩读书,家里就被评为贫困户,前几年供小孩读书的家庭就不算了,这也是没道理的,这也就说明扶贫没扶准,被瞎搞了。①

根据 L 乡各村贫困户分布的数据显示,尽管精准识别的标准执行是由扶贫干部主导的,但贫困户认定的裁量权却更多地掌握在村干部和村民小组组长手中。由于 L 乡是一个典型的以客家人为主的乡镇,宗族观念较为盛行,村庄的社会结构影响了精准识别的政策落地。在一些单姓和一些宗派势力较为平衡的村庄,乡政府为了维护村庄社会的稳定和谐,在各个村民小组之间对贫困户的认定进行指标分配,贫困户的认定在各个小组和家族之间的分配相对平衡;而在杂姓村庄,贫困户的认定则与村干部在各组之间分布的情况及村庄派系结构紧密相关。

以 L 村为例,L 村作为一个杂姓的宗族性村庄,是由 9 个不同姓氏的宗族组成的村民小组。由于 N 区紧靠广东和福建两省,在改革开放的浪潮下,L 村村民基本常年外出打工,只有少部分家庭的收入真正低于 3000 元/人,单从家庭收入这一标准来看,大部分的农户都不符合贫困户的认定标准。根据 N 区政府和 L 乡政府两级政府颁布的相关政策文件,L 村在全村范围内进行了"整村普查"工作,对贫困的家庭开展了建档立卡工作。依据贫困户认定的标准,共识别出贫困户 103 户 339 人。在 L 村精准识别的政策实践过程中,由于村民代表大会在现实中无法组织起来,导致贫困户的认定在现实中无法完全按照标准执行,进而导致无法建档立卡对贫困户进行认定的困境。由于指标化的贫困户认定导致了贫困识别标准在现实中无法完全执行,一些处于贫困线边缘的家庭被纳入贫困户,进而为村民竞争贫困户的资格提供了可能性的空间。L 村作为一个空心化特别严重的村庄,村庄公共事务的治理主要依托村民委员会的运转,而村支书由于同时兼任了村主任的职务,掌握了村庄治理绝对的话语权,导致贫困户认定的"差序格局"(见表 4-2)。从贫困户认定的结果来看,精准识别的政策执行遭遇了乡村社会结构的反嵌,L 村贫

---

① 根据访谈录音整理,C 村村民,2018 年 3 月 24 日。

困户的认定在组与组之间呈现明显的差异。在贫困户的认定上,为了维护村庄权力结构的平衡,L乡贫困户的认定遵循了指标分解的原则,也就是在各村庄社会结构的背景下,依据各村民小组人口的数量来确定各组贫困户的数量。在实际的认定层面,村干部和各组组长掌握了较大的话语权。在宗族派系的影响下,村干部人选一直以来都主要由一到四组的村民担任,建档立卡贫困户主要来自这几个村民小组中,这几个小组的村民被认定为贫困户的数量明显较多,而没有村干部的五到九组贫困户名额相对较少,一到四组建档立卡贫困户的数量明显多于五到九组,而五到九组村民数量却占村庄人口的65%,贫困户认定的差异性分布进一步扭曲了贫困识别的路径。

表4-2 L乡L村各组贫困户数量与扶贫设施项目建设情况(2017年)①

村民小组	村干部来源	贫困户数量	实施项目
一组	村会计与前任村主任	17	道路硬化工程(8万)、桥梁改造工程(10万)、自来水管网铺设建设工程(8万)、环境改造提升工程(42.68万)
二组	前任与现任村支书	22	村部与沿线改造工程(20万)、休闲广场建设工程(46万)、路灯增设工程(21万)、水沟硬化工程(16万)、垃圾集中收集点与配套设施建设工程(10万)、桥梁改造工程(10万)、自来水管网铺设建设工程(8万)
三组	妇女主任、治安委员	20	水渠硬化工程(9万)、桥梁改造工程(10万)、自来水管网铺设建设工程(8万)
四组	前任妇女主任	14	垃圾集中整治设施建设工程(10万)、桥梁改造工程(10万)
五组到九组	无	40	六组、七组水沟硬化工程(16万)、全村改厕工程(18.2万)、五组公共厕所建设工程(5万)、七组文化广场建设工程(25万)

贫困识别作为精准扶贫政策执行的首要环节,只有精准识别出真正的贫困群体,才能真正发挥精准扶贫的治理效应,但在现实实践的过程中贫困识

---

① 根据L村脱贫攻坚基础资料整理。

别标准遭遇了多向度的张力。由于在贫困治理这一场域，不同治理主体之间具有不同的利益诉求，为了更好地完成脱贫攻坚这一任务，基层扶贫干部充分利用信息不对称的优势，在贫困识别的过程中通过对扶贫标准进行简化，完成了贫困识别工作的目标置换。乡镇政府与扶贫干部为了减少贫困识别政策执行的阻力，维护村庄社会的和谐稳定，对村组干部推荐的贫困户人选，只要在形式上符合国家贫困户认定的政策，就基本上可以审核通过，进一步加剧了国家贫困识别标准在执行中的错位。根据国家精准识别的政策要求，"两不愁三保障"作为衡量农户是否贫困的重要标准，在基层政权对贫困识别标准执行上的错位和乡村熟人社会非正式关系网络的影响下，精准识别初期没有严格按照"两不愁三保障"的要求来评定和识别，导致精准识别只在形式上符合贫困标准，在实质上背离了国家精准识别的政策目标。同时，在精准识别的实践过程中，由于村民代表大会在现实中无法组织起来，导致贫困户的认定在现实中无法完全按照标准执行，进而加深了建档立卡贫困户认定的难题。

> 可能我们市属于革命老区，相对来说比较贫困，可我们区地理位置比较好，经济水平还是不错的。如果真的按照国家贫困标准，贫困户数量至少可以减少一大半，但是按照指标化的贫困户认定，导致一些本来条件相对较好的家庭被评为贫困户，村民就会产生怨气。就以7月份A某上访的事情来说，A某与B某两家关系一直不是很好，在一次吵架的过程中B某对A某说："我家就是贫困户，你家就不是，这就是人品问题。"这句话把A某刺激得不行，他就一直要求我们将他列为贫困户，理由是凭什么两个家庭条件基本相同，另一家是贫困户，他家就不是贫困户。村民要求列为贫困户的行为本来是可以理解的，但是这种行为对我们日常工作产生了很大压力，同时也酝酿了村民之间的怨气。①

也就是说，在贫困识别的实际运行过程中存在两条标准：一条是政府文本规定中的扶贫标准，这个标准是根据各地测算所得，基本囊括了所有贫困户群体的收入；另一条标准是在实际的执行过程中，由于精准识别的标准

---

① 根据访谈录音整理，L乡文书，2018年3月22日。

(家庭收入)相对较低,且贫困户家庭收入水平难以有效进行测算,村组干部在根据各个家庭贫困程度排序的基础上(特别是"两不愁三保障"情况),识别出贫困农户。在实际执行操作过程中其实执行的是国家贫困识别标准的简化,即只要不触碰国家贫困户认定底线(七种情况一票否决),只要符合国家贫困户认定某项指标,就可以获取贫困户认定的资格。但贫困户资格的最终获取深受乡村社会关系的影响,贫困识别标准在实际执行过程中是浮动的。由于在识别过程中无法精确掌握各个家庭的收入情况,基层干部更多的是根据"直观"印象对贫困程度进行认定,将直观的家庭收入情况、残疾、大病、丧失劳动能力等作为具体可衡量的指标,符合这类指标(或者其中一项指标)的农户将被纳入,进而导致一些非贫困家庭被认定为建档立卡贫困户。

在实践的过程中,标准的排序与双套标准实质上是基层政权对精准识别标准有选择性执行的体现,由于精准识别的政策执行过程中遭遇了村庄社会结构的反嵌,基层扶贫干部通过将贫困户归类为上述某种因素,进而为贫困户的认定赋予政策的合法性,但也导致精准识别政策在执行中的错位等问题。L乡贫困识别政策执行的错位让一些非贫困群体被纳入建档立卡贫困户。2017年,审计署通过对个人所得税纳税信息、养老保险缴纳与发放信息、住房公积金缴纳信息、工商登记信息、财政供养人员信息、房产登记信息、车辆登记信息等系统数据与建档立卡系统贫困人口数据进行比对筛查,发现L乡共有(不计重复)36户100人不符合建档立卡标准:5户有家庭成员购买了商品房或商铺;4户有家庭成员购买了小轿车等家用小汽车;3户有家庭成员是私营企业主;4户有家庭成员是村干部或者是村组干部;2户有家庭成员是财政供养人员;10户有家庭成员缴纳了住房公积金;5户有家庭成员缴纳了个人所得税;3户有家庭成员获得了发放的养老保险。通过国家的这组数据可以看出,L乡贫困户认定工作没有真正按照国家的政策标准执行,而是在对复杂化标准进行简化的基础上,在特定情境中进行"合法性变通"。特别是国家为了精准识别出贫困群体,在贫困户识别过程中增加了"七种情况一票否决与四种情况从严审核和甄别"的标准,当国家通过大数据系统监测出来那些不符合建档立卡的农户后,在乡镇政府整改的过程中除了少量农户被取消了贫困户的资格,大部分不符合认定要求的建档立卡贫困户被L乡政府进行脱贫处理。在精准识别制度体系自上而下的嵌入过程中,精准识别标准执行的错位导致了制度设计与现实实践的偏离,政策执行的目标在现实实践中出现了"制度逆变"的悖论，导致制度规则体系在实践过程中的变通。

（二）"制造同意"：被简化的精准识别流程

复杂性理论认为，"注重实效的知识强调相互关联要素之间的关系，因为只有在这种既定的相互关联的情境中才能得到恰当的理解"[①]。根据精准扶贫流程规范的规定，贫困户的认定要严格遵循"申请、评议、公示、审核"等程序，召开村组两级民主评议会议，保障贫困户认定的民主性与公平性。在贫困户识别的过程中，村民小组民主评议会议的召开，要求包组村干部、村民小组长、超过2/3的户主参加会议，同时每一次会议都需要拍照、参加会议成员签名。但在现实的政策执行过程中，L乡贫困户识别村民小组民主评议这一环节大都被简化，而是在村庄层面召开村民小组长会议。L乡精准识别督查报告显示，许多村庄缺乏精准识别相关工作第一次组级公示照片；缺少第一、二次组级户主会议照片；缺少清退、新识别的公示照片；缺少20%最贫困的贫困户名单公示照片；缺少村级会议照片；缺少最终名单公示照片；签名偏少，会议记录缺少、不规范。此外，还有村庄村小组户主会议记录内容不全；缺少部分村小组的会议记录；会议记录签名少；村级会议记录没有体现表决结果；一本通填写不规范、帮扶干部没有签字、内容漏填；贫困户对第一书记、扶贫工作队队长、扶贫干部不熟悉，不了解贫困识别流程。由于精准识别流程的不规范，国家要求的精准识别流程在现实中被简化，村组两级民主评议会议被乡村两级干部及村民小组组长等人代替，精准识别场域中的村组协商在现实中被简化。

你刚说的精准识别流程的标准化，我不是很懂，可能在理论上是这样的。按照精准扶贫的国家政策标准，就是乡政府发的那个小册子，贫困户的识别是要严格按照"七步法"的流程来走的。可问题是我们村大部分人都不在村里，你怎么把人召集起来？你让大家开会评比贫困户，那是不可能的。再说，要是每个小组评比的时候，把大部分村民都召集起来，那大家不是争得更激烈，那不是要乱套了？现在不像生产队那个年代，敲两下鼓大家就都跑来了，现在不可能把村民都组织起来评比的。上面交代的事情，大部分都是很急的，虽然大部分政策能有效指导我们

[①] 李宜钊. 政策执行中的复杂性研究［M］. 北京：人民出版社，2015：141.

的工作，但最后政策的落实要是完全按照政策标准执行，那工作不好开展。①

通过 N 区政府组织的第三方评估团队的调查发现，L 乡贫困户认定存在很多程序上不规范的情况。在评估过程中，有些非贫困户家庭反映贫困户的认定极其不合理，有些甚至靠关系评选，很多贫困户对自己什么时候被评为贫困户表示不知情或很模糊。例如，P 村贫困户 B 某不知道自己 2018 年已经脱贫，对贫困户的认定标准与流程不是很清楚，也不清楚贫困户识别是否需要开会投票决定。此外，在精准识别的过程中，存在部分农户未整户识别、部分低保户没有纳入而一些家境较好的农户却被纳入、组评会议人数较少且没有会议记录和照片、贫困户对帮扶政策知晓率较低的情况。在 2016 年 L 乡进行建档立卡的时候，由于政策标准与程序执行的不规范，农民参与贫困户评选的程度较低，而精准识别工作必须在规定的时间内完成，导致一些不符合贫困户认定标准的家庭被纳入建档立卡贫困户，而一些符合标准的家庭却没有纳入建档立卡贫困户，这就出现了贫困识别过程中"应保未保"和"不保已保"共存的现象。在国家要求"回头看"的时候，通过国家大数据对比发现很多家庭不符合贫困户标准，在怕被追责和脱贫压力的驱使下，乡镇政府只将部分争议较大的贫困户家庭剔除，而大部分不符合贫困识别标准的贫困户只进行了脱贫处理。

（三）"故意排斥"："被剔除"的贫困家庭

标准化的贫困治理体系在自上而下嵌入过程中，基层政权自利性考量往往会出现规则替代的现象。特别是在贫困治理链条的实际运行过程中，正式的标准化规则为基层政权的行为提供了底线与合法性框架，而非正式规则则为基层政权的策略性调试提供了资源。由于贫困户的认定标准在现实中遭遇了村庄熟人社会关系网络的反嵌，导致精准识别标准在执行中的错位，一些真正贫困的农户并没有被纳入建档立卡贫困户。特别是一些原先经济条件较好的家庭，由于发生突发情况以后陷入贫困，但基层政权面对脱贫压力，故意将其排斥在帮扶的对象之外。2018 年 5 月 7 日，J 省扶贫办印发的《关于精准识别和精准退出整改工作中遇到的有关问题解答》明确指出，坚持实事

---

① 根据访谈录音整理，P 村村主任，2018 年 2 月 27 日。

求是，保持建档立卡贫困人口规模的相对稳定，严禁数据骤变，确保贫困人口总规模的连续性和严肃性。坚决剔除不符合条件的贫困人口，剔除后产生的贫困人口空额，按照程序和标准优先从低保、因病因灾致贫返贫等人口中予以补录。如行政村新增贫困人口后，与原贫困人口比较仍有空额，经县级党委、政府批准，可按照跨村、跨乡的先后次序进行调剂。这一文件出台后，L乡政府通过提高新纳入贫困户的识别标准来减少脱贫摘帽的压力。特别是L乡规划在2019年年初要接受第三方评估单位的验收，由于当年新认定的贫困户家庭不能在当年脱贫，一些贫困的家庭被基层政权故意剔除在建档立卡贫困户之外。就以2018年X村上报拟新增4户农户为例，L乡扶贫办在审核的过程中以脱贫压力为由拒绝了X村村委会的申请：

  龚某，家庭6人，3个人打工，2个小孩，1人患有尿毒症，住房条件为两层红砖房，有电视、冰箱，不应纳入。

  李某，家庭3人，其子患有精神病，家里一层红砖房，常年不在家居住，在南康买房，不应纳入。

  肖某，2018年元月30日，其妻子煤气中毒住院，第二天转变为重度中风，然后左边全面瘫痪，肖某与大女儿在医院轮流照顾妻子，二女儿在区职业中学读书，小儿子在区八中就读，家里无经济来源，基于难脱贫的考虑，没有将其认定为贫困户。

  吴某，家庭5人，本人患有癌症，妻子打工，目前住在其岳父家，3个小孩读书，家中无房，考虑到纳入贫困户后，今年内难以脱贫，且住房问题难以解决，其主要诉求也是希望有低保减轻负担。建议不纳入贫困户，在政策范围内享受低保。①

从X村申请增加的4户贫困农户来看，由于家庭发生突发情况导致家庭陷入了突发性的困境，根据国家精准识别政策的相关要求，理应将这些家庭纳入建档立卡贫困户。但由于L乡规划在2018年实现脱贫摘帽，为了保证L乡能顺利实现脱贫摘帽，乡政府对这4户家庭的申请不予批准，而是通过低保的形式来改善这些家庭的困境。但在2018年4月区政协主席主持的L乡脱

---

① 资料来源于L乡脱贫攻坚资料库。

贫攻坚工作团会议上，X村第一书记反映了这些家庭既无法纳入贫困户，也不能被评选为低保户的问题，这导致这些家庭生病住院无法享受大病报销的政策，区政协主席随之详细询问了L乡低保分配的情况。在精准扶贫政策提出以后，低保户的认定坚持"一人贫困即全家低保"的原则，95%的低保户名额给予了贫困户，进而导致一些非贫困户成员发生大病以后无法纳入低保，无法享受大病报销政策的情况。但事实上，2017年L乡党委书记了解这一问题后，向区民政局额外申请了200个低保的平衡指标，专门用于增加普通农户的低保名额，但这些平衡指标也大多被分配给了贫困户。L乡党委书记在详细了解了低保平衡指标的分配之后，认为出现这种情况是村两委怕事、不干事的表现，是政策执行偏差的典型代表。随后，区政协主席对X村第一书记、驻村干部及村两委成员都进行了问责，并要求限期解决这一问题。

这一案例一方面体现了贫困治理标准在基层社会执行过程中的错位，另一方面也体现了基层政权对国家扶贫政策及标准的合法性变通。在脱贫锦标赛的压力下，乡镇政府为了在规定的时期内完成精准脱贫这一任务，通过选择性地控制贫困户的数量，以此来减轻脱贫摘帽验收的压力。一些家庭在2018年出现突发情况以后陷入贫困，同时一些深度贫困家庭在脱贫之后又陷入贫困，但基层政权为了保障顺利脱贫，故意将他们不再纳入贫困户，进而降低国家自上而下标准化考核的风险。为了保障脱贫摘帽顺利完成，有的基层扶贫干部将低保等形式作为一种治理机制，在政策约束范围内将政策进行合法性转换。在扶贫标准自上而下嵌入过程中，尽管国家在制度设计层面提升了贫困治理的规范性程度，特别是在精准识别与精准帮扶层面都界定了贫困户认定及退出的标准，但在现实政策实践的过程中，基层政权通过自由裁量权掌握了国家标准的认证和再制定的权力，不仅县一级政府制定了许多标准化的地方文件，乡镇政府和村级组织也对扶贫标准进行再编码，精准扶贫标准在实践过程中一村一标准的现象不断显现，进而导致对国家基层认证权力的扭曲及贫困治理标准在实践过程中的碎片化。

二、"拼凑应对"：精准帮扶的执行策略

"拼凑应对"最早是由林德布罗姆提出来的一个概念，周雪光等学者对其进行了进一步的发展，这是用来分析政府行为的一个概念。"拼凑应对"是指政府在公共政策执行过程中，并不是按照"理性决策"的原则，而是在有限

理性的影响下采取一种"渐进的有限比较"方式,通过临时拼凑、敷衍、应付了事来完成上级政府交代的事务。① 在精准扶贫的制度构建中,国家通过建立"五个一批"帮扶路径,试图通过常态化的精准帮扶机制来改善贫困户的家境。但在 L 乡精准帮扶的实践过程中,基层政权并不是真正按照国家政策标准进行帮扶,许多村庄尚未真正建立常态化、可持续的帮扶体系。

(一) 非均衡的项目实施及任务式扶贫产业开发

扶贫项目作为国家扶贫资源输入的重要渠道,也是改善村庄社会环境及提升贫困户生计的重要载体。在制度体系设计层面,为规范扶贫项目实施的流程,提升扶贫项目在贫困治理中的效能,国家对扶贫项目的实施过程制定了详细且规范的制度体系和标准。在扶贫项目的实际运作过程中,采取了自下而上申报的形式进行运作,即扶贫干部和村干部根据本村的实际情况,对本村的扶贫项目在年初进行申报,乡扶贫办对各村申报的项目进行审核之后,再报区扶贫办复审,各村的扶贫项目最终才得以确定。为有效统筹本区域的扶贫资源,N 区委、区政府在整合各部门资金基础上建立了扶贫项目资金池,让每个贫困村以每年 1000 万元(非贫困村每年 500 万元)的项目资金为标准进行申报,加大村庄公共服务设施建设与涉及村民日常生产生活的项目开发。为保障扶贫项目实施的规范性,在项目申报与实施的过程中,L 乡对扶贫项目制定了详细的标准,并要求扶贫项目的实施紧扣"两不愁三保障"这一主线,不得人为干预扶贫项目的申报与实施。但在扶贫项目的实践过程中遭遇了乡村社会结构的反嵌,各村在扶贫项目申报与实施过程中呈现明显的非均衡性格局。就以 L 乡 L 村为例:

> L 村作为一个边远的山区村庄,其中有四个村民小组位于村级公路沿线,其他五个村民小组散落于丘陵及山区。由于村干部主要来自公路沿线的四个村民小组,导致了扶贫项目开发主要集中在这些区域,一些偏远的小组不仅贫困户数量较少,而且除了一些涉及全村面貌的公共设施建设项目,其他扶贫项目也很少,扶贫项目开发的不均衡性加剧了组与组之间的怨气。"两不愁三保障"是精准扶贫的核心标准,在 J 省省级

---

① 周雪光. 中国国家治理的制度逻辑: 一个组织学研究 [M]. 北京: 生活·读书·新知三联书店, 2017: 239.

<<< 第四章　强约束下的变通：贫困治理场域行为情境的建构

贫困村退出有一项核心指标是土坯房整治工程。在实际的执行过程中，L村通过申报环境改造工程这一项目，对保存较好的土坯房，通过以奖代补的形式引导村民进行外墙粉刷，而对年代已久的空心房则进行强制拆除。由于空心房拆除触动了村民的利益，大部分村民对空心房拆除及环境整治工程十分抵触。再加上对危房的强制性拆除和对保存较好的土坯房进行粉刷这两种政策，村民极不配合扶贫干部。特别是靠近山区的五个小组，由于地形因素导致许多空心房分散在山脚下，是 L 村空心房整治的核心区域，扶贫干部对靠近山区的五个村民小组空心房整治的力度较大，导致这几个小组空心房拆除较多，但扶贫设施建设类项目在这几个小组又相对较少，这几个小组的村民认为村干部"故意"刁难他们。特别是在原村支书由于经济问题被停职以后，村民对村干部更加不信任，许多村民认为村支书在项目开发及征地的过程中收取了好处费，扶贫项目开发的不均衡性导致组与组之间的竞争加剧的同时，组与组之间的"气"及村民对村干部的怨气也不断被激发。

　　同时，根据 L 乡扶贫规划的要求，每个行政村必须发展具有特色的扶贫产业，并将土地流转纳入村干部绩效考核之中。L 村作为山区，山林面积 9710.8 亩，在清明节的时候村民祭祖发生大火，大片山林被烧毁，山地处于闲置状态。为完成扶贫产业发展这一任务，L 村根据乡政府的要求引入市场资本，以 20 元每亩的价格将烧毁的山地进行流转，在对山地进行开发平整的基础上建设脐橙和花卉种植基地。由于山地流转价格低于村民的预期，村民对村委会强制进行山地流转的怨气很大。在土地流转过程中，反对声音最大的是五组村民，村委会做了几次动员工作以后村民仍然不同意流转。在进行山地整治开发的过程中，施工的铲车和挖机需要经过五组村民 C 某家的山地（还没有正式流转），C 某便去强行阻拦，乡村两级干部随之进行劝阻，C 某由于情绪失控殴打了村支书，进一步激化了村干部与五组村民的矛盾。[①]

非均衡的扶贫项目实施和扶贫产业的"任务化"，体现了基层扶贫干部在国家扶贫政策框架的约束下，更多的是以一种完成"任务"的形态去推动，

---

① 材料来源于笔者的实地调研。

按照"拼凑应对"的逻辑对村庄扶贫开发政策进行变通，而扶贫项目和扶贫产业带来的脱贫效应则相对被忽视。在这种背景下，国家贫困治理政策目标在实践过程中被置换。

（二）贫困户精准帮扶机制的"短期化"

精准帮扶是改善贫困户日常生计、提升贫困治理能力的重要路径。要实现可持续脱贫的战略目标，需根据每个贫困户的实际情况，建立可持续性的帮扶体系。但在强压力的贫困治理制度情境之中，基层政权为了在规定的时间内完成脱贫目标，贫困户精准帮扶的"形式化"和"数字化"现象层出不穷。在实际的帮扶过程中，如何提升贫困户的家庭收入，成为基层扶贫干部日常帮扶中的重要逻辑，而对提升贫困户的内生动力、帮扶的可持续性以及帮扶成效则相对忽视，由于国家在制度体系层面建构了一个规范化的行动空间，"拼凑应对"日益成为基层扶贫干部日常帮扶的执行策略。为保障贫困户有序脱贫，在贫困户认定的过程中，一些扶贫干部与贫困户私下达成协定，在帮扶机制以及脱贫的时间层面贫困户需要遵从区域脱贫这一大局。

光伏发电产业是国家探索的重要产业帮扶路径，在这一产业政策出台的初期，区政府采用试点总结以后再推行的方法，让各乡镇的扶贫办在政策执行初期不要过分宣传这一政策。根据国家光伏产业政策的规定，国家对光伏发电的统一收购价格为1.2元/度，贫困户安装光伏发电设备能带来很大的经济收益。L乡扶贫办的工作人员经过核算和摸底调研以后，便加大了光伏发电产业的宣传力度，各村扶贫干部也极力动员贫困户贷款安装光伏发电设施。2018年开始，光伏发电国家统一收购价格标准发生变化，2018年之前安装的仍然按照1.2元/度进行收购，但2018年之后安装的收购价格变为0.7元/度。国家收购标准的变化导致安装光伏发电的利润减少，市场风险变大，还不起贷款风险加大，乡镇扶贫办的工作人员便对这一政策不再宣传，但上级政府又要求加大这一政策的宣传力度，最后乡镇政府被迫将这些光伏设施建设在村庄有需要的企业中，才保障了这一政策的验收。由于国家政策前后的不一致和收购价格的变动，基层扶贫在"功利化"思维的驱使下，导致了光伏发电产业在落地过程中的"任务化"及"大跃进"。另外，由于各村光伏发电产业的收益是按照农户70%、村集体30%的比例进行分配，新安装光伏发电产业的贫困户对政策执行的双重标准和收益的分配方式十分不满，许多村民怀疑收益的减少是村干部从中克扣导致的，而一些非贫困户想安装光伏发电设施却没有资格,进一步加剧了这一产业政策在执行过程中的负效应。

三、"规划性脱贫":精准脱贫的数字化呈现

精准脱贫作为农村精准扶贫的根本目标,也是脱贫攻坚成效的现实体现。由于L乡规划在2018年年底必须实现脱贫摘帽,贫困发生率必须保证在2%以内,"规划性脱贫"成为精准脱贫的现实面向,"数字化"和"规划性"成为L乡精准脱贫的一大现象。为了在规定的时间内实现精准脱贫的目标,基层政权通过"规划"脱贫数量、脱贫文本的规范化呈现等方式,实现了精准脱贫的数字化呈现。

(一)"被规划"的脱贫对象

由于脱贫攻坚的总目标是"到2020年实现现行标准下农村贫困人口全部脱贫"。为了实现这一战略目标,省级政府在制定了总体性的脱贫规划以后,将脱贫指标逐渐分解,各地在此基础上再确定本地的脱贫人数及规划。王雨磊认为,"数字下乡是技术治理在农村扶贫开发中的典型应用,国家试图通过将数字在地化、系统化和逻辑化,提高其信息能力,优化其治理绩效"[①]。但在农村精准扶贫这一场域,数字化的指标嵌入并没有真正有效解决乡村治理的问题;相反,作为一种新的治理机制和制度结构在嵌入过程中,自上而下的科层化考核机制成为上级政府对农村基层政权的监督与激励机制,在考核压力的影响下,农村基层组织科层化倾向日益明显,选择性治理也成为基层治理组织的现实策略。

在"规划性脱贫"的路径下,标准化和基层政策执行存在很大的张力,基层政权为了应对标准化自上而下的考核,被迫采取政策变通和数字化展现的方式来保障在形式上符合扶贫标准,数字化呈现成为L乡精准脱贫的现实面向。经过基层干部与贫困户四年多的共同努力,L乡精准扶贫取得了较大的成效,特别是在村庄公共设施建设与贫困户收入等层面取得了较大成绩。但与此同时,L乡规划在2018年年底实现脱贫摘帽,由于"时间紧、任务重",目标导向成为精准扶贫过程的重要价值导向。

根据J省督导组的暗访和国务院办公厅信息系统的对比发现,L乡存在贫

---

① 王雨磊.数字下乡:农村精准扶贫中的技术治理[J].社会学研究,2016,31(6):119-142,244.

困户按人识别、"被脱贫""数字脱贫"等现象。尽管根据 L 乡扶贫办的要求，2018 年作为脱贫攻坚的关键之年，各村的脱贫工作要按照"精准扶贫、精准脱贫"的原则，不断查缺补漏，努力提升贫困户的生活水平，扶贫干部要根据尚未脱贫农户的实际情况，逐村逐户研究、帮助贫困农户脱贫减贫增收。但由于在精准扶贫政策的制定过程中，数字化的指标体系相对忽视了基层政权权力实践和政策执行过程中的非正式治理绩效，导致数字在嵌入基层社会过程中逐步偏离其价值意义，逐步走向工具理性的逻辑。[1] 为完成上级政府制定的脱贫指标、有效应对脱贫规划的数字化考核，基层扶贫干部在一些贫困户退出的实际操作中通过数字"造假"来适应标准化的制度体系。

为保障各个乡镇有序脱贫，N 区制定了精准脱贫三个基本标准：一是把握识别标准，脱贫户的收入测算方式从测收入改为核收入，主要核数字的准确性和合理性，防止产生数字脱贫；二是明确退出标准，负债问题是底线，贫困户因易地扶贫搬迁负债超过 1 万元或危房改造发生大额负债的，不能作为脱贫处理；三是当年识别的当年不能退出。但在脱贫验收压力的驱动下，"脱贫"成为扶贫干部日常帮扶中的主要动力，而对于贫困户脱贫之后返贫的问题，则不再成为扶贫干部日常治理的重点事项。

（二）脱贫文本的规范化呈现

为在规定时间内完成精准脱贫的战略目标，标准化是提升贫困治理效能的重要机制。但由于农村反贫困本身是特别繁杂的事务，脱贫攻坚面临短期化的任务与长期性的社会问题之间的张力，标准化考核导致文牍主义与扶贫资源内卷化的趋向不断明显。为应对自上而下的标准化考核，L 乡加强了扶贫基础材料标准化撰写的工作。L 乡定期举行扶贫材料撰写培训会，并由乡扶贫办撰写统一的模板后，再让扶贫干部按照模板进行填写。贫困户识别资料要求按照"农户申请→组级评议→组级公示→村级评议→村级公示→乡镇审核→村级公告"的"七步法"程序整理，贫困户退出资料按照"预退出→精准扶持→摸底调查→民主评议→入户核实→退出公示→批准退出" 7 个步骤整理，贫困村退出资料按照"对象初选→精准扶持→调查核实→退出公示→批准退出" 5 个步骤整理。为应对省第三方评估组验收的工作，市、区两

---

[1] 渠敬东，周飞舟，应星. 从总体支配到技术治理：基于中国 30 年改革经验的社会学分析 [J]. 中国社会科学，2009 (6)：104-127，207.

级督查组轮流对 L 乡脱贫攻坚资料进行督查，全面排查贫困户一户一档裁量存在的问题，建立问题台账，全面修正户档问题、达到"五者相一致"，所有户档用档案盒装，资料用夹子夹好成册，达到装填有序、整齐、美观。如不按照规范整理脱贫攻坚基础材料，在督导过程中发现一户基础资料不合格的，将对帮扶干部罚款 100 元。L 乡贫困村 X 村在应对贫困村退出第三方评估的过程中，为了保障贫困户基础材料符合填写规范，在评估组进入村庄评估的前夕，聘请大学生来 X 村突击填写基础材料。通过文本化的脱贫攻坚基础材料的呈现，将脱贫成效进行数字化、文本化的展现，精准扶贫的成效被展示为静态化的文本和数据，但贫困户的实际家境和脱贫攻坚的效能在很大程度上被标准化的文本情境所隐藏。

第三节 结构中的行动者：基层政权政策变通的逻辑

强约束下变通的贫困治理行为情境，是基层扶贫干部在情境理性中的策略化选择。基层政权是国家与社会之间的行动者，贫困治理行为情境这一场域身处标准化、乡土性及压力型体制的三元结构之中，这种结构形塑了基层政权及扶贫干部的行为逻辑。强约束下的政策变通现象，体现了基层扶贫干部日常实践过程中规避风险、工具理性及合法性的政策执行逻辑。

一、规避风险的逻辑

为保障农村精准扶贫政策得到有效执行，中央政府通过标准化的"高位推动"来推动标准的自上而下嵌入，由此达到对地方政府日常治理行为的控制，使地方政府的行动尽量与中央政府保持一致。在农村精准扶贫政策执行这一场域，由于国家在制度设计层面建立了强约束的治理情境，特别是扶贫标准的嵌入与标准化考核机制的构建，极大程度上压缩了基层政权的选择性政策执行的空间。由于标准化自上而下的考核束缚了地方政府的自主性，处于规范化与乡土性之间行动的基层政权为了适应自上而下的标准化考核体系，其规避风险的逻辑直接导致了贫困治理目标的偏离。在对中国公共政策执行的研究中，一些研究者根据街头官僚理论模型提出："街头官僚具有较强的自主性，街头官僚的自利性考量以及对该群体的制度约束不足是导致政策执行效果不佳的关键。"① 由于基层政权有限的治理能力和繁重的扶贫任务，规避风险成为基层政权日常生活中的重要逻辑。正如前文所述，基层政权在贫困治理场域具有较大的自由裁量权空间，尽管国家自上而下的标准化制度构建，在一定程度上控制了基层政权的日常行为，但在强约束背景下的强考核压力情境，致使"规避风险"成为基层政权在行使自由裁量权过程中的重要逻辑。

> 按照国家政策，扶贫任务分工有个明确标准，什么是我要做的，什么是行业部门做的，什么是村委要做的，什么是乡政府要做的，什么是区政府要做的，脱贫攻坚任务表都有规定。比如，保障房建设这个事情如果做不了，你就一定要上报，上面会拨资金。我要做的，是做通工作，拆旧建新，但现在最后的问题都落到我们身上，这样怎么搞？搞不好就要问责。②

为了顺利完成脱贫攻坚的任务，实现乡村社会的和谐稳定，"不出事"的逻辑成为基层扶贫干部在贫困户认定和资源分配过程中的重要行为策略，精准扶贫的政策精准度在现实中被多维度的情境所置换。在强压力的考核情境下，"做好意义不大，做不好会被问责"成为许多基层扶贫干部的日常实践心态，为了应对上级政府自上而下的考核，政策变通成为基层干部规避风险的重要武器。正如利普斯基看来，街头官僚行为实践嵌入日常工作环境之中，是工作压力和环境场域逼迫的无奈选择。相较于上级政府的官员拥有更为丰富的治理资源，处于公共政策执行最底层的街头官僚，可以支配的治理资源十分有限。在贫困治理这一场域，基层政权位于官僚系统与乡村社会交界处这一结构性位置，基层扶贫干部在国家与社会的夹缝之间生存，基层干部利用信息不对称和技术化治理机制，对农村精准扶贫政策进行强约束下的变通，进而扭曲了贫困治理的逻辑和路径。标准化的贫困治理制度体系无法与乡村社会契合，程序化、规范化及指标化的贫困治理体系在自上而下嵌入过程中遭遇了乡村社会的反嵌，强约束下的变通成为基层政权的日常执行策略。也就是说，贫困治理政策在实际执行的过程中，呈现出十分明显的政策断裂现

---

① 刘鹏, 刘志鹏. 街头官僚政策变通执行的类型及其解释：基于对 H 县食品安全监管执法的案例研究 [J]. 中国行政管理, 2014 (5): 101-105.
② 根据访谈录音整理，L 乡 D 村扶贫干部, 2018 年 3 月 17 日。

象：上级政府在政策制定过程中希望通过标准化来保障下级政府政策执行的规范化，而下级政府则通过各种手段与机制，不断对标准化的制度体系和政策目标进行偏离，政策制定与政策执行之间存在很大的背离及目标断裂的现象。[①] 同时，基层政权在扶贫政策的强约束下的变通与乡土社会的结构密切相关，是基层政权在贫困治理过程中在政策执行、社会秩序及自我理性多重目标下权衡的选择，尽管基层政权在贫困治理的实践过程中追求自我利益的诉求相对较小，但在"压力型体制"的影响下，农村精准扶贫的政策任务被层层下放至基层政权，特别是面对自上而下、标准化的考核及问责机制时，规避风险成为基层政权在贫困治理政策实践过程中的重要逻辑，变通也就成为基层政权日常治理行为的一种策略。

二、工具理性的逻辑

由于 L 乡必须在 2018 年实现脱贫摘帽，为有效完成脱贫攻坚的任务，压力型体制导致扶贫标准的执行在现实中遵循了工具理性的逻辑，进而扭曲了标准化治理的价值理性。在工具理性的影响下，非正式制度过度嵌入标准化的正式制度，遭遇非正式制度体系的非均衡互动，导致贫困治理标准化制度体系的非正式运作。为了在有限时间完成脱贫摘帽，基层政权日益关心脱贫攻坚考核的结果，而相对忽视对过程的管理。由于信息收集能力不足，标准化的贫困治理规则在实践中发生了软化，规则软化赋予了政策执行者较大的自由裁量权空间，地方性规则在实践中替代了国家规则，导致贫困治理政策目标在基层实践过程中的偏离。[②] 在工具理性的影响下，政策变通成为基层政权在贫困治理实践过程中的重要逻辑，在实际的政策执行过程中，基层政权更为关注精准扶贫的硬指标，而相对忽视软指标的执行。基层干部对贫困治理标准的选择性变通，是在日益刚性规则体系下不得不采用的方法，但标准执行的工具理性导致了贫困治理政策执行效能的不确定性。标准执行的工具理性对贫困治理的政策执行效用造成了损耗。

脱贫锦标赛是压力型体制下的行政动员方式与政治激励范式，基层政权

[①] 朱亚鹏，刘云香. 制度环境、自由裁量权与中国社会政策执行：以 C 市城市低保政策执行为例 [J]. 中山大学学报（社会科学版），2014，54 (6)：159-168.

[②] 安永军. 规则软化与农村低保政策目标偏移 [J]. 北京社会科学，2018 (9)：110-118.

是县市政府的委托—代理者，县市级政府通过量化绩效考核体系和绩效排名来形塑基层政治生态，进而达到对乡镇政府政策情境的控制，但在工具理性的影响下，脱贫锦标赛体制造成贫困治理的"溢出效应"。[①] 在贫困治理的实践过程中，贫困治理标准的刚性规则与基层政权的自主行动之间存在较大的张力：尽管扶贫标准对基层政权的行为具有一定的约束及规训功能，在限制其行为的选择来达到清晰化治理的目标，但在基层政权主性的影响下，工具理性驱使基层政权不断突破扶贫标准的约束，不断消解扶贫标准的价值内涵，进而在某种程度上消解标准化的治理价值韵味。根据2018年L乡上报区级扶贫办的材料显示，许多贫困户"两不愁三保障"仍然存在很多问题：如L乡摸底排查出110户贫困户一层住房内墙未粉刷，26户贫困户土坯房需整修瓦面，98户贫困户无厨房或无橱柜、灶台。在工具理性的引导下，基层政权为了在规定的时间内实现精准脱贫，围绕精准扶贫验收的核心标准进行不断运作，在2018年夏季的时候，为了应付年底的验收检查，一些村庄出现了为贫困户搭建临时性厕所以及对贫困户房屋（土房）外墙进行突击粉刷来增加观感的行为。由于贫困治理的"工具理性"消解了"价值理性"，尽管国家建构了标准化的制度体系，在政策执行过程中解决了部分"委托—代理"问题，但在实践过程中基层政府的行为难以进行完全量化考核，导致了"工具理性"在贫困治理实践过程中的不断涌现，进而扭曲了标准化治理的效能和逻辑。

三、合法性的逻辑

农村精准扶贫作为一种强压力情境下的"政治任务"，基层政权需要在政策的规定范畴内行动。在国家于社会互动界面中行动的基层政权，通过自由裁量权的运用来实现扶贫政策强约束下的变通。在政策变通的过程中，基层政权的治理行为尽管可能会扭曲国家贫困治理的目标，但国家贫困治理的政策导向、基层政府的自利性及乡村治理目标在变通中实现了均衡互构。在政策实施过程中，无论精准扶贫的哪个环节，扶贫干部在实践过程中都会从国家政策文本中寻找依据，寻找政策变通的"合法性"。中国社会作为一个"熟人社会"，乡村社会的关系网络对贫困治理政策的执行产生了很大影响，国家

---

① 吴理财，刘建. 乡镇政府绩效考核体系创新路径及影响：基于G市的案例分析[J]. 北京行政学院学报，2018（2）：19-26.

政策的执行往往在国家合法性与乡村社会内生性规则体系之间进行选择。无论是在精准识别还是在帮扶的过程中，乡村社会的非正式规则都产生了很大的作用。但在公共政策的执行过程中，乡村社会非正式规则的运行，总体上是在国家标准化的制度范畴之内，街头官僚在执行公共政策的过程中，底线的逻辑是贫困治理政策执行的重要逻辑。在强约束下的政策变通行为范畴内，符合国家标准化的制度体系和乡村社会的互惠互利原则是公共政策执行的两条底线，尽管贫困治理政策在乡村社会执行过程中会遭遇反嵌，但在"硬制度"与"软环境"的范畴下仍要遵循"底线"的逻辑。为了维护乡村社会和谐稳定这一底线，L乡一些村庄对贫困户认定名额在各村民小组和宗族派系之间进行平衡，而并不会真正严格按照国家扶贫标准进行认定。来自科层体系的扶贫干部，基于完成精准扶贫任务的考量，在现实中会更坚持贯彻国家扶贫标准的原则；村干部这一群体，则更多受乡村社会关系网络的影响。无论是何种类型的扶贫干部，都基本在国家政策文本中寻找政策执行的依据，"合法性变通"成为基层扶贫干部日常帮扶过程中的重要逻辑。

第四节 本章小结

通过对L乡贫困治理行为情境的研究发现，处于国家与社会之间的基层扶贫干部，通过自由裁量权在现实中发挥着"街头官僚"的作用，即承担着公共政策的执行者与乡村福利分配的"仲裁者"的双重角色。在贫困治理这一场域，伴随着国家政策自上而下嵌入的过程，扶贫标准也在不断细化，但由于在科层体制自上而下的执行过程中，国家正式制度发生的作用不断弱化，国家正式制度在基层政权自由裁量权的影响下，开始发生制度异化，进而导致了扶贫标准在执行过程中存在价值理性和工具理性的张力，强约束下的变通成为基层政权在贫困治理行为情境中的行动策略。

在标准化与科层化并存的制度约束空间内部，基层扶贫干部在日常行为情境的建构过程中，通过简化贫困识别流程的复杂性、精准帮扶过程中的"拼凑应对"及"规划性脱贫"等方式，导致贫困治理标准化制度体系在执行过程中异化。伴随着贫困治理从制度情境向行为情境的转换，基层扶贫干部在贫困治理的实践过程中拥有较强的自由裁量权空间，由于贫困治理的政策目标遵循了自上而下决策的统一性，基层政权往往会根据具体情境围绕扶贫标准和贫困治理的政策目标进行灵活性变通。基层政权从"策略工具箱"中选取相应的变通策略，进而使精准扶贫政策在执行过程中在强约束下出现变通。从基层政权的行为实践来看，基层政权通过使用自由裁量权来应对各种具体情境的过程，它不仅对精准扶贫的目标进行了策略性变通，也在标准化的规则体系范围之内或者之外进行变通，这种变通是对政府科层体系和正式制度的偏离，通过"正式权力的非正式运作"来保障公共政策的执行。但这种变通并没有真正否定国家正式制度的框架，而是在执行过程中进行策略性实施，这种实践以适应精准扶贫标准化为目标，以完成上级政府规定的考核指标为导向，标准化治理的工具理性消解了价值理性，在政策变通过程中实现国家政策的在地化执行。

强约束下变通的行为情境，实际上遵循了"政治消解行政"逻辑，体现了基层扶贫干部在执行贫困治理政策过程中规避风险、工具理性和合法性的逻辑，进而导致了贫困治理政策执行过程中的偏离。但从政策目标定位来说，有些变通尽管违背了国家政策标准，但却是必要的，因为这样可以使政策得到更好的落实；但有些变通则是不合理的，甚至严重违背了标准化治理的政策初衷，特别是在从县、乡到村的政策转换过程中，它被乡村社会关系重塑，进而减弱了农村精准扶贫的治理功能。也就是说，在贫困治理场域，标准化的制度体系在实际运行过程中发生了詹姆斯·威尔逊所述的"可计量的任务'驱逐'不可计量的任务"[①] 的现象。为了完成脱贫攻坚这一任务，基层政权通过选择性政策执行及政策变通等形式，使贫困治理在实践过程中出现变通；但与此同时，基层政权通过自我行动实现了贫困治理情境的转换，进而推动了贫困治理结构的再生产。

---

① WILSON J Q. Bureaucracy [M]. New York：Basic Books, 1989：48-49.

第五章

选择性均衡：贫困治理场域关系情境的演绎

上一章在自由裁量权的理论视野下，分析了标准化的贫困治理制度在实际运行过程中的变通，但贫困治理体系的运行绝非政府单限度的行为，它也是在基层政权与农民互动的过程中得以体现的。随着国家农村精准扶贫政策嵌入乡村社会，贫困治理情境也转换到了关系情境的场域之中，基层政权的行为和国家政策的执行成效也在这种转换过程中发生变化。为了更好地展现精准扶贫政策执行的实践图景，本章将"街头博弈"这一概念引入贫困治理关系情境的分析场域，进而深刻透视贫困治理的实践形态。

在标准化和自由裁量权共存的贫困治理场域下精准扶贫政策强约束的变通，不仅导致了贫困治理标准化制度体系的变通，还直接影响了贫困治理场域乡村治理主体之间关系情境的重构。在这种背景下，精准扶贫建构了一个位于标准化与乡土性之间的街头空间，国家、街头官僚及村民通过行动在街头空间争夺话语的主导权，并推动了贫困治理情境的再生产。在街头官僚的理论中，"街头空间"是一个比较真实且现实的街头环境，它泛指那些兼具流动性和陌生性的街头官僚的工作环境。[①] 而在贫困治理关系情境的场域空间，它兼具熟人性和陌生性的特征，"街头空间"代表了治理情境的不确定性。国家自上而下嵌入的标准化制度体系以及多重关系组成的乡土社会建构了一个动态的、情境性的博弈场域空间，而嵌入其中的贫困治理规则深受这种场域空间的影响，治理主体之间的关系也在这种情境中展现。

[①] 韩志明. 街头官僚的空间阐释：基于工作界面的比较分析 [J]. 武汉大学学报（哲学社会科学版），2010，63（4）：583-591.

第一节　街头博弈：贫困治理主体情境博弈的形态

关系情境作为行动者之间互动形态的表征，体现了治理情境中制度与行为交互实践的形态，它一方面是各种制度和行为要素综合作用下的产物，另一方面也反作用于制度与行为，推动治理情境的再生产。在实际的互动过程中，互动主体之间的观念、利益及情感等因素，影响了贫困治理政策执行的效果，同时也塑造了治理主体之间的关系形态。由于面对面互动一定是嵌入特定情境之中的，作为互动背景的街头空间是情境的一部分，呈现约束及资源的双重发展面向：一方面，由资源和约束组成的情境结构，对互动的方式具有很强的制约性，情境结构决定了互动者互动的基础与条件，也就是社会结构生产了互动情境；另一方面，互动与结构作为一种互构的关系，互动依赖于结构，也产生了结构，并由此生成了互动者之间的关系形态。[①] 在贫困治理关系情境建构的空间场域，精准扶贫作为一种在街头空间面对面的互动过程，它由街头官僚与农民个体共同设置行动空间，由此生成了贫困治理的关系情境形态，贫困治理政策执行的效果也在互动中得以体现。

在乡村社会转型的背景下，传统乡村社会秩序的建构机制发生了结构性转型，国家权力在有限脱嵌以后又以新的方式介入乡村社会。精准扶贫作为国家干预乡村社会新的治理范式，标准化的制度体系通过正式的制度体系和科层化的组织运行机制，来尝试改变乡村社会非正式性、模糊性的社会运行体系。由于国家与乡村社会在互动中具有不同的理念和机制，国家正式制度在自上而下嵌入的过程中遭遇了多元化乡土社会的话语反嵌，两种不同的知识谱系遵循着不同的运转逻辑，标准化主要遵循科学知识系统的逻辑，也就是通过理性化的、正式的机制对社会进行治理；而社会则主要依靠乡村文化价值体系的生产来实现社会意义的再生产，尽管社会与国家在话语谱系中不一定是对立的，但在实践中经常出现不一致的情况。[②] 由于街头空间兼具国家与社会的双重特性，当国家统一化、标准化的正式制度在向乡村社会嵌入的

[①] 于龙刚. 乡村社会警察执法"合作与冲突"二元格局及其解释："互动—结构"的视角[J]. 环球法律评论, 2015, 37 (5): 18-39.
[②] 刘斐丽. 地方性知识与精准识别的瞄准偏差[J]. 中国农村观察, 2018 (5): 14-28.

第五章　选择性均衡：贫困治理场域关系情境的演绎

过程中，当基层政权通过政策变通来实现国家强制性秩序与乡土秩序耦合的过程中，国家、基层政权及村民三者又通过街头空间的博弈来进一步推动扶贫政策在地化。贫困治理场域中关系情境的建构过程，一方面体现了国家政策在基层社会的约束力，另一方面也体现了乡村社会对国家政策的理解形态，在这种话语的转换与融合过程中，街头官僚发挥了中介与桥梁的作用，街头空间的情境性博弈进一步推动了贫困治理情境的转换。

一、博弈情境的控制：钉子户群体的"折腾"及其治理

在乡村治理体系的实际运行过程中，正式的社会保障资源常常作为一种基层治理机制，通过正式资源非正式利用的面向来减少农村社会保障政策在乡村社会执行的阻力，达到维护乡村社会稳定和对钉子户群体治理的目标，维护乡村社会秩序的有效运转。[①] 在 L 村精准扶贫的政策实践过程中，一些怨气较深的钉子户群体遵循"光脚的不怕穿鞋的"理念，通过将"弱者的身份"作为武器进行"折腾"。基层政权为了有效治理钉子户群体，在不同的情境和场域中采取不同的治理策略，通过策略性和灵活性的方式来建构精准扶贫场域中钉子户的治理机制。在钉子户群体的"折腾"及其治理这一博弈情境中，乡镇政府及村庄政治精英与村民在不同的情境下展开博弈，通过对博弈情境进行策略化控制的方式建构精准扶贫场域下的村庄治理机制，使村庄治理日益呈现新的态势。

（一）情境建构：贫困身份的"包装"与争夺

在精准扶贫的场域下，贫困户身份是一种"稀缺资源"，贫困户认定标准在基层实践过程中的偏离使村民为了争取贫困户身份产生恶性竞争。而在贫困户身份的争夺过程中，贫困话语的情境建构是一些村民在日常行动中的重要策略。特别是一些贫困户经过扶贫干部的帮扶后家境得到很大程度的改善，一些贫困户在脱贫以后进行了楼房修建和购买小轿车的行为，同时一些懒汉贫困户经常活跃于乡村社会的麻将馆，导致很多非贫困户认为扶贫是在"帮富""养懒汉"，而不是真正在"帮贫"。一些未评上贫困户的家庭经常举报村干部，而许多贫困户在审查过程中被取消贫困户资格也对基层扶贫干部不

[①] 刘娟，陆继霞，叶敬忠. 社会保障资源安排中的逻辑与政治：以华北一个村庄为例[J]. 公共管理学报，2012, 9(1)：25-32, 122-123.

满。村民对贫困户资格的激烈争夺，不仅进一步撕裂了村庄传统伦理价值，还导致村庄社会风气从"炫富"到"诉贫"的转变，"越穷越光荣"的思想在基层社会日益流行，一些村民通过在特定情境中进行自我包装，以此作为争夺贫困户身份的媒介。

D村六类人员蓝某为退伍军人，一家居住一层红砖房，住房安全。市级督查组来村督查的过程中，蓝某反映他家庭收入低，家庭困难且无人照顾，连基本的衣食住行都解决不了。D村贫困户识别过程中没有通知他参加贫困户评选会议，并且被村干部无理由取消低保，所以对D村精准扶贫工作满意度较低。但经调查发现，蓝某家庭条件较好，其儿子（独生子，已分户）为深圳某公司外派到新加坡工作的员工，儿媳目前也在新加坡务工，在深圳有商品房。蓝某妻子则主要在家照顾护理蓝某。蓝某不是党员和村民代表，因中风导致行动不便，考虑其实际情况，村民评选会议才不通知他来参会。蓝某由于不是贫困户，故不通知其参加贫困户会议。同时蓝某与儿子是在2015年年底分户的，尽管退伍军人为优抚对象，但有为了争取贫困户资格特意分户的嫌疑，违背了贫困识别的"九不准"原则，并且蓝某家庭条件较好，大病期间已过，不符合继续纳入低保条件，故取消其低保，蓝某对取消低保十分不满，所以访谈时情绪较激动。①

在贫困身份建构的过程中，需要建构相应的合法化话语情境来表达自己的诉求，以此增强贫困身份建构的合法性。一些村民通过选择性挪用扶贫标准，将自己的利益诉求有效嵌入情境建构之中。在上述案例中，蓝某为争取贫困户的资格，通过"分户"的形式来达到贫困识别的标准，并依托退伍军人等话语的渲染来进一步凸显"弱者的形象"，以此来达到一种贫困身份的建构。在L乡实地调研中发现，一些老人尽管身体较差且丧失了劳动力，但依靠子女赡养其生活也相对有保障。在贫困户认定的时候，一些家境较好的家庭为了争取贫困户的资格，采取了父母与子女分户的策略来达到贫困户认定的条件，并以此要求政府将其列为贫困户，这种现象在调研的时候几乎每个

---

① 资料来源于L乡脱贫攻坚资料库。

村都有发生,一些未被列为贫困户的老人经常到村委会及乡镇扶贫办闹事。由于贫困识别标准在执行过程中有选择性变通,导致扶贫标准在乡村社会的合法性降低,进一步激化了村民争夺贫困户资格的行为。

(二) 情境性折腾

在街头空间这一场域,各个行动者的行为都是积极的且具有相应的意义,尽管他们行动的目标很明确,但他们的行动却缺乏相应的计划性,他们既可能为了提升博弈地位而不断抓住机遇,也可能为了维护和扩大自己的自由余地而行动。贫困治理标准不仅是基层扶贫干部与村民街头博弈的对象,还是街头博弈的媒介,是各个行动者策略性行动的机制。比如,精准扶贫"两不愁三保障"这一标准是贫困治理情境中基层政权和贫困户博弈的目标,部分贫困对象"等、靠、要"思想严重,片面认为精准扶贫场域下政府帮扶老百姓是天经地义的,形成了"出现任何困难都找政府"的思维,贫困户自身摆脱贫困的积极性、主动性不够。而在一些无理要求无法得到满足的情况下,一些钉子户通过情境性的"折腾"方式来实现自己的利益诉求。检查评估是推进农村精准扶贫工作的重要机制,而一些贫困户家庭在上级政府检查、督导的过程中,通过有选择性地夸大家庭贫困的情况来获取额外的经济利益。在 L 乡精准扶贫的实践过程中,匿名上访和"抱怨"成为钉子户情境性折腾的重要机制,下面这两个案例就是典型代表:

> 村民 B 某早年因参与非法斗殴被劳教,劳教废除以后赋闲在家,在贫困识别过程中被纳入贫困户。在全乡环境整治和危房改造工程项目实施以后,B 某便立即以房屋漏水为由,要求扶贫干部为其一家重新修建房屋。但根据国家帮扶政策的相关要求,已经修建楼房的贫困户不能享受国家援建房的政策,也不属于危房改造的范围。但根据"两不愁三保障"的政策,扶贫干部通过项目的形式为其争取了部分资金,用于房屋外墙的粉刷。但项目资金下拨以后,B 某将这笔资金用于围墙修建,围墙的大门修建得十分豪华。围墙修建完,B 某又要求干部为其粉刷外墙,扶贫干部对其进行教育之后,拒绝了 B 某的要求。B 某便在村庄到处"抱怨"扶贫干部没有落实扶贫政策,甚至在上级政府来村检查的时候"瞎折腾"。L 乡政府和扶贫干部为了防止其乱说话,每到上级政府下村检查的前夕,扶贫干部都提前做他的思想工作,希望他在督导检查的时

候不要"瞎折腾"。2017年在区级政府检查的时候，B某发现督导组以后便马上下跪高呼："青天大老爷要为我作主！"L乡政府在这次督导过程中被区政府通报批评，乡政府被迫答应这一贫困户的要求，通过项目申报的形式为其再次争取了房屋改造资金。①

同时，在日常生活的情境性博弈过程中，一些怨气较深的非贫困户家庭在无法借助扶贫标准来争取贫困户资格的情况下，则借助匿名上访与其他手段来表达自己的怨气。其中最典型的就是L乡L村"某冰冰上访"事件：

2018年1月29日，N区信访局收到了一封写信人名字为"某冰冰"的上访信件，信访诉求是L村在修建公路的时候强占土地却未补偿，希望上级政府补偿其土地占用费用。区政府对贫困村的上访十分重视，在收到信访件以后，L乡政府马上派人调查处理，成立了由乡政府包片领导同志为组长、综治办副主任为副组长的调查组。

经过初步调查，L村并无姓名为"某冰冰"的村民，也无身份证号码为21030219940928722X的村民，该信访人提供的固定电话为纪委监察平台电话，手机联系电话显示为新疆阿克苏地区，目前手机一直处于关机状态，调查组未能联系到信访人。经过调查以后，该信访件反映L村强占土地修马路未补偿的情况为捏造的。2017年，L村在黄土排、石人坑、陈屋、上下角背山修建了4条通组道路，目前均已经修通并得到村民们的一致支持，不存在修马路强占村民土地的情况。2017年L村还对全村范围内的通户路进行了硬化，通户路硬化采取村民自行硬化、政府据实奖补的形式进行，也不存在强占村民土地修路的情况。对信访件中列举出来的名单，L乡进行了调查核实，有部分姓名本村无人认识，而确属本村的村民则分布于全村各个村民小组，且这些村民均反映对信访事件不知情。

经过调查以后，乡村干部发现这是故意捏造虚假事件的案例。后经查实，信访件是该村村民W在《我不是潘金莲》这部电影的启发下，故意捏造虚假事件来"折腾"乡村干部的。村民W的丈夫2016年因家庭

---

① 根据访谈录音整理，L村第一书记，2018年3月20日。

<<< 第五章 选择性均衡：贫困治理场域关系情境的演绎

矛盾投河自尽，其儿子在城区读初中，该村民以家庭经济困难及孩子读书负担较重为由，请求政府将其一家纳入贫困户。由于 W 一家购买了小汽车，也新建了两层半已装修的小洋楼，扶贫干部以不符合贫困户认定条件拒绝了其诉求，但 W 认为乡村干部这一做法不合理，经常到村委会及乡扶贫办闹事。尽管查清这是 W 捏造的虚假"折腾"事件，但村委会承诺以后会对小孩读书的问题进行一定的帮扶，但要求 W 不得再进行上访。①

无论是在贫困识别还是在精准帮扶的过程中，贫困户与非贫困户群体都试图通过建构贫困的话语，在街头空间争夺话语博弈的主动权。个体在具体社会情境下所感受到的不平等感，并非完全抽象系统理性化的产物，而更多是个体在一种特定具体情境下的自我体验，这种情境性的体验将他的不满转换为对特定事项或者对象的怨气。② 由于我国精准扶贫采取在政策法规中设置国家义务的方式推进，扶贫对象的民生权利则较少得到体现，扶贫对象民生权利的阙如使原则化的政府职责失去启动机制，造成以国家扶贫义务为本位的扶贫政策标准难以实施而被虚置。③ 根据国家颁布的贫困识别标准，村民 B 和 W 明显都不符合贫困户的识别标准，但二者通过"挑事""上访"等非常规形式，在情境性的空间建构中为自己争取额外利益。为了有效治理钉子户，基层政权通过加强对博弈情境的控制，依托正式资源的非正式利用的方式，将扶贫资源作为一种治理机制，给予钉子户群体额外的好处来维系村庄社会的表面平静。情境性"折腾"为村民与村庄的政治精英搭建了一个策略性的谈判空间，这可以使基层政权重视村民的怨气及利益诉求，对化解村庄矛盾及维护团结发挥了一定的作用。但在对钉子户群体的治理过程中，基层政权与钉子户通过策略性行动的方法来加强博弈情境的控制，进而在最大程度上掌握博弈的领导权。

---

① 资料来源于 L 乡村民上访资料库。
② PIVEN F F, CLAWARD R A. Poor People's Movements [M]. New York：Panthenon，1977：20-21.
③ 唐梅玲. 从国家义务到公民权利：精准扶贫对象民生权虚置化的成因与出路 [J]. 湖北大学学报（哲学社会科学版），2018，45（1）：141-147.

二、"违规的空间"：贫困户与扶贫干部共谋中的博弈

在基层治理的相关研究中，共谋是一种比较普遍的现象："共谋行为是指基层政府与它的直接上级政府相互配合，采取各种策略应对来自更上级政府的政策法令和检查监督。"[①] 但"共谋"不仅存在于上下级政府之间，还存在于基层政权与农民之间，基层干部为了在贫困治理场域有效应对上级政府自上而下的考核和检查，在与贫困户选择性合作的过程中形成了一种"共谋中的博弈"的格局，进而产生了贫困治理场域中的"违规的空间"：基层政权与贫困户共同合作，形成了与国家政策标准不相符的现象与空间。在"违规的空间"内部，基层政权与贫困户之间既存在合作，也存在竞争，是乡村社会各种力量之间某些博弈行动、（不）均衡关系的产物，在运作层面，它是社会各种力量交互缠绕、交替进退的空间；在价值规范层面，它又是某种共谋性的意义空间。[②] "违规的空间"在不确定的街头空间中形成，它是基层政权与贫困户共谋形成的产物，同时也体现了当前乡村社会关系与结构的演变。

农村精准扶贫标准在基层社会的有效执行，需要通过加强基层信息的收集、检查与评估，保障国家认证体系的统一性、可靠性及规划性，使扶贫在基层社会得到有效执行。但国家认证需要以精细化的治理体系为支撑，在精准核查农民的收入和财产情况的基础上，实现贫困治理流程的无缝隙规制。但在街头博弈的情境空间中，基层政权与农民通过信息的控制与反控制等策略，国家自上而下的认证及规制在实践过程中面临较多的不确定性。在2017年贫困户的专项审计过程中，国家信息系统发现L乡有存在精准识别不精准的问题，一些贫困户违反了贫困户认定"七种情况一票否决"的标准，要求L乡政府进行复查与整改。L乡政府为了达到规避上级政府的问责与完成脱贫攻坚任务的双重目标，对国家审计出来的不符合认定标准的贫困户采取双重处理策略：已脱贫则尽量保留，对于没有脱贫的则以"剔除"进行处理。为了达到整改的目标，扶贫干部与贫困户围绕国家扶贫标准进行了多向度的博弈。

---

① 周雪光. 基层政府间的"共谋现象"：一个政府行为的制度逻辑 [J]. 社会学研究，2008（6）：1-21，243.
② 陈映芳. "违规"的空间 [J]. 社会学研究，2013，28（3）：162-182，244-245.

第五章 选择性均衡：贫困治理场域关系情境的演绎

在标准化治理的机制建构中，国家通过制度设计对基层干部的行为进行了较为有效的制约，但对于贫困户的日常行为却无法进行有效规制。国家政策规定，不符合贫困户识别标准的农户，即使被列为贫困户，所享受的政策优惠仍需要被追回，但这种规定在现实中却很难执行。在强问责的约束下，基层干部为了有效应对自上而下的检查和考核，通过"做工作"的策略让精准扶贫的实践在形式上符合国家标准：一方面，依靠国家颁布的政策标准，在国家政策范畴内来增强"做工作"的合法性；另一方面，通过感情纽带的方式来推动政策实施，通过"软硬兼施"的机制达到治理的目标。"违规的空间"体现了基层政权通过运用半正式治理的方式，一方面通过对程序上的变通来规避上级政府的检查，另一方面又通过程序变通的方式与村民达成某种"共谋"，以此来维持治理体系的运转。

在贫困治理的政策实践过程中，扶贫干部对扶贫标准和指标的运用存在"一刀切"的现象，虽然这在某种程度上能够缩小基层政权的变通空间，但依托"一刀切"的标准去适用千变万化的乡村社会，会导致标准化治理场域下扶贫资源分配机制的错位。同时，标准的制定与执行是通过科层体制自上而下进行嵌入的，而相应的标准执行配套机制尚未健全，导致基层政权与贫困户为了建构"合法性"而在特定扶贫事项上达成共谋。在"违规的空间"建构过程中，博弈的核心是乡村社会信息的控制与反控制，扶贫干部在精准扶贫的日常帮扶过程中，也会与贫困户通过有选择性的共谋来建构"违规的空间"。比如，按照贫困户农业奖补政策规定，贫困户家庭从事种植或养殖业可以获得最高5000元的补助（见表5-1），年底扶贫干部对各个贫困户家庭摸底调查养殖或种植面积后计算补助金额的多少。在年底进行摸底调查的时候，一些贫困户家庭将非贫困户养殖的鱼塘纳入自己养殖的鱼塘，以此获取更多的农业奖补资金。而基层扶贫干部面对这种现象，一般都采取"睁一只眼闭一只眼"的态度，尽量让每个贫困户都可以申请到5000元的奖补资金。

表 5-1　2018 年 N 区贫困户发展农业产业奖补标准表①

	奖补名称	奖补标准
农业产业奖补总额不得超过 5000 元	粮油作物：水稻、红薯、花生等	500 元/亩
	经济作物：蔬菜、西瓜、中药材、草莓等	700 元/亩
	鸡、鸭、鹅、鸽等 10 羽以上	10 元/羽
	兔子 10 只以上	30 元/只
	猪、羊	400 元/头
	肉牛	500 元/头
	鱼塘	500 元/口

贫困治理场域形成的"共谋中的博弈"现象，体现了贫困治理标准化制度体系在执行中的多元张力：基层政权为了规避上级政府的问责，而贫困户则在利益考量之下，双方共同在特定情境空间中进行合作，但这种合作也夹杂着基层政权与贫困户之间的博弈关系。在实际的博弈过程中，贫困治理场域除了工具化的理性维度，还存在着情感维度：在基层治理秩序的建构过程中，乡村社会秩序的建构并非制度与伦理耦合的产物，情感作为重要的治理机制，是基层社会秩序达成及治理目标实现的重要条件，国家也通过情感治理这一媒介建构了国家在乡村社会的合法性。② 这种"共谋中的博弈"关系是规则化治理与缘情治理相互耦合的产物，博弈的形态取决于国家政策控制的强度及基层干部与贫困户当时博弈的情境，国家政策统一性越强，基层政权与农民之间共谋空间就越大。正是由于国家刚性的标准与乡村社会之间存在内在张力，国家在贫困治理场域通过标准化来实现情境控制的过程中，合作性共谋成为基层政权与农民的日常行动策略。

---

① N 区脱贫攻坚领导小组办公室：《2018 年 N 区脱贫攻坚实施方案》。
② 王雨磊. 缘情治理：扶贫送温暖中的情感秩序 [J]. 中国行政管理, 2018（5）：96-101.

三、作为治理对象的标准：扶贫标准的情境性执行

政策本质上是一种博弈的均衡结果，标准化的制度建构是国家对社会关系进行重塑的机制。但制度不仅是一种文本条例中的应然规定，也是治理主体之间在实践中进行解构及重构的过程，随着标准化的制度体系嵌入乡村社会，制度的权威性及均衡性取决于制度博弈主体的行动策略。标准化的目的是要在一定的范围内获得最佳秩序，尤其是政府所制定的标准，是在全社会范围内需要共同执行的秩序规则。[①] 当一项标准被制定并颁布后，能否被相关治理主体有效执行，它既取决于标准执行背后的强制力，也与使用者利益的契合度紧密相关。在贫困治理这一场域，扶贫标准在自上而下嵌入的过程中，标准的执行需要依托上级政府的强制力，而在乡村社会却尚未有效组织起来，进而导致扶贫标准在实践过程中的权威递减。制度作为规范权力关系的有效机制，同时也规范了权力关系的发展过程：一方面，制度在对社会成员之间的权力关系进行规范的过程中，让每个成员都拥有相对公平获取权力的机会；另一方面，在现实的政策实践过程中，基层政权与农民通过有选择性挪用国家扶贫标准，在特定情境之中实现平衡贫困治理多维目标的选择性均衡，扶贫标准的情境性执行导致了标准化的权威递减面向不断显现。[②] 由于精准扶贫的政策标准是由上级政府（特别是中央政府）制定的，基层政权没有对精准扶贫政策修改的空间；但在现实政策实践过程中，基层政权与农民通过有选择性地治理国家扶贫标准，来达到贫困治理的多维目标，扶贫标准的情境性执行与权威递减的面向会不断显现。

M 村地处 L 乡最边缘山区，交通不便，但自然条件好，水草丰茂，气候适宜养殖，村庄具有养鹅的优势及传统。区政协是 M 村的对口帮扶单位，区政协主席对口帮扶 M 村 10 户贫困户，为发挥 M 村地域传统优势并早日实现脱贫摘帽的目标，区政协主席号召政协委员 B 某参与 M 村的精准扶贫工作。M 村村民有养鹅的传统，不少贫困户有养鹅的经验，B 某计划在 M 村创办养鹅专业合作社，贫困户负责养殖鹅苗，合作社负责收购，通过成立合作社来

[①] 程虹，刘芸. 利益一致性的标准理论框架与体制创新："联盟标准"的案例研究 [J]. 宏观质量研究，2013，1 (2)：92-106.
[②] 克罗齐耶，费埃德伯格. 行动者与系统：集体行动的政治学 [M]. 张月，等译. 上海：上海人民出版社，2017：46.

带动贫困户的脱贫，并打造"一村一品"来争取更多的政策支持。

在实际的探索过程中，M 村建立了"政协委员+合作社+贫困户"为一体的标准化运作模式：通过引入政协委员出资 30 万元作为合作社的启动资金，用于鹅苗培育中心建设及饲料购买等费用。2018 年，为推动扶贫产业的发展，L 乡制定了农业产业奖补的标准：在贫困村建成一个百亩连片农业产业扶贫示范基地，至少联结 20 户贫困户（其中 2017 年未脱贫的贫困户不少于 50%），让每户贫困户每年至少增收 1 万元（以企业打入贫困户"一卡通"账上为准），农业企业与贫困村村委会签订合作收益协议书。联结一户贫困户政府奖补企业 1.5 万元，其中 1 万元用于企业扩大再生产，5000 元用于贫困村集体经济收益（分五年拨入村委会账上）。农业企业至少联结 50 户贫困户，其他条件同上，奖补标准、用途同上。同时，对于"一村一品"的就业实体，只要吸纳 5 名以上贫困劳动力就业，与被吸纳的贫困劳动力签订劳动合同且连续工作两个月以上，每人奖补 500 元/月，扶贫车间可以获得政府奖励 10 万元，偏远山区创业再奖励 5 万元，以此推动扶贫产业的发展。

鹅苗养殖基地建立以后，为最大程度争取扶贫政策的支持，M 村加强了合作社发展的常态化机制建设。根据国家扶贫农业发展奖补标准，每个贫困户最高可以获得 5000 元的政府奖补资金（见表 5-1）。在合作社的成员构成中，加入合作社的贫困户以老人为主，且基本都种植了几亩水稻或者养殖了鱼塘。在合作社建立以后，除去国家农业产业奖补，大概可以给每个饲养鹅苗的贫困户家庭带来每月 700 元左右的收入。经过三个月以后，这些加入合作社的贫困户，扣除种植水稻、饲养鱼塘等奖补之后，已经达到国家农业产业发展奖补标准的极限（5000 元），继续养殖鹅苗的利润空间将进一步减小。同时由于鹅蛋价格飞涨，这些饲养鹅苗的贫困户发现卖鹅蛋比单纯饲养鹅苗具有更大的利益空间，许多贫困户便偷偷地将大部分鹅苗养大生蛋，只将小部分作为鹅苗交由合作社统一收购。政协委员 B 某发现这一情况后，便要求乡政府和村委会督促这些贫困户遵守合作社规章制度，保障合作社的正常运转。合作社是贫困村退出的一项指标，按照合作社利润的规则，有部分利润作为村集体收入，合作社既可以增加贫困户收入，同时还可以增强村集体收入，村干部对合作社运营负责。村委会和 M 村扶贫干部将这些贫困户召集起来进行协商督促，许多贫困户认为这是他们自己养的鹅，怎么处理肯定是他们自己决定，要把鹅全部卖给合作社，合作社必须提高收购价格。但 B 某坚持要求贫困户按照合作社的章程,将鹅苗交给合作社统一收购。M村合作社作为L乡扶贫产业的典范,乡镇扶贫干部为有效调解此事,保障合作社的正常运行,建议B某同意贫困户的要求,适当提高鹅苗的收购价格。尽管在制度层面,L乡对农村扶贫产业的发展制定了明确的标准与规章制度,但是在实际运行过程中却没有相应的规则制度可循,国家扶贫产业标准在进入乡村社会过程中遭遇了乡村社会结构的反嵌,而基层政权则为了维护乡村社会的和谐稳定,站在"村庄道义"的角度进行调解,导致国家扶贫标准在实践过程中变通。贫困治理标准化制度体系在实践过程中,夹杂了基层政权的多重治理目标:贫困户的利益诉求、村集体收入的增长及市场主体的产业利润。在这种背景下,扶贫标准也就成为治理的对象,成为一种在实践过程中可更改的弹性规则,贫困治理标准在实际执行过程中呈现明显的情境性特征。

　　从上文几个案例的分析可以得出:在街头博弈这一场域,为了维护乡村社会的整体和谐稳定,保障乡村社会秩序的正常运行,基层扶贫干部经常将扶贫标准与扶贫资源作为一种治理机制,标准化的贫困治理体系也就被乡村社会的秩序目标所吸纳。也就是说,贫困治理政策在实践过程中,标准化、规范化的制度体系在乡村秩序和国家维控型目标的影响下,扶贫标准作为一种可变通、再编码的机制,国家、基层政权与农民在这一领域不断进行博弈。在精准扶贫政策的日常实践过程中,基层政权与农民的博弈关系并非制度化的静态格局,而是在不同情境场域下的策略性实践。在实际的博弈过程中,基层扶贫干部与农民之间的博弈,并非一种制度化均衡的博弈关系,而是一种特定情境中的矛盾化解机制,它在实践中呈现出一种制度化程度较低、情境性较强的实践形态,而这种策略性妥协的矛盾化解机制,并非按照制度化、常规化的手段,而是基层政权一种权宜性的手段。基于"物质安抚"的治理策略与贫困治理标准化的制度设计之间存在断裂,标准化的制度规则体系在实践过程中常常以一种权益性、策略性的形式呈现。在实际的博弈过程中,策略性妥协的具体形式取决于当时的情境和博弈双方力量对比的情况,这种矛盾化解机制在形式上使矛盾得到调解,但正式资源的非正式利用机制仍然是精准扶贫场域下村庄怨气化解的主要媒介,基层政权化解矛盾的能力明显不足,这种矛盾化解机制在实践中十分乏力,它一方面不能真正促进村庄的团结,另一方面加剧了精准扶贫标准在执行中的异化。

第二节 选择性均衡：贫困治理场域关系情境的实践形态

"均衡"作为制度主体之间的一种博弈形态，体现了主体关系动态性的实践形态，均衡的形态取决于治理主体之间的关系对比以及当时的情境形态。在公共政策执行场域，均衡不仅体现了公共政策执行的状态，更体现了政策执行主体关系的情境性形态。"选择性均衡"是指政策实施结果既不是地方政府不折不扣地执行了中央的政策，也不是地方政府只按照有利于自己利益实现而进行"选择性的实施"，而是在两者间取得的一种均衡。① "选择性均衡"是指各治理主体面对复杂的政策执行情境，彼此之间相互竞争又相互合作而形成的一种情境性的关系形态。制度变迁理论认为，"在制度变迁的过程中如果正式规则发生改变，但非正式制度体系却没有变化，非正式约束与新的正式规则之间就会产生一种持续的紧张关系，因为它们在许多方面都不能保持一致，这样就会形成一种局部均衡的状态"②。在"选择性均衡"的关系情境之中，基层政权作为精准扶贫政策的执行者，基层扶贫干部在自身权威不足及乡村社会关系制衡等因素的影响下，通过利用自身的自由裁量权来应对上级政府和民众的双重压力；上级政府特别是中央政府为了保障公共政策在基层得到有效执行，通过标准化考核的形式来加强对基层政府的控制力；农民通过有选择性地认可国家扶贫标准，来实现自我利益的最大化。"选择性均衡"本质上是相关政策主体之间基于利益得失的考虑而进行的一种博弈过程，政策目标的实现程度取决于博弈参与者的策略选择，而博弈参与者的策略选择从根本上又取决于作为博弈规则的制度。③ 在"选择性均衡"的博弈空间，它既体现了基层政权与上级政府关系的选择性的情境性均衡，也体现了基层政权与农民关系的选择性的情境性均衡。国家扶贫政策目标能否实现取决于

---

① 李瑞昌. 中国公共政策实施中的"政策空传"现象研究 [J]. 公共行政评论, 2012, 5 (3): 59-85, 180.
② 诺思. 制度、制度变迁与经济绩效 [J]. 杭行, 译. 上海: 格致出版社, 上海三联书店, 上海人民出版社, 2014: 107.
③ 丁煌, 定明捷. "上有政策、下有对策": 案例分析与博弈启示 [J]. 武汉大学学报（哲学社会科学版）, 2004 (6): 804-809.

博弈主体之间的策略选择与博弈情境,上级政府、基层政权及农民三者都遵循理性行动的原则,把策略性均衡作为自己行动的基础,而策略性均衡的实现又依赖于博弈规则与情境,博弈的制度与情境的不同导致了博弈主体之间的策略选择及均衡形态。从基层治理的视野来看,在贫困治理场域的各个治理主体都具有特定的控制力,各个治理主体相互博弈形成的治理结构是一种相互依赖又相互博弈的关系,一方的策略变动将会引发另一方的行动变化。

一、基层政权与农民之间的选择性均衡

在贫困治理的关系情境之中,基层政权与农民的博弈关系在实践中并非一种静态化的制度均衡关系,而是在博弈情境中展现出来的一种情境性很强且制度化程度相对较低的关系。尽管标准化的治理体系为基层政权与农民制度化的互动关系建构提供了情境场域,但在实践中的制度关系具有很强的情境性特征,基层政权和农民的合作与对抗则取决于双方的利益耦合及当时的情境形态,双方目标一致则可能达成集体行动;反之,二者则可能走向博弈的形态。[①] 在这一情境性博弈的场域中,农村精准扶贫标准在实践中存在一个较大弹性的博弈空间,情境性的标准在博弈过程中被反复博弈和重复界定,各个博弈主体在博弈中的结果则取决于情境化场域中的力量对比情况以及采用的行动策略,基层政权与农民在实际的博弈过程中,在不同情境下对标准化的治理规则及乡土性的非正式规则进行有选择性地挪用,进而形成了基层政权与农民之间博弈关系的情境性均衡。

在标准化的贫困治理场域中,通过标准统一、信息清晰的制度规则体系,很大程度上减少了基层政权体系内部及国家与农民之间的信息不对称,同时在"脱贫锦标赛"的政治压力下,扭转了农民与基层政权博弈的不对等地位,农民(特别是一些贫困户群体)依托贫困户这一身份话语和标准化的制度规则,对基层政权的日常治理行为进行了有效反制。在乡村治理这一场域,"连带性制衡"作为我国乡村治理的维系机制,乡村政治精英依托各种正式与非正式的治理机制,通过利益和情感等连带方式来规制村民,完成其治理目标;村民在享受各种权利的同时也被捆绑履行相应的义务,通过责任连带的形式

[①] 方劲. 合作博弈:乡村贫困治理中政府与社会组织的互动关系:基于社会互构论的阐释[J]. 华中农业大学学报(社会科学版), 2018(3): 100-107, 157-158.

来对乡村政治精英进行反制。① "连带性制衡"关系建构的核心是需要建立稳定且有弹性的联结状态,由于集体时代的动员机制的延续与市场经济时代村民理性觉醒之间的内在矛盾,个体化浪潮促使农民在权利意识觉醒的同时,乡村社会公共性责任意识却尚未完全发育,乡村治理场域中"连带性制衡"关系不断异化。自农村税费改革以来,乡村两级组织日益脱嵌于村庄共同体,导致乡村社会公共权威呈离散化,村庄治理陷入悬浮性的困境。农村精准扶贫背景下扶贫干部下村等机制的构建,在某种程度上增强了基层政权与村民之间的互动,有利于重建基层政权的公信力和基层干部与村民之间的制衡关系,这对重构乡村治理体系具有重要意义。"但在开放条件下,消解性力量往往大于联结建构的力量,农村社会难以形成一种稳定的联结形态,也难以保证治理的稳定性和有效性。"② 在"不患寡而患不均"的社会心态的影响下,贫困治理标准的"强约束下的变通"导致贫困户与非贫困户及干群之间的矛盾日益加深,使精准扶贫场域下乡村社会矛盾不断累积,精准扶贫并没有重建基层政权的公信力,还导致了基层政权公信力的进一步流逝,进而导致治理主体之间"连带性制衡"关系的断裂。在强制性制度建构及非均衡性博弈的悖论中,导致了基层治理中政府与农民关系的二律背反状态:村民对乡村两级干部信任度越来越低,而乡镇扶贫干部对村民信任感也不断降低。

在精准扶贫的政策执行场域,伴随着标准化制度体系自上而下的嵌入,在一定程度上改变了乡村治理结构,但国家对乡村社会的多向度嵌入,无法真正实现乡村治理全流程的规则化治理。乡村社会作为一个多权威的关系网络,乡村治理的效果取决于各个治理主体之间利益关系的平衡形态,在社会转型及乡村社会关系弥散化的背景下,乡村社会的治理权威呈现离散化的态势:乡村社会的治理权力尽管掌握在基层组织与村庄政治精英手中,但他们无法占据乡村社会主导的公共权威,也难以真正发挥乡村社会整合的效应,特别是在"连带性制衡"关系异化之后,精准扶贫场域中标准化的治理结构与弥散化的治理功能存在内在的张力。③ 也就是说,在农村精准扶贫的制度嵌

---

① 陈锋. 连带式制衡:基层组织权力的运作机制 [J]. 社会, 2012, 32 (1): 104-125.
② 刘义强, 胡军. 中国农村治理的联结形态:基于历史演进逻辑下的超越 [J]. 学习与探索, 2016 (9): 70-79.
③ 刘建, 吴理财. 制度逆变、策略性妥协与非均衡治理:基于 L 村精准扶贫实践的案例分析 [J]. 华中农业大学学报(社会科学版), 2019 (2): 127-134, 169.

入过程中，旧的治理结构进一步强化了贫困治理的困境：标准化的贫困治理体系在实践过程中由于乡村社会关系反嵌导致了"制度逆变"，进而影响了精准扶贫的治理效能，在贫困治理体系实践过程中治理结构与治理能力的非对称性的困境不断显现。这种非对称性的贫困治理体系在生产过程中，不仅导致贫困治理陷入非均衡化的格局，还对村庄治理产生了新的影响。村庄社会矛盾无法有效解决，村落传统资源的流逝与国家资源输入的低效率化造成精准扶贫场域中治理结构与治理能力的非对称性，这种非对称性进一步延伸了"非均衡治理"的格局。

通过实地调研发现，尽管对点帮扶产生了很大的治理效应，但大部分驻村干部并未有效嵌入村庄共同体，并未有效实现治理主体之间的有效互动。由于基层扶贫干部缺乏相应的治理机制，恶性竞争贫困户资格的村民在策略性行动中并不需要承担任何行动成本，对精准扶贫产生了很大的负面影响，并形成了争夺贫困资源的村庄文化氛围，贫困治理政策的执行也越来越难以标准化。特别是懒汉贫困户这一群体，他们希望政府解决其全部问题，经常对扶贫干部提出无理要求，而乡村两级组织缺乏有效的治理机制，为了摆平这些人，不仅在贫困户认定上对这些人特殊照顾，还在平时政策享受上优先倾斜，以防其闹事。在连带性制衡关系异化的背景下，村民的利益博弈行为在义与利、法律与道德的边缘徘徊，基层治理主体在实际的博弈过程中都没有实现利益的最大化，各个利益主体不断变更博弈策略，实际的博弈过程呈现情境性的、非均衡的状态。由于驻村工作队及乡镇扶贫干部对村庄社会的嵌入，村级组织的日常治理行为越来越受到乡镇政府规制，而村级组织对村民却越来越缺乏约束机制，村民与村级组织之间的信任感也越来越低。尽管村级组织的生存环境发生了较大变化，但仍然能在这种非均衡的关系之中进行理性行动，在选择性"应付"乡镇政府及情境性规制村民的无理诉求的过程中，实现村庄治理秩序的相对平稳运转。

在贫困治理政策的嵌入过程中，无论是基层政权还是农民群体都是在国家政策、标准的框架内选择行动的策略，基层政权的政策变通是在国家扶贫政策的范围内进行理性选择；而村民在与基层政权进行博弈的过程中，也尽量在政策规定的"合理"框架内，尽量坚持"踩线但不越线"的策略。在这种低制度化均衡的博弈场域中，各利益主体对政策博弈都无法取得主导地位，农村精准扶贫容易陷入非均衡性治理的悖论之中，对乡村治理产生了很大的影响。在扶贫标准有限的约束力框架内，基层政权与农民之间的关系呈现一种情境性的形态，这种关系的建构尽管可以保障农村精准扶贫政策的落地，但基层政权与农民的关系随着情境的转换很容易陷入重复博弈的格局，进一步降低了扶贫标准的执行力。

二、基层政权与上级政府之间的选择性均衡

在中国行政管理体制中，乡镇政府位于国家治理体系的末端，面对治理资源严重不足的困境，作为行政体制中的"弱势组织"必须"保质保量"完成上级政府交代的任务。特别是在贫困治理这一场域，乡镇政府面临上级政府巨大的功能诉求与乡镇政府自身弱小的治理能力的失衡，通过选择性治理的方式来应对上级政府标准化的考核体系，达到与上级政府博弈的情境性均衡的格局。在"选择性均衡"这一治理场域，国家试图运用标准化的治理机制来约束基层政权的行为空间，进而建构清晰化、规则化的乡村治理体系，但国家政策自上而下嵌入过程中遭遇了乡村社会关系的反嵌，基层政权通过强约束下的变通较为有效地保障了两个治理场域的均衡：由于标准化的考核机制与基层政权的变通削弱了制度权威，产生了正式制度软约束现象，为非正式治理及策略性变通提供了治理情境，由此为标准化的政府治理体系与模糊性、非规则化的乡村社会的情境性均衡提供了机制。

在目标任务逐级向下发包以及官员向上负责的政策执行情境之中，位于公共政策执行链条上层的上级政府，在政策制定层面具有较强的政策制定权，掌握了下级政府的政策执行的解释权；而处于中间政府的管理者，在政策转换过程中开始对上级政府的政策进行一定程度的扭曲或者变样；而处于政策执行底端的街头官僚则在上级政府的意图中进行选择性的执行。[1] 在我国公共政策执行链条的再生产过程中，处于政策链条底端的基层干部在实践中拥有一定的自由裁量权空间，但在执行自由裁量权的过程中却与西方有很大的不同，基层干部在政策执行情境中具有政策解码及再编码的能力。在政策执行情境中具有政策解码及编码的功能。考核与整改作为上级政府保障基层政权有效执行扶贫政策、提升贫困治理标准化水平的重要手段，也是基层政权与

---

[1] 朱亚鹏，刘云香. 制度环境、自由裁量权与中国社会政策执行：以C市城市低保政策执行为例 [J]. 中山大学学报（社会科学版），2014，54（6）：159-168.

<<< 第五章 选择性均衡：贫困治理场域关系情境的演绎

上级政府博弈的重要场域。为保障基层政权有效执行农村精准扶贫政策，中央政府自上而下实施了"两个机制"（扶贫责任督查考评机制、扶贫资金统筹整合机制）和"四大行动"（"春季行动""夏季攻势""秋季突围"和"冬季总攻"行动），试图通过"扶贫运动"来加强扶贫政策的执行。标准化作为上级政府的一种"控制"机制，是推动贫困治理体系有效运转的媒介，但贫困治理体系在现实运作过程中，基层政权尚未生成一种"自觉"的制度体系，国家仍然需要依靠各类考核及监督机制来达到一种情境性的均衡。

督查作为上级党政机关对下级党政机关委托的任务进行行政动员的一种机制，通过核查及问责的方式来提升下级机关的工作效率并保障政策在基层社会得到常态化执行，在实践中是常态化治理与运动式治理结合的一种表现，它在组织行为情境中具有绩效评估的功能，保障上级机关的政策在基层治理得到按部就班的执行，进而提升政策执行的可预期性。[1] 在标准化治理体系的运作过程中，督查作为一种重要的运作机制，在贫困治理场域发挥着重要的动员作用。区委、区政府为保障 N 区各个乡镇有效执行精准扶贫的政策，要求乡镇政府准确定位和理解"动态平衡"问题，正确处理好进与出的关系问题，要把"贫中之贫、困中之困、坚中之坚、难中之难"识别进去，不能出现漏评，扶贫干部要加强对今年预脱贫贫困户的思想工作，确保贫困户在省第三方评估组入户调查和电话抽查时回答好问题。省级评估组在 L 乡核查 2014 年度 54 户贫困户的脱贫情况时，发现其中 2 户经核查实际上未脱贫，不合格率为 3.7%；核查 2015 年度 116 户贫困户，发现其中 2 户经核查实际上未脱贫，不合格率为 1.7%。根据 J 省 2018 年贫困人口脱贫的相关政策，贫困人口退出以户为单位，主要衡量标准是贫困户年人均纯收入稳定超过国家扶贫标准（3146 元）且达到"两不愁三保障"（不愁吃、不愁穿、义务教育、基本医疗、住房安全有保障），要求省第三方评估的合格率务必达到 100%，出现不合格的情况将追究相关人员责任。在标准化考核的情境下，基层政权也根据标准化的考核流程制定了相应的应对策略，特别是第三方评估组在入户调查之前，L 乡扶贫办一般都会提前制定入户调查贫困户回答模式样表（表 5-2），扶贫干部与贫困户根据模板提前演练，确保第三方评估组入户调查不会出现任何问题。

---

[1] 李声宇，祁凡骅. 督查何以发生：一个组织学的分析框架［J］. 北京行政学院学报，2018（4）：53-62.

表 5-2　L 乡应对省第三方评估入户调查贫困户回答模式样表①

L 乡应对省第三方评估入户调查贫困户回答模式样表
1. 第一书记名字？会经常来你家吗？满意吗？（×号，经常来，很热情）
2. 会打扶贫干部的电话吗？（会，经常打）
3. 有没有生病住院？（很少）
4. 有没有农村医疗保险？（买了）
5. 需不需要吃什么药？（不用）
6. 有没有患过大病？（没有）
7. 拿到了医疗补助没？（有，本子上记了）
8. 低保一个月补多少？（扶贫办帮答低保政策）
9. 您一个月能领多少钱？（一个季度 2100）
10. 您这个房子是土坯房改造吗？（是）
11. 哪一年建的，几层，面积多大，有没有享受危房改造补助，一共花了多少钱？（2015 年建的，两层半，政府补了 2 万，其他是小孩给的钱）
12. 建房具体花了多少钱？（干部引导估算）
13. 建房有没有欠债？（小孩建的）
14. 您的扶贫干部是谁，叫什么名字？（房管局的×号）
15. 她经常来你家吗？（来）
16. 她都来做什么？（问我身体情况，帮助我）
17. 您有没有她的电话？（有）
18. 您儿子每个月挣多少钱？（儿子每个月 3000，儿媳妇 4000 左右）
19. 他会寄钱给你吗？（会，一个月寄 1000 左右）
20. 在哪个地方打工？（广东，具体哪里我也不知道）
21. 在做什么？（做衣服）
22. 您家种水稻了吗？（不种）
23. 那您会养点什么吗？（不养，在带小孩读书）
24. 那您家里的地是转给别人种了吗，一年租金多少？（拿给别人种了，不要钱）
25. 您有多少地给别人种了？（2 亩）

在 2018 年 12 月，为确保顺利完成第三方评估的验收工作，N 区聘请了第三方评估团队对各个乡镇的脱贫成效进行评估。L 乡根据省评估调查队下村入户分组安排，按照"一对一"的要求安排"精明强干"的工作人员作为评估团队进入村庄，每个调查组配备 1 名信息员、1 名方言翻译，村里配备 1 名带路人，并建立评估信息综合处置微信工作群。评估组在确定抽查的村庄以后，根据"L 乡 XX 村应急队伍全覆盖贫困户安排表"中的分工，乡镇干部与

---

① 资料来源于 L 乡脱贫攻坚资料库。

村干部、扶贫干部立刻将在县城境内且配合工作的贫困户接回家中,确保有足够的贫困户在家。根据"L乡XX村应急队伍全覆盖贫困户安排表",对全村所有贫困户进行入户调查,查看相关资料,进行访谈准备工作,确保资料齐全、访谈过关。在评估组抽取名单后,扶贫干部根据《L乡XX村应急队伍全覆盖贫困户安排表》再次做好资料、访谈工作,协助被抽查贫困户打扫好家庭环境卫生。带路人跟随评估组进入评估现场以后,在对贫困户的回答进行翻译的过程中,对现场反馈信息进行及时收集、综合研判、全面佐证。信息员和方言翻译员在调查一线发现的问题,要第一时间通过微信群反馈到指挥部,指挥部按照职能分工立即将问题反馈到乡镇和相关行业扶贫部门,立即启动佐证程序,确保疑似问题第一时间发现、佐证材料第一时间到位、整改措施第一时间落实。尽管贫困治理标准化的制度约束及标准考核贯穿贫困治理的全过程,基层政权没有抵制国家政策标准的权利,但在实践过程中通过正式制度的非正式运作,基层政权在完成基本考核标准的前提下,可以根据特定的情境与上级政府进行博弈,这能够在街头空间这一治理场域对上级政府的督查进行有效规避,进而软化标准化的制度考核压力。

因此,在贫困治理这一场域,尽管上级政府通过标准化、指标化的制度体系的建构促使基层政权迅速组织动员,在有限的时间内完成上级政府规定的扶贫任务,但在实际的执行过程中,贫困治理标准化的制度体系遭遇了地方化的实践性转换。尽管上级政府(特别是中央政府)掌握了博弈的主导权,但基层政权与上级政府之间的博弈仍然出现了一种情境性的均衡状态,从而无法真正依托标准化、制度化的制度体系形成一种制度化、常态化的博弈关系。由于贫困治理的制度体系无法形成制度化的信任关系,国家、基层政权与农民在街头博弈这一场域空间呈现一种情境性、不确定性的博弈关系。

第三节 本章小结

空间作为社会再生产的载体与社会关系的表征,也是社会关系再生产的载体。空间在推动社会再生产的过程中也建构了社会的关系结构,而空间作为一种社会行为系统中一个核心的要素,它塑造了人类的思维与观念,并由此影响了人类的行为实践。① 在标准化与乡土性之间行动的基层政权与农民，都试图通过各种方式来证明自己的行为及诉求的合法性，扶贫标准在街头空间的话语建构中作为行动的重要媒介，各个治理主体通过选择性地挪用扶贫标准来争夺贫困治理这一街头空间话语的主导权。在精准扶贫政策执行的关系情境中，在标准化的制度约束、治理资源匮乏以及民众多元利益诉求的背景下，基层政权通过自身自由裁量权进行情境性的街头博弈，公共政策执行的目标并不是完全为了实现政策文本上的目标秩序，而是在街头情境的转换中，根据不同的时空情境面对不同的治理对象采取不同的策略，进而实现街头博弈的情境性均衡。在这种背景下，乡村治理结构开始呈现新的特性：一方面，基层政权与农民的关系发生变化，选择性均衡成为贫困治理场域中政府与农民互动的新形态，情境性均衡成为贫困治理场域下乡村治理结构的典型特性；另一方面，基层政权与上级政府之间的关系也并非一种制度化的均衡关系，情境性的均衡也成为基层政权与上级政府博弈关系的表征。

乡村治理秩序的形成与制度化运行，依赖于各个治理主体之间力量及行动策略的平衡，力量的失衡将导致基层治理的失序以及非正常博弈的持续存在。标准化、规范化的制度嵌入尽管对基层干部的日常治理行为进行了强约束，但并未真正促使基层干部的行为理性完全向科层理性转换。在乡村治理这一场域，一方面国家通过发挥乡村地方性规则的治理功能，通过地方性治理来实现乡村治理的有效运转；另一方面又不断推进公共规则的下乡，在乡村社会不断形成一套标准化、规范化的制度体系，并试图让正式规则在乡村社会占据主导地位，正式制度与非正式制度的耦合形态，形塑了贫困治理场域中各个治理主体之间的关系情境。在这种背景下，基层政治因为日益缺乏一种文化正当性的支撑而显现出某种赤裸裸的利益争斗的喧嚣与嘈杂，基层政府、村级组织、示弱与蛮横的农民在这一喧嚣与嘈杂的场域中基于自我考量，以各自所能调到的资源与手段展开了或明或暗的较量，在这些较量中，各方都以调用非正式化的权力技术作为最显著的特色。② 在贫困治理这一场域，标准化是各个治理主体行动的外在约束空间，但这种标准化的制度体系

---

① 韩志明. 街头官僚的空间阐释：基于工作界面的比较分析 [J]. 武汉大学学报（哲学社会科学版），2010, 63 (4)：583-591.
② 吴毅. 小镇喧嚣：一个乡镇政治运作的演绎与阐释 [M]. 北京：生活·读书·新知三联书店，2018：511.

在实践过程中只能在宏观层面约束基层政权和村民的行为，在实际的博弈过程中，扶贫标准在实践中只作为基层治理的一种媒介，无论是基层政权、贫困户还是非贫困户群体，都没有将扶贫标准作为行动的准则，而是根据情境的转换来选择是否遵循标准化的规则体系。

从国家政策设计层面来说，扶贫标准本来是贫困治理的一种媒介，但在实际运行过程中标准本身也成为治理的对象。因为各个治理主体在贫困治理的实践过程中，对标准化的正式规则与乡土性的非正式规则进行有选择性的挪用，贫困治理过程蕴含着多重合法性，各个治理主体在实践过程中拥有对扶贫标准进行解构及再建构的空间，标准化正式制度与乡土性的非正式制度的纠葛，导致贫困治理过程中各个治理主体围绕特定贫困治理情境进行博弈。在贫困治理关系情境这一街头空间中，国家正式制度与乡村社会非正式规则作为这一空间场域的两种话语，在实际的博弈过程中，基层政权与农民选取何种规则作为博弈的媒介，则取决于哪种规则更契合自我利益的实现，在不同的情境中选择不同的话语作为自我行动的基础。

第六章

嵌入与调适：贫困治理情境转换的路径和结构再生产

贫困治理情境作为治理主体、治理规则及治理资源综合作用的结果，它不仅决定了贫困治理政策执行形态，同时也推动了乡村治理结构的转换。前文分别从"制度—行为—关系"的三维视角下，分析了贫困治理场域的三维情境，即制度情境、行为情境及关系情境的实践形态。在贫困治理情境的路径转换过程中，在特定制度情境中行动的各个治理主体对贫困治理制度的行为选择情况，标准化的制度体系在嵌入乡村社会过程中是如何实践的，特别是基层政权与农民对扶贫资源下乡是如何调试的，直接建构了贫困治理情境中的乡村治理结构。本章则在总结前文的基础上，从乡村治理结构的视野探讨贫困治理情境转换的逻辑与治理效能，透视贫困治理情境中的乡村治理结构，进而为贫困治理情境中国家自主性的分析提供前提基础。在贫困治理的三维情境中，标准化、自由裁量及街头博弈是贫困治理情境转换的重要机制，同时也是乡村治理结构的三重影响因素。基于此，本章将对贫困治理的情境结构进行分析，进而阐述贫困治理情境转换的逻辑，以此来透视贫困治理情境中的乡村治理结构。

第一节　嵌入与调适：
贫困治理情境的多元类型和实践面向

在贫困治理情境的运行过程中，情境、情境定义以及行动作为三位一体的要素，三者不仅是贫困治理情境再生产的重要机制，同时也是影响贫困治理情境运行的三维要素。也就是说，情境约束、情境理性以及情境博弈作为基层治理情境的三重运行机制，规则化的治理情境的建构和非规则化情境性行为,作为贫困治理情境的结构要素及双重矛盾,治理主体之间的情境博弈推动了贫困治理情境的转换,三者的调适与耦合直接形塑了贫困治理情境的实践形态。

一、制度、行为与关系:贫困治理情境的多元类型

在贫困治理情境这一分析框架下,贫困治理情境内部各个要素的互动关系,对治理情境的维系与转换发挥着十分重要的作用。在贫困治理情境的结构中,标准化、自由裁量权及街头博弈作为贫困治理情境转换的三维要素,不仅推动了贫困治理的制度情境、行为情境及关系情境转换(见表6-1),同时也塑造了贫困治理场域的乡村治理结构。

表6-1 L乡贫困治理情境的多元类型及其结构

情境类型	情境要素	情境逻辑	情境指涉	情境效果
制度情境	标准化	行为控制	规则延伸	政策嵌入
行为情境	自由裁量权	强约束下的变通	规则生成	目标的变通性执行
关系情境	街头博弈	选择性均衡	规则融通	情境性均衡

在贫困治理情境的实践过程中,国家为有效实现贫困治理的政策目标,在制度设计层面对政策制定者、实施者及目标对象的行动都进行了制度性约束,但贫困治理的实践路径则取决于贫困治理的现实情境:制度情境、行为情境及关系情境。在不同类型的治理情境下,贫困治理的政策实践呈现不同的面向,由此组成了贫困治理的情境结构。值得注意的是,这三种情境在现实中是相互交织的,尽管在贫困治理的过程中具有一定的转换顺序,但在实践中无法真正将其割裂。本书出于分析的需要,将其作为贫困治理情境转换的三种类型。从乡村治理的角度来审视农村精准扶贫的情境转换,它主要包括制度、行为与关系三方面:首先,作为公共政策制定过程中的制度情境,它是国家意志的现实表达,同时也是保障国家意志得以实施的载体;其次,它是公共政策执行过程中的行为情境,也就是基层政权是完全按照国家意志行动,还是在农村精准扶贫实践过程中保持相对独立性;最后,它是各个政策执行过程中的关系情境,也就是公共政策实施的最终效果,即精准扶贫场

域下各个治理主体之间互动关系的演绎形态。通过对 L 乡贫困治理政策实践过程的研究发现，贫困治理在经历了制度情境、行为情境及关系情境的转换之后，贫困治理体系及治理效能也在这种情境转换过程中呈现不同的面向，进而形成了精准扶贫场域下贫困治理情境的多元类型。

（一）标准化：贫困治理制度情境的规则嵌入

制度情境的规则嵌入是制度情境中的行动者为实现自我目的而进行实践的表征，规则嵌入的形式代表了制度情境制度化的程度，制度情境对行动者具有规约和引导的作用。制度与行为情境之间的有效衔接及转换，需要一些重要的制度传递者和制度机制，基层扶贫干部和村民在其中发挥了特别重要的作用。[1] 在实际的运行过程中，贫困治理情境的制度嵌入主要包括两个层面：一是"执行性制度"，即公共政策嵌入过程本身所依赖的制度结构，它们为公共政策的执行提供了相关的行动资源，进而为科层理性的有效运行提供制度体系；二是"背景性制度"，即公共政策领域及其相关领域已形成的规范制度，这些制度对政策所要达成的目标产生着规范与激励作用，同时也约束了政策执行过程中各个治理主体之间的行为选择。[2] 基层政权作为贫困治理政策执行的"中转站"和"加工厂"，"执行性制度"与"背景性制度"作为精准扶贫政策执行的双重制度空间，二者共同塑造了基层政权政策执行的目标及行为建构的情境。

为破除我国国家治理"一统体制与有效治理"的悖论，国家在贫困治理制度情境这一场域通过标准化制度体系的建构，实现了贫困治理制度情境的规则嵌入。国家为保障精准扶贫政策能够在基层得到有效执行，提升贫困治理的效能，在规则层面制定了公开且明晰的政策标准，企图在统一的政策规则范围内明确基层政权的治理权责，由此约束公共政策执行者的行为空间，通过规则嵌入来调节错综复杂的社会关系，有效降低国家治理的成本。标准化作为国家治理体系和治理能力现代化的一项基础性制度，它不仅是推动国家治理体系有效运转的重要机制，还是提升国家治理效能的重要媒介。标准化的过程有利于实现最佳社会效益和重构社会秩序，将标准化的思维和方法

---

[1] 王杨. 社会组织参与精准扶贫的制度化逻辑：基于制度—关系—行为框架 [J]. 宏观经济研究，2018（12）：123-132.

[2] 吴小建，王家峰. 政策执行的制度背景：规则嵌入与激励相容 [J]. 学术界，2011（12）：125-134，286.

嵌入贫困治理情境中，也有利于优化贫困治理体系并提升贫困治理能力，规范农村精准扶贫的政策执行空间。

在贫困治理的制度情境这一场域，标准化作为情境形态建构的重要影响因子，内含国家试图通过规则延伸的情境指涉，通过制度规则来建构基层治理的控制权，进而实现国家贫困治理的政策目标。在贫困治理标准化的制度体系建构中，控制的话语是国家规则延伸的重要目的，代表了国家对乡村社会一种规则化治理的尝试。"无规矩不成方圆"是标准化对于国家治理功能的最好表达。标准是国家治理的一个重要工具，扶贫标准的制定、执行都体现了制度规范的逻辑，国家通过在贫困治理相关领域制定相应的标准或者详细指标测量治理主体与客体之间的关系，进而保障国家公共政策得到贯彻与执行，使国家意志在基层社会得到有效执行。国家通过标准化制度体系的嵌入，建构了贫困治理政策实践的制度空间，由此来达到约束基层政权与农民日常行为的目标，进而通过建构贫困治理的情境定义来实现规则化的"控制权"。

（二）自由裁量权：贫困治理行为情境的"规则生成"

标准化的制度体系限定了贫困治理的情境定义，同时也限制了基层干部的角色行为，为贫困治理体系的运行建构了一个制度化的空间。但贫困治理的情境定义绝非完全外在制度环境塑造的产物，行动者在角色建构中并非完全遵循客观的或既定的制度框架，他们在实践过程中也在改变着情境定义。基层扶贫干部的地位和角色获得呈现一定的结构性安排，角色的实践情境包括了结构性的情境塑造和自身主体性的情境定义。[1] 从制度情境向行为情境的转换过程，是制度情境中的规则被基层政权认可并接受的过程，基层治理的主体（特别是基层扶贫干部）在规则嵌入的过程中扮演着国家政策的"祛魅化"和"在地化"角色，通过自由裁量权的运用来推动贫困治理过程中的"规则生成"。

在基层治理的政策执行过程中，乡村社会具有很强的不规律性，基层政权在面对一个个具体事件的过程中，标准化的规则体系无法将社会事实全部纳入，无法给予基层政权详尽的指导，基层政权在标准化的规则体系下也就拥有了处理社会事务的自由性，无论是在选择顾客层面，还是在日常治理的

---

[1] 袁方成，邓涛．从期待到实践：社区社会组织的角色逻辑：一个"结构—过程"的情境分析框架［J］．河南大学学报（社会科学版），2018，58（4）：15-23．

方式及手段层面，都具有很强的自主性。① 对于在农村精准扶贫场域中实际生成的运行规则，国家自上而下嵌入的标准化制度体系无疑发挥了十分重要的作用，但在现实实践过程中，非正式的治理规则仍然发挥着十分重要的作用。在贫困治理行为情境这一场域，基层政权通过自由裁量权在政策强约束下进行变通，对国家政策标准进行再编码，实现了贫困治理的"规则生成"。在"脱贫锦标赛"这一指挥棒的引导下，为实现脱贫摘帽这一战略目标，选择性治理成为基层政权在精准扶贫这一场域的理性选择。在这种背景下，贫困治理实际运行的规则是一种包括正式制度与非正式制度的综合体，基层政权尽管总体上是在国家颁布的正式规则范畴内行动，但强约束下的变通成为贫困治理实践的现实面向。在规则嵌入的过程中，基层政权通过将国家的正式制度和扶贫标准进行"祛魅化"，以此将国家的正式制度与乡村社会对接，打通国家与基层社会的梗塞与路径，进而生成实际运行中的治理规则。

（三）街头博弈：贫困治理关系情境的"规则融通"

中国乡村社会作为一个开放性与封闭性并存的场域，由于地方性知识对国家权力的反嵌，国家制度体系在自上而下嵌入的过程中，政策执行的实践形态往往会与制度文本中的政策目标及理论假设相偏离。从理论上来说，通过建构农村精准扶贫无缝隙对接机制，有利于实现标准化治理体系的常态化运行。"但文本形态的国家政策在进入基层成为实践形态的政策时，会按照多样化的逻辑进行运转，最终的政策结果往往并不取决于当初政策制定时的理论预设和良好的愿望，而取决于这种逻辑在实践过程中对政策的修正程度，取决于实践本身。"② 在贫困治理关系情境这一场域，基层政权对国家嵌入的标准化制度体系的情境性变通导致扶贫标准在实践过程中成为一种情境性博弈的媒介，特别是伴随着贫困治理的受众对象——农民开始参与到贫困治理情境的建构及转换过程，基层政权、农民与国家在街头空间进行多向度的博弈，并呈现出一种情境性均衡的关系形态。

在贫困治理关系情境这一场域，贫困治理的正式规则体系在实践过程中更缺乏约束力，各个治理主体通过对扶贫标准的选择性挪用，形塑了贫困治

---

① 韩志明. 街头官僚的空间阐释：基于工作界面的比较分析 [J]. 武汉大学学报（哲学社会科学版），2010，63（4）：583-591.

② 刘岳，宋棠. 国家政策在农村实践过程理解社会学 [J]. 昆明：云南出版集团公司，2006：29.

理场域"规则融通"的非均衡博弈。基层治理是一个权变且不稳定的过程，国家公共政策在基层实践的过程中，各个治理主体之间的角逐与博弈导致在基层实践过程中国家政策目标与规则被反复修改及再阐释。正如青木昌彦看来，"制度是关于博弈如何进行共有信念的一个自我维系，制度的本质是对均衡博弈路径显著和固定特征的一种浓缩性表征，该表征被相关领域几乎所有人所感知，认为是与他们策略决策相关的"①。街头博弈作为一种社会关系的表征，国家政策在基层实践的形态也就不是一种文本上的应然规定，而是在解构与重构过程中进行博弈与调和的结果。特别是乡村社会存在大量非正式的乡村规则，标准化的规则体系在嵌入乡村社会的过程中，在具体的治理情境中会呈现不同的规则效力，地方性规范与国家正式制度体系在贫困治理村庄实践过程中开始"融通"，进而形成基层治理过程中"规则融通"的多元面孔。在"规则融通"的情境中，国家制定的正式规则开始在落地的过程被多元性的、分散的规则所替代，最终实现了规则体系的再生产。在这种规则再生产的过程中，规则细化的标准与自由裁量权之间存在手段与目标潜在的紧张关系，基层政权通过自由裁量权对标准化的规则体系进行修改及再阐释，同时目标群众也通过情境化的博弈机制参与到贫困治理的实践过程中，规则体系的编码与解码进一步导致了基层治理关系情境的多元性与情境性。

二、规则软化：贫困治理情境转换的实践面向

在标准化与乡土性共存的贫困治理场域，国家试图通过标准化的制度体系来重构乡村治理情境，国家政策在基层政权的自由裁量权与乡村社会反嵌的背景下，贫困治理在政策实践过程中面临结构脱耦的困境。但基层政权通过自由裁量权使国家标准化的政策在乡村社会得到转化，国家标准化的治理体系与非规则性的乡土社会得到有效连接，由此实现国家贫困治理情境的衔接与结构的再嵌入。通过对贫困治理情境转换过程的研究发现，贫困治理政策执行是由各种网络体系相互交织的治理情境组成的，治理主体之间的策略性互动形塑了贫困治理的结构。制度情境、行为情境及关系情境相互嵌入和交织，这三种情境既容纳在贫困治理体系内部，又与乡村治理其他场域镶嵌，三种情境在转换过程中推动了贫困治理规则体系的互动与耦合。首先，贫困

---

① 青木昌彦．比较制度分析［M］．周黎安，译．上海：上海远东出版社，2001：28．

治理的制度情境伴随着治理情境的转换发生变化，标准化的制度体系随着行动者观念和行为策略的变化，制度情境的约束力发生改变；其次，贫困治理行为情境在受到制度情境制约的同时，行为的建构与选择又进一步导致了贫困治理情境结构的变化，使贫困治理制度情境发生转换；最后，关系情境作为制度情境和行为情境的延续，贫困治理主体在互动中又进一步推动了贫困治理情境结构和目标的改变，进而在互动之中实现了贫困治理情境结构的再平衡。也就是说，在贫困治理情境的结构转换过程中，它包括三个相互联系的微场域：制度、行为与关系共同形塑了贫困治理情境的结构，构成了贫困治理的政策实践图景，贫困治理的规则体系也在这种实践图景过程中呈现不同的面向，规则软化成为贫困治理情境转换的实践面向。

在贫困治理情境的转换过程中，制度情境、行为情境及关系情境分别对应着规则嵌入、行为变通与街头博弈的情境指涉与效果。规则嵌入主要通过标准化的制度体系嵌入机制来实现，行为变通依托自由裁量权的"正式权力的非正式运作"机制来实现；而街头博弈则通过情境性的关系建构来实现。通过贫困治理的制度情境、行为情境及关系情境的转换，贫困治理的制度情境经历了从"规则延伸""规则生成"到"规则融通"的嵌入和耦合，贫困治理的实践过程在整合国家正式制度的目标诉求和乡村社会的多元利益诉求的同时，导致了国家政策在基层实践过程中路径的偏离。贫困治理的制度情境、行为情境及关系情境这三种类型，在实际运行中遵循着不同的运作机制：制度情境代表了治理情境的规则塑造，是基层治理情境运行的宏观层面；行为情境体现了规则在基层执行的情况，是基层治理情境运行的中观层面；而关系情境体现了规则执行的结果，是基层治理情境的微观层面。也就是说，在基层治理的情境转换过程中，制度情境、行为情境及关系情境包含了三个方面的经验指涉："规则延伸""规则生成"与"规则融通"。规则延伸，它是国家正式制度体系向乡村社会的延伸，是在国家治理体系的宏观框架下正式化的规则治理机制；规则生成，则是指在实际执行过程中规则系统的实践形态，它代表了国家正式的规则体系的变通，进而通过规则嵌入来实现"选择性亲和"；而规则融通，它是指统一性规则体系在处理多元化、个体化的社会实践过程中，规则体系具有融通性的特征，它是连接国家正式规则体系与乡村社会多元规则体系之间互动的媒介，是统一性与个体性的结合体。[①] 规则体系在政策实践过程中的多元化转换，使基层治理的制度情境、行为情境及关系情境得到黏结，进而保障了基层治理情境的有效运行。扶贫标准在自上而下的嵌入过程中经过了"规则嵌入""规则生成"及"规则融通"等情境的转换，政策执行主体是一个分化的且具有不同利益诉求的组织体系，各个治理主体在博弈过程中推动了贫困治理路径的转换，"规则软化"成为贫困治理情境转换的实践面向，政策制定的原先目标最后被置换为一个妥协性的方案。

在贫困治理规则体系的运转过程中，中央政府是首要制度供应者；基层政权作为制度传递及落实者，通过自由裁量权的运用在某种程度上充当了制度供应者的角色；而贫困户作为制度和规则的受众群体，通过自身的实践促进了制度与规则体系的再生产。贫困治理的情境转换和规则体系的软化，是情境布置的不完善（制度体系的兼容性不足）、治理情境的定义存在偏差以及不均衡的博弈关系共同导致的。在 L 乡精准扶贫的政策实践过程中，由于正式制度与非正式制度在价值和权威上的异化，贫困治理情境的转换出现了规则替代的现象：在行为情境的建构过程中，基层扶贫干部对国家自上而下嵌入的规则进行替代；在关系情境的演绎过程中，实际运行的贫困治理规则体系再度发生规则替代现象。由于贫困治理规则在治理情境转换过程中的制度逆变，农村精准扶贫的制度体系无法生成稳定的、具有共享意义的规则体系，导致了贫困治理规则话语权威的不足，进而导致了贫困治理情境转换过程中规则的软化以及治理效能的递减。

第二节 在简约式与规则化之间：贫困治理情境结构的再生产

在传统的行动与结构理论看来，社会结构作为与个体能动性相对的、制约行动的外在条件的总和，是一组有组织的社会关系系统，社会结构是社会

[①] 谢小芹."选择性亲和"："规则延伸""规则融通"和"规则生成"——基于宜昌市基层治理的经验调查 [J]. 厦门大学法律评论，2014（1）：168-181.

诸要素组成的特定关系。① 在吉登斯看来,"社会系统是由行动者或者集体穿越时间和空间而反复再生产出来的关系模式所组成,而结构作为社会系统的生产与再生产的媒介,是由作为社会系统的特性组织起来的规则与资源构成"②。在吉登斯的"结构化"理论之中,权力、资源及实践作为三种重要变量,也是结构化再生产的重要因子。农村精准扶贫政策执行的情境转换一方面代表了贫困治理在实践过程中是如何运作的,另一方面也形塑了贫困治理场域的乡村治理结构。

农村精准扶贫政策执行是国家与社会共同行动的场域,标准化作为农村精准扶贫的一种制度性建构,既是以一种技术治理的范式呈现,又是一种规则化治理的机制。乡村治理结构是指各个治理主体在各自权责范围基础上的行为模式及相互之间的关系形态。③ 乡村治理多元主体作为社会系统再生产的行动者,既需要服从社会结构的制度安排,又要在这一场域中保持相对自主性,进而推动贫困治理情境的结构化再生产。通过对 L 乡贫困治理情境转换路径研究发现,贫困治理规则体系在实践过程中进行情境转换,乡村治理体系在现代化转型的过程中面临诸多纠葛,乡村治理的结构再生产呈现一种介于"简约式"与"规则化"之间的范式。

一、规则化治理:基层治理现代化的发展方向

"书同文、车同轨"是我国标准化治理的重要实践。在传统国家、现代国家转型的过程中,国家治理的标准化及规范化是现代国家建构的一条重要主线。在孔飞力看来,传统中国官僚君主体制的权力结构具有明显的二重性:常规权力与专制权力。④ 常规权力就是制度化的权力,也就是官僚机构根据"官僚制"进行常态化治理的权力;专制权力是皇权专制君主超越官僚的权力。在韦伯看来,传统中国帝制体系的有效运转,核心是文人士大夫阶层对传统儒家经典文士的吸收与改造,建构了在封建帝制基础上以伦理和哲思为

---

① 董伟玮. 秩序视角下的街头官僚行动研究 [D]. 长春:吉林大学,2017.
② 吉登斯. 历史唯物主义的当代批判:权力、财产与国家 [M]. 郭忠华,译. 上海:上海译文出版社,2010:25.
③ 马宝成. 乡村治理结构与治理绩效研究 [J]. 马克思主义与现实,2005(2):41-47.
④ 孔飞力. 叫魂:1768 年中国妖术的大恐慌 [M]. 陈兼,刘旭,译. 上海:上海三联书店,1999:226.

代表的行政艺术,而铸币、度量衡、税收、土地登记、军事管理、户籍等标准化的治理技术则相对落后,导致传统国家治理体系无法改变效能较低的格局,国家治理体系无法向精细化转型。[1] 在进入现代化进程之后,传统中国权力结构的基础已经发生结构性转换,但国家治理体系也存在两种权力结构并行运行的状态:常规化治理与运动式治理。

标准化不仅作为一种现代国家治理机制而存在,其本身也成为一种治理范式。自韦伯的"官僚制"理论提出以后,现代政府的运作日益强调科层化、理性化和规则化,官员所认可的是非人格化的规章制度,他们服从的是即事化的行为逻辑,在这种背景下,一种标准化的治理范式正式显现。官僚制的核心是作为组织机构和组织行为基础的规范制度,自上而下的约束机制与自下而上的保护机制都以规章制度为基础,官员在规章制度下谨慎行事,因为这些冷冰冰的规则给予了他们基本的保护和行为规范。[2] 韦伯的"官僚制"理论充分蕴含着标准化治理理论的韵味,是一种现代国家制度体系建构的机制。

自改革开放以来,尽管国家通过政策下乡能够相对有效地保持对乡村社会的整合,但在乡村社会日益开放的背景下,国家对乡村社会的控制能力不断被削弱,导致政府政策在执行过程中控制权不断被削弱。在国家与农民关系变迁的背景下,国家不断探索新的国家治理体系。特别是农村税费改革以后,伴随着国家与农民关系的结构性转换,在"行政吸纳政治"的理念下,中央政府通过法制下乡、规则下乡以及技术嵌入等机制,使标准化治理成为政府治理体系建构的重要方向。将政府治理体系的经营属性向服务型转变,同时在政府行政体系结构及政府行为模式等层面都做出了相应的变革,国家与社会的关系也在这种变革中得到重塑。[3] 在这种治理范式的转换中,标准化日益成为国家治理的重要机制,并由此重塑了国家治理体系。诚如荣敬本用压力型体制来概括当前基层治理的特性:"压力型体制是指一级政治组织(县、乡)为实现经济赶超,完成上级下达的各种指标而采取数量化任务分配

---

[1] 韦伯. 儒教与道教 [M]. 王容芬, 译. 北京: 商务印书馆, 1995: 47-59.
[2] 周雪光. 运动型治理机制:中国国家治理的制度逻辑再思考 [J]. 开放时代, 2012 (9): 105-125.
[3] 渠敬东, 周飞舟, 应星. 从总体支配到技术治理:基于中国30年改革经验的社会学分析 [J]. 中国社会科学, 2009 (6): 104-127, 207.

方式和物质化的评价体系。如经济增长指标、引资指标等；除了经济指标外，还下达社会政治指标，如安全事故指标、社会治安指标、上访人数指标等。根据指标完成的情况，进行经济、政治方面的奖惩。"① 压力型体制不仅存在于经济领域，整个政府管理与服务领域也存在这种情况，在这种压力型体制下，上级政府和部门通过各种指标的嵌入来加强对下级政府和部门过程与结果的控制，技术化治理逻辑下的标准化控制韵味不断凸显。为保障乡村治理体系的有效运转，上级政府首先确定自己的政策意图，在此基础上制定一系列理性化的规则来实现对政策目标及过程的控制，下级政府根据相应指标来具体执行相关政策。

在现代国家治理体系的建构过程中，随着经济社会的转型以及公共治理问题的日益突出，上级政府将大量行政任务通过委托代理的形式自上而下进行分配，然后由基层政权进行落实。在这种背景下，上级政府（特别是中央政府）加强了对基层政权日常治理行为的控制与监督，一种标准化的治理范式日益显现在政府治理体系内部。作为国家制度体系建设的重要组成部分，标准化已然成为现代国家治理体系的重要组成部分；而作为技术治理的机制，标准化为国家治理的精细化提供了手段。自近代以来，伴随着国家基层政权的建设，规则下乡成为国家权力向基层社会渗透的重要路径，规则化治理成为现代国家的重要治理范式。而农村精准扶贫作为乡村社会规则化治理的重要表现，是自近代以来规则下乡、机构下乡的延续，它是当前乡村社会治理结构转换背景下国家加强农村基层政权建设的一种表现。也就是说，标准化既是一种现代国家技术化治理的范式，也是一种制度体系构建的路径，它兼具技术与制度的双重特性。在贫困治理这一场域，依托标准化的规则体系、技术化的治理机制，精细化治理代表了基层治理现代化的发展方向。标准化治理是介于法律与社会规范之间的一种结构，由此生成了一种具有权威约束的规则体系。标准化、规范性的政府文件、扶贫标准对基层政权发挥着一种指导和约束功能，也就是规范上下级政府之间、政府与社会之间关系的纽带，标准化是贫困治理体系有效运作的重要媒介。

---

① 荣敬本. 变"零和博弈"为"双赢机制"：如何改变压力型体制 [J]. 人民论坛，2009（2）：28-29.

二、简约式治理：乡村治理的传统内核

在国家与社会关系及乡村治理模式的研究中，黄宗智构建了"国家—第三领域—社会"的理论框架："在国家和社会之间存在一个两方都参与、具有双重属性的第三领域，并且受到国家权力和乡村社会的双重影响而衍生出正式、半正式或非正式治理的问题。"① 在此基础上，黄宗智进一步提出"集权的简约治理"概念：县以下的行政通过准官员和纠纷解决机制进行治理的半正式的简约行政。② 在我国传统社会，农村社会的治理结构由两个相互补充的部分组成："其上是以中央政府权威为代表的自上而下的权力系统，其下是以地方权威为代表的地方管制性系统。"③ 在这种双重权力结构内部，国家不是通过强力直接嵌入乡村社会，而是存在一个上下衔接的领域，基层组织不仅拥有国家赋予的"合法性权力"，事实上还承担着乡村公共事务治理的职责。

尽管传统帝国时期并没有真正意义上的县级以下的基层政权组织，但传统士绅阶层和宗族事实上掌握了基层治理的话语权。传统士绅阶层这种模糊性的角色定位，作为联结国家与村社共同体的纽带，在传统儒家伦理道德体系的维系下，使农村治理体系得到相对有效运转。尽管士绅阶层不完全符合现代意义"街头官僚"的特性，但乡村治理更多地依靠这一阶层的裁决才能有效运转，传统士绅阶层在某种程度上通过对乡村社会的弱者进行保护，特别是在赈灾及维护村落共同体的运转等层面发挥了十分重要的作用。自新中国成立以后，伴随着社会主义体制的建立，"双轨政治"的格局开始发生变化，但随着农村基层政权组织在现实中开始发挥"纽带"作用，特别是基层干部仍然具有很强的"街头官僚"的特性，他们在国家与社会交融的场域行动，发挥着国家公共政策在地化及维护乡村社会秩序的功能。也就是说，传统的中国乡村社会治理的价值底色在乡村治理中的功能不断流失，尽管自近代以来国家政府系统不断加强对乡村社会的渗透，但以基层政治精英为代表的地方治理系统仍然发挥着十分重要的作用。

也就是说，在当前乡村社会仍然存在黄宗智所述的"第三领域"，尽管自

---

① 黄宗智.中国研究的范式问题讨论 [M]. 北京：社会科学文献出版社，2013：271.
② 黄宗智.集权的简约治理：中国以准官员和纠纷解决为主的半正式基层行政 [J]. 开放时代，2008（2）：10-29.
③ 张静.基层政权：乡村制度诸问题 [M]. 杭州：浙江人民出版社，2000：18.

近代以来国家通过国家基层政权建设加强了对乡村社会的介入，但乡村社会的半正式行政仍然存在，特别是基层政权（乡村两级组织）仍然需要通过正式权力的非正式运作来保障公共政策在基层社会的执行。作为国家与社会时空交融的"第三领域"，国家与社会的边界存在很大的模糊性，政府机构的组织体系与乡村社会的多元组织体系相互交融，国家治理在这一领域仍然呈现很大的不确定性。国家权力对于乡村社会的嵌入与运行需要相应的文化网络来支撑，如果国家权力片面地强调清晰性而忽视地方性知识，将会导致基层治理的失败。国家与社会不同的属性决定了二者存在一定的张力与合作关系，乡村治理场域中国家权力的嵌入和乡村社会的反嵌，要在政府回应和社会需求之间保持平衡，在国家权力的嵌入和乡村社会反嵌两种逻辑的转换与互动中推动农村治理体系的历史性变革。

在我国乡村社会，国家通过公共政策的嵌入来实现乡村社会的整合与治理，而基层干部作为国家在基层社会的代理人，是国家政策向乡村社会嵌入的中介，基层干部的行为形态直接影响了国家政策在乡村社会执行的效果。他们在国家与社会交融的场域中如何行动，将国家的宏观政策与地方性实践如何衔接，直接关系国家政策在乡村社会能否顺利落地。就简约式治理的内涵而言，它主要包括两个层面："一是治理主体机构的简约性，二是治理规则的简约性。"① 在简约式治理的实践过程中，基层政权的权力来源不仅包括自上而下的授权，同时还需要基层民众的认可，这种双重授权导致了基层政权角色定位的双重性：既需要完成上级政府交代的任务，又要担负社会自治的角色定位，官治与自治之间的体制性与制度性冲突是基层政权行动的场域空间。基层干部既是公共政策执行者，又是国家与社会这一交融场域中的行动者，由于受多重关系网络和行为场域的包裹与制约，导致他们不可能完全按照国家规定的目标和程序执行政策。在贫困治理制度的嵌入过程中，尽管标准化的正式制度具有很强的约束性，但在正式制度制定和嵌入的过程中，特别是在委托—代理体制下不同层级政府之间存在信息不一致的情况下，扶贫标准和规范在实施过程中需要进一步细化与具体化，另外由于上级政府对标准监控执行的成本较高，难以利用标准化机制对基层政权的行动进行有效约

---

① 狄金华，钟涨宝. 从主体到规则的转向：中国传统农村的基层治理研究 [J]. 社会学研究，2014, 29（5）：73-97, 242.

束，从而为贫困治理的政策变通提供了可能。

三、在简约式与规则化之间：贫困治理情境中的乡村治理结构

在乡村治理的制度安排中，包括三种典型的制度合法性话语："首先是空间性问题，即国家制度总体安排的复杂性与多元化的多重均衡；其次是历史性问题，即在空间均衡背景下的制度变迁与新制度适用的可能性问题；最后是非正式的符号系统问题，即制度系统中的习俗、惯例规范和社会资本等因素具有重要作用。"[①] 而乡村治理制度体系的有效运转，要求这三种合法性话语的耦合，一方面需要依托国家制度的稳定性与强制性，也就是"空间的均衡性"；另一方面也需要充分发挥乡村地方性知识的治理功能，也就是"符号的表征性"。但乡村治理是在制度变迁的实践中实现的，是一种历史变迁中国家正式制度与村落传统规范的动态性耦合，也就是"历史—空间—符号"制度谱系的动态性对称过程。在乡村治理体系的历史变迁过程中，国家基层组织、规则及权力等要素在不同的治理情境中以不同方式进行组合，导致了乡村治理结构与形态的不确定性。

由于治理情境的不确定性，贫困治理的制度规则体系也具有特定的时效性，它是对过去行动和经验的总结，同时也会对未来可能发生的情境进行规约。在贫困治理的政策实践过程中，贫困治理体系存在规则的刚性与基层政权行动的自主性张力，尽管贫困治理标准具有刚性的约束力，但基层政权无法应对乡村社会的多元情境。在贫困治理的多元价值结构中，由于基层政权的权力体系运作需要面对一个多元化的乡村社会，它并非传统帝国体制下以礼治为核心的社会形态，也并非建立在现代公共规则体系下的社会形态，而是传统社会与现代社会形态在特定情境下的综合。[②] 由于在规则化与乡土性兼具的乡村社会，贫困治理的运作体系存在一种结构性矛盾，在嵌入乡村社会的过程中，正式制度与非正式制度二者的张力不断凸显，导致正式制度的权威约束力被减弱。国家标准化的制度体系嵌入无法真正满足乡村社会多元化的需求谱系，标准化的话语表达在政策执行过程中无法有效关注多元化的制

[①] 杨磊，刘建平."混合地权"的制度分析及其实践逻辑：基于Z村村民小组的个案分析[J]. 社会，2015，35（2）：218-240.

[②] 陈锋. 连带式制衡：基层组织权力的运作机制[J]. 社会，2012，32（1）：104-125.

度环境，在很大程度上忽视了乡村社会系统和治理体系的复杂性。在标准化治理的情境建构中，在标准化的制度体系约束之下存在大量不标准的、非程序化与非制度化的治理行为，正式权力的非正式运作仍然是标准化治理的内核。国家贫困治理体系依托标准化的治理机制在进入乡村社会的过程中，由于乡村社会的不规则性导致了国家标准化治理体系的不适应性，标准化的逻辑与乡村社会模糊性的逻辑发生冲突，由此引发了基层政权的策略性变通：通过自由裁量权来保持政策的执行，带来了贫困治理情境转换的多元治理体系，即标准化的正式治理、变通式的半正式治理及非正式治理机制共存，三者共同构成了贫困治理情境转换的路径。由于贫困治理政策是在这种多元情境和场域中执行的，它嵌入这种多元情境的同时被多元规则约束，当政策执行的规则与情境目标相冲突时，地方情境就会借助地方性知识来推动政策执行主体改变实施的规则，进而使政策执行的标准与形式发生偏离。

在贫困治理情境的转换过程中，国家在试图依托标准化的制度和规则体系对乡村社会进行嵌入的过程中，遭遇了基层政权自由裁量权以及乡村社会非正式规则的反嵌，导致了国家标准化治理体系在嵌入基层社会过程中的结构性张力。在贫困治理的政策实践过程中，一方面，以制度化、技术化为表征的直接治理模式，因为制度体系本身的不完善导致了标准化的制度体系在实践过程中的逆变，技术化的监控和考核体系在实践中存在张力，导致了直接治理模式在运行过程中的制度乏力与技术失效，进而为半正式治理提供了空间；另一方面，基于乡土社会非正式关系网络与非正式规则为导向的间接治理，在乡村社会的转型与基层政权的自由裁量权的影响下，难以发挥稳定乡村社会秩序的功能，导致基层治理体系紊乱。而两种治理体系在实践中又难以有效均衡形成合力，在强约束的贫困治理情境中，为了应对自上而下的考核以及乡村社会的多元治理逻辑，由此生成了多重治理的结构。[①] 在贫困治理结构的转换过程中，贫困治理规则体系越是深入乡村基层社会，越缺乏制度约束力，标准化也越缺乏统一的权威。在贫困治理的情境转换中，标准化的制度体系与其他非正式规则一起发挥效用，标准化的制度体系也在这种简约式与规则化的结构中被变通。

---

① 吴高辉. 国家治理转变中的精准扶贫：中国农村扶贫资源分配的解释框架[J]. 公共管理学报, 2018, 15 (4): 113-124, 155.

基层政权的独特性在于它处于国家与社会之间的"第三领域",它既位列官僚体制的序列末梢,又处于一个自上而下的压力型体制,同时还要面对一个自上而下的乡土社会。① 基层政权所处的场域决定了基层治理并非完全的科层化治理,也并非乡土规则主导的治理体系。通过对 L 乡精准扶贫实践过程的研究发现,贫困治理场域所呈现的乡村治理结构并不是黄宗智所言的"简约式治理"模式,也不是现代国家意义上的标准化治理范式,而是两种体系相互耦合形成的一种结构。在当前精准扶贫场域中的乡村治理结构,仍然延续了乡村治理的历史传统,尽管国家试图通过标准化、规则化的治理范式来控制和改造社会,但"正式权力的非正式运作"仍然成为基层治理运作的重要面向。诚如吉登斯提出的"结构二重性"理论,在贫困治理情境的转换过程中,基层政权在实践中发挥了结构化再生产的作用,它一方面在某种程度上离间了国家的政策意图和治理目标,另一方面又通过自身实践使规则化治理体系与"简约式的治理体系"进行耦合与对接,进而推动了贫困治理情境的再生产。

也就是说,在贫困治理情境的结构化再生产过程中,贫困治理是嵌入特定的社会情境之中的,即标准化的制度体系场域和非正式的乡村社会。在这一场域中,贫困治理所建构的治理情境也变成一个动态的、多重博弈的情境场域,每个情境场域都有特定的运作系统。在贫困治理的多元情境结构中,基层治理并非完全按照标准化、科层化、规则化的治理体系进行运作,也并非集权简约式治理的形式,而是介于二者之间,标准化与规则化治理是其外壳及发展趋向,而简约式仍然是其内核。传统时期的集权简约式治理模式日趋瓦解,在国家基层政权建设的话语主导下,简约式的治理体系越来越缺乏合法性,其生存的土壤正在改变。但国家自上而下向乡村社会输入的规则体系却并没有占据主导权威,标准化、规则化的治理体系又在乡村社会面临多元张力,乡村治理面临规则话语失调的困境,乡村治理体系陷入无效化均衡的窠臼。当然,贫困治理体系的结构脱耦,体现了当前乡村治理"制度问题技术化"的倾向,这种治理倾向导致了国家政策在执行过程中的"变通",但这种变通并不是完全意义上对国家扶贫政策的扭曲,而是贫困治理政策得以在地化落实的体现。

---

① 欧阳静. 策略主义与维控型政权 [D]. 武汉:华中科技大学,2010.

第三节 本章小结

在农村精准扶贫这一场域，制度情境、行为情境与关系情境三者共同形塑了贫困治理情境结构，并影响了贫困治理政策在基层实践的面向。通过对贫困治理多元情境的研究发现，在贫困治理情境的转换过程中，情境约束、情境理性及街头博弈作为贫困治理情境的三重运行机制，规则化治理情境的建构及非规则化情境性行为，作为基层治理情境的结构要素与双重矛盾，在治理主体之间情境博弈的影响下，实现了基层治理过程中的规则延伸、规则生成及规则融通，三者的耦合与转换形塑了基层治理情境的实践路径。在贫困治理情境转换的过程中，国家正式规则体系实现了"地方化"的转换，"规则软化"也成为贫困治理情境转换的实践面向，标准化的制度体系在情境转换过程中也越来越缺乏约束力。

在贫困治理的情境转换中，各个治理主体在实际的博弈过程中，情境建构成为各个治理主体之间的博弈手段：通过制度情境的嵌入、行为情境的建构及关系情境的演绎等机制，塑造了贫困治理场域中的乡村治理结构。尽管规则化、技术化治理日益成为国家治理现代化的重要方向，但"简约式治理"仍然是农村基层治理体系的重要特性。贫困治理情境的转换面向，体现了贫困治理场域中的乡村治理结构是介于"简约式"与"规则化"之间的一种形态：基层治理并非完全按照标准化、科层化、规则化的治理体系进行运作，也并非集权简约式治理的形式，而是介于二者之间，标准化与规则化治理是其外壳及发展趋向，而简约式仍然是其内核，贫困治理体系无法真正向现代化转型。在贫困治理的多元情境结构中，由于国家标准化治理体系与基层社会"第三领域"的结构性失调，贫困治理规则体系在实践中存在自相紊乱的悖论，导致贫困治理情境再生产过程中的结构脱耦。

第七章

在行动与结构之间：贫困治理情境中的国家治理能力

贫困治理情境作为农村精准扶贫政策的执行场域，它不仅是形塑贫困治理场域乡村治理结构的重要因素，也是影响贫困治理场域国家自主性实践形态的重要机制。国家自主性的强弱及其实践形态与国家治理的制度及结构紧密相关，国家治理的制度与结构影响了国家能力的强弱。通过上文的分析可以发现，在国家试图通过标准化治理的机制来重构乡村贫困治理体系建设的过程中，乡村社会的治理结构不是集权简约式治理的形式，也不是完全规范化、标准化的治理体制，而是兼具二者形态，并与这两种形态区别明显，贫困治理场域的乡村治理结构日益呈现新的形态。在这种"内外有别"的治理结构中，贫困治理标准化的制度权威随着贫困治理情境转换的过程不断递减，导致农村精准扶贫政策执行过程产生张力。在这种背景下，国家在贫困治理场域中的国家治理能力呈现何种面向，以及国家是如何保障在2020年年底实现脱贫攻坚任务的胜利，是国家扶贫政策执行必须解决的问题。本章将回应本书的研究主题，将国家自主性理论引入贫困治理情境的分析场域，在从主体、约束及能力三个层面探讨贫困治理场域国家自主性话语表达的基础上，从行动与结构的视角检视贫困治理场域的国家治理能力。

第一节 道德国家与实体国家：贫困治理情境中国家的双重主体性

国家意志如何渗入基层社会（即国家与社会如何实现有效沟通）始终是基层治理领域更为关心的问题，因其直接涉及国家基层政权建设的稳定性和现代化国家治理体系的建立。① 在中国的政治实践中，国家进入乡村社会有两条路径：一条是作为实体性国家，以日趋理性的组织体系、制度规范和权力实践为路径；另一条是通过政策、意识形态建设积极主动地构建出国家象征系统，在民众中构建出一个有关国家的"道德性的想象"。② "道德国家"与"实体国家"作为国家双重性的两个层面，也是国家治理体系转换的实践路径，国家的主体性在这种转换过程中也呈现"道德国家"与"实体国家"的双重性。进入21世纪以后，国家开始转变进入乡村社会的方式，从农村税费改革到社会主义新农村建设，再到当前农村精准扶贫，国家开始从汲取型互动向资源输入型互动范式转换，在这种转换中实现了国家在乡村社会的持续"入场"和全方位"回归"。农村精准扶贫实质上是国家基层政权建设的延续，国家在贫困治理场域通过多种手段和方式动员其可动员的资源，力求实现国家对基层社会的控制及其特定的治理目标。③ 在形式渊源上，政府主导的贫困治理责任既是一种政治责任又是一种法律责任④，无论从国家政策话语还是基层实践来看，"道德国家"与"实体国家"的双重建构，都是贫困治理场域国家主体性的双重建构。

一、道德国家：国家政治性主体的建构

公共政策作为国家意志表达的载体，也是农民感受"国家"观念的重要渠道。公共利益作为观念层面的国家治理目标，是国家为实现社会公共利益诉求的政策表达，是社会感知国家存在的来源。它可能以柔性的国家政策形式存在，也可能以暴力为载体的专制性权力的形式运作，这代表了国家在社会中的形象建构。在乡村治理体系的运转过程中，"中国共产党是依靠政策将亿万分散的农民组织到政党和国家体系中，对其行为加以规范，进行制度性整合"⑤。中国共产党的宗旨是全心全意为人民服务，代表了最广大人民的根

---

① 雷望红. 被围困的社会：国家基层治理中主体互动与服务异化——来自江苏省N市L区12345政府热线的乡村实践经验 [J]. 公共管理学报，2018, 15 (2)：43-55, 155.
② 项飚. 普通人的"国家"理论 [J]. 开放时代，2010 (10)：117-132.
③ 黄冬娅. 多管齐下的治理策略：国家建设与基层治理变迁的历史图景 [J]. 公共行政评论，2010, 3 (4)：111-140, 204-205.
④ 蒋悟真. 政府主导精准脱贫责任的法律解释 [J]. 政治与法律，2017 (7)：72-83.
⑤ 徐勇. "政策下乡"及对乡土社会的政策整合 [J]. 当代世界与社会主义，2008 (1)：116-121.

本利益，农村精准扶贫政策体现了党自觉履行道德承诺，在坚持人民至上的过程中实现社会的公平正义。农村税费改革推动了国家与农民关系的变迁，农村精准扶贫作为全面建成小康社会的重要政策表达，也是重构社会主义合法性及政府公信力的重要路径。

"贫困是一种具有强烈的社会建构性的现象，它是特定社会结构的产物，对贫困的认知以及反贫困的实践总是受制于当时社会的制度规则，受制于社会结构和制度安排所决定的社会成员与政治共同体之间的法律、政治关系，即社会成员身份所施加于政府的责任领域以及社会成员在政治领域的种种行动规则。"[1] 在中国的历史长河中，由于乡村社会的封闭性与村社帮扶体系的影响，"不患寡而患不均"的传统思想在乡村社会得以延续，而新中国成立以后的集体主义制度体系将这一思想强化。改革开放以后，为应对市场经济导致的贫富差距变大的趋势，党和政府试图通过农村反贫困来建构一个更为公平的利益分配体系。邓小平进一步将消灭贫困定义为社会主义的本质，"社会主义阶段的最根本任务就是发展生产力，社会主义的优越性归根到底要体现在它的生产力比资本主义发展得更快一些、更高一些，并且在发展生产力的基础上不断改善人民的物质文化生活"[2]。《中国农村扶贫开发纲要（2011—2020年）》也明确指出："消除贫困、实现共同富裕，是社会主义制度的本质要求。"农村精准扶贫政策夹杂着"帮扶弱者""以农民利益为根本""人民至上"等话语，建构了国家在乡村社会的道德化形象，农民对国家的道德认同也通过这一政策得到明显提升。党的十八大以来，党和政府日益重视农村反贫困工作，特别是在"农村精准扶贫政策"提出以后，农村反贫困作为全面建成小康社会的重要路径，也是全面实现乡村振兴战略的重要一环，体现了共享发展的社会主义新理念。

在西方一些学者眼中，中国反贫困的成功主要源于政府为确保政权合法性而履行父爱主义（paternalism）责任，进而被动采取社会政策来应对贫困问题的结果。[3] "所谓父爱主义，主要是指个人或国家可以为了他人的利益而对

---

[1] 靳继东，潘洪阳．贫困与赋权：基于公民身份的贫困治理制度机理探析［J］．吉林大学社会科学学报，2012，52（2）：67-72．

[2] 中共中央文献编辑委员会．邓小平文选：第三卷［M］．北京：人民出版社，2001：254-255．

[3] TOWNSEND P. The Concept of Poverty [M]. London: Heinemann, 1971: 1-45.

他人的行为进行干预。值得注意的是，父爱主义的干预并不是对个人行为的任意干涉，而是为了避免个人可能因为相对不理性的行为对其自身造成伤害而进行的干预。"[1] 由于在西方自由主义的眼中，父爱主义带有一定负面色彩，"但在中国独特的社会语境中，'父爱主义'在实践中具有以下几个特性：首先，'父爱主义行为'它具有强烈的利他主义的特性，是为了维护他人的利益而产生的；其次，'父爱主义行为'在实践中呈现弱强制性特点，与封建社会"家长制"基础上的关爱具有很大的不同，它在实践中不存在个体依附的现象，是在与他人合作而并非强制个体同意的，是社会共意的体现；最后，'父爱主义行为'在实践中促进他人及社会利益的实现，很大程度上实现了公共利益与个人利益的耦合"[2]。中国农村反贫困政策的制定及实施，与"父爱主义"的理念截然相反，它体现了中国特色社会主义的政治理念，即中国共产党始终坚持将人民群众的美好生活作为奋斗目标。农村反贫困作为乡村治理体系的重要一环，也是构建社会主义合法性的重要举措，贫困治理实践有助于提升国家政权的合法性，同时也在某种程度上促进了乡村社会的整合。但贫困治理场域中的"合法性建构"并不是一个均衡的过程，贫困治理场域所呈现的道德化理念在不同层级政府之间呈现不同的面向。从 L 乡农村精准扶贫的实践效果来看，尽管在实践过程中存在政策变通和路径偏离等问题，但农村精准扶贫工作在很大程度上增强了农民对"国家"的认同感，进而提升了国家在农民心中的"道德化形象"。

二、实体国家：国家行政性主体的建构

在民主化浪潮的背景下，国家对农民的社会救助并不是一种"恩赐"，而是政府在自觉履行公共职责。在行政主体性的视野下，国家承担农村反贫困的责任并不是政治性的，而是政府的行政安排及法律规定的职责与义务。在农村精准扶贫这一场域，国家通过制度及规则体系的嵌入，也在不断尝试构建现代化的行政主体性。

为了将国家行政体系有效下沉到乡村社会，破除乡村社会简约式治理的

---

[1] 刘笑言. 自由主义 VS 父爱主义：国家干预的正当性理由分析 [J]. 云南行政学院学报，2010，12 (5)：30-32.

[2] 闫健. "父爱式政府创新"：现象、特征与本质——以岚皋县"新农合镇办卫生院住院起付线外全报销制度"为例 [J]. 公共管理学报，2014，11 (3)：1-9，13，139.

结构，国家不断加强基层行政体系的建设。自改革开放以来，我国贫困治理模式经历了从救济扶贫模式到开发式扶贫再到当前农村精准扶贫的历史变迁，贫困治理体系也在这种变迁中不断优化，贫困治理也逐渐纳入了国家治理的顶层设计中，成为"四个全面"战略布局的重要内容。在治理空间层面，贫困治理的瞄准单元日益缩小，一种以国家与农民直接对接的标准化治理体系开始建立，贫困治理的瞄准机制也经历了从区域瞄准到村级瞄准再到农户瞄准的转变。特别是2014年中央提出"精准扶贫"政策以后，进一步明确了贫困户的精准识别和精准帮扶标准。在这种背景下，中国的贫困治理瞄准机制实际上形成了以县域瞄准、村级瞄准和农户瞄准共同发挥作用的治理机制，在实际的运行过程中，贫困县主要承担扶贫资金的职责，也是农村反贫困的责任主体，贫困村和农户则是使用扶贫资金的主体。[1]

在治理内容层面，国家在单纯依靠家庭收入这一指标的基础上，开始引入"两不愁三保障"等标准，贫困治理的标准日益清晰化及规范化，衡量贫困问题的标准也不断细化。《国家八七扶贫攻坚计划》明确了贫困治理的目标、对象、措施等内容，同时又通过文件下发及联席会议的形式加强了贫困治理的行政动员，提高了贫困治理的制度化建设。但由于这种行政动员的方式在实践过程中缺乏强有力的约束及激励机制，这一时期贫困治理的制度化程度有待提升。进入新时期以后，贫困治理的路径更多关注人力资本的投入，从政府主导的扶贫向参与式扶贫转变。随着农村精准扶贫政策的提出，"两不愁三保障"作为贫困治理的核心，从精准识别、精准管理、精准帮扶及精准脱贫四个层面，清晰规定了政府贫困治理的内容。随着政府贫困治理权责的日益清晰化，"它不仅改变了扶贫的方式，还创新了贫困治理的内容，而且在治理结构、资源的整合、配置和使用、监督和考核等多个方面带来了革命性的变化"[2]。在农村精准扶贫场域，国家标准化制度体系的构建在某种程度上加强了农村基层政权的建设，提高了基层治理体系的现代化程度。标准化作为农村精准扶贫的技术化治理机制，标准的运行依托量化指标和统一的规则系统，对贫困治理的决策、生产、供给及评估的各个环节都做出了明确规定，

---

[1] 李小云，唐丽霞，许汉泽. 论我国的扶贫治理：基于扶贫资源瞄准和传递的分析 [J]. 吉林大学社会科学学报，2015，55（4）：90-98，250-251.

[2] 李培林，魏后凯. 中国扶贫开发报告（2016）[M]. 北京：社会科学文献出版社，2016：19.

既保障了扶贫资源分配的规范化，也推动了政府管理与服务的清晰性，进而建构了贫困治理的统一秩序空间。① 在贫困治理体系的变迁过程中，贫困治理空间的缩小、治理内容的去模糊性及治理形式的优化作为三个重要特性，一种标准化的治理形式逐渐形成。在我国贫困治理的政策演变过程中，由县到村再到户的贫困瞄准机制的转换，体现了贫困治理空间的日益清晰化，贫困户个体直接作为贫困治理的目标对象；在治理内容层面，从单纯地依靠家庭收入这一指标，到开始引入"两不愁三保障"等标准，贫困治理的标准也日益清晰化及规范化；在治理形式层面，精准扶贫开始探索"五个一批"的治理路径，即通过生产经营、教育、生态补偿、社会保障、易地搬迁来实现精准脱贫的目标，贫困治理的形式在很大程度上得到优化。

国家治理现代化视野中的行政性主体的建构，要求建立一种法制化的治理体系及职责明确的政府层级关系，让各级政府充分履行职能，推动国家治理体系的优化及治理能力的现代化。但由于贫困治理情境转换的结构性脱耦导致贫困治理效能削减，贫困治理体系仍然无法真正向现代化转型。首先，从基层政权运作的视角来看，在有限的时间内完成脱贫攻坚任务，导致了基层政权变通及"事本主义"现象的产生。其次，在国家行政性主体的建构过程中，依靠国家颁布的行政性文件的形式，而不是依托法治化的路径，导致基层政权的治理权责无法走向制度化约束的转型，"任务式扶贫"的面向不断显现，进而制约了国家行政性主体建构的效能。

在贫困治理场域，"道德国家"与"实体国家"的双重建构，体现了标准化的治理体系对提升国家自主性具有一定的积极作用。国家在贫困治理场域中的双重主体性，也体现了贫困治理场域国家自主性的双重性：一方面，国家通过标准、规范等制度体系与资源的嵌入，有效建构了道德化的国家观念，国家政策的权威和合法性得到明显提升，国家认同和政策话语自主性得到有效保持；另一方面，作为实体性的国家，国家意志在自上而下执行过程中被基层政权选择性变通，国家意志在某种程度上被扭曲，农民对基层政府的信任感明显低于中央政府。但在国家道德形象的建构中，国家与农民对贫困的理解逻辑却截然不同：贫困户的认定和帮扶作为国家认证制度体系建构

---

① 吴理财，刘建. 文化治理视野下图书馆总分馆制的路径偏离及影响 [J]. 图书馆论坛，2018, 38 (9)：75, 85-91.

的表征，是国家基础性权力重建的重要体现，它代表了社会的公平正义及社会主义共同富裕的本质；但在村民眼中，贫困户作为一种"身份"资格，是一种利益获取与行动策略选择的媒介。也就是说，在贫困治理的多元情境中，"一些村民不断运用各种策略和技术把自己的困境建构成为国家本身真正重视的社会秩序问题"①，但作为代表国家道德形象的贫困治理在实践过程中发生了价值逆变，村民在解构与建构贫困话语的过程中，一方面使国家道德形象得以延续，另一方面也使国家形象的价值内涵发生了转变。"道德化国家"的建构作为国家在乡村社会权力再生产的重要机制，是国家与社会互动的产物，在贫困治理场域中"道德化形象"的建构过程中，农民对国家的认同在现实中延续了"二律背反"的状态。农村精准扶贫政策的实施提升了农民对国家的认同感，农民对上级政府（特别是中央政府）的认同感不断提升，延续了农民自21世纪以来"中央政策是好的，但是被基层念歪了"的理念，"实体性"国家的建构仍然没有达到国家治理现代化的要求，政治主体性的强化与行政主体性的弱化成为贫困治理情境中国家主体性的实践面向。

第二节 非均衡控制：贫困治理情境的规则约束

中国现代国家的建构过程，很大程度是国家通过政权组织和规则体系向基层社会进行渗透的过程，国家希望通过对基层社会的控制与改造，来实现对基层社会的治理意图。从我国国家治理结构来看，国家自主性主要处理两种关系：一是国家内部关系（主要是中央与地方的关系），二是国家与社会的关系。② 从国家治理双重结构来看，贫困治理情境中的规则约束呈现"非均衡控制"的格局：国家贫困治理规则体系的变通实施及农民权利与责任的非均衡性。

一、目标嵌入与地方反嵌：国家贫困治理规则的变通实施

国家能否保障国家政策在基层社会中得到有效执行，进而约束地方政府

---

① 应星. 大河移民上访的故事 [M]. 北京：生活·读书·新知三联书店，2001：318.
② 王彩波，陈霞. 中国经济发展道路中的国家自主性 [J]. 吉林大学社会科学学报，2015，55 (2)：5-16, 171.

及社会的行动空间，是2020年实现脱贫攻坚任务的前提基础。国家政策嵌入是国家意志的文本表达经组织体系向现实实践的转换过程，正式的制度体系与非正式制度体系之间的关系是国家权力实践的关键变量，在中央与地方的"委托—代理"关系中，制度体系为国家对下级政府的监控及激励提供了基本载体。[①] 何艳玲用"嵌入式自治"来概括国家—地方互嵌关系：地方必须在国家特定的发展环境中进行自主治理，但其治理活动同时会对国家环境具有渗透性与反作用力。嵌入式自治包括国家嵌入（nation embeddedness）和地方反嵌（local anti-embeddedness）两个方面，前者关注国家环境如何影响地方治理的效果；后者则关注地方化行动对国家环境的反作用。[②] 在贫困治理的规则体系嵌入过程中，标准化与基层组织的科层化、制度化相互耦合，在目标嵌入与地方反嵌双重因素的影响下，国家贫困治理规则的变通实施成为标准化治理的实践面向，中央政府与地方政府之间陷入非均衡博弈的格局。

标准化是国家"控制权"构建的一种重要机制，但由于国家扶贫政策的制定情境与政策执行情境的相互分离，国家标准化的制度体系与弥散性的地方文化之间存在张力，基层政权的运作规则是在标准化与非规则性之间的理性选择，进而造就了基层政权的"双重人格"。面对自上而下的标准化考核，"适应标准化"成为基层政权科层治理的运作逻辑；但面对多元化的乡村社会，非规范性、非程序化是其日常运作的重要面向。在贫困治理情境转换的过程中，一方面，由于扶贫标准的统一性话语遭遇了条块治理结构的反嵌，贫困治理场域上下级政府之间的委托—代理关系在目标设定、政策执行及监督考核等各个环节都存在各种博弈与讨价还价的现象；另一方面，由于标准化的考核机制重构了基层政府日常治理过程中的激励与责任机制，极大削弱了基层政权的自主性，标准化的贫困治理体系在日常实践过程中产生了逆向激励的效应，并由此带来了基层政权选择性治理的强化，贫困治理情境的结构脱耦削弱了国家在基层治理领域的控制权。

在贫困治理政策执行过程中，由于从中央、省、市、县、乡镇再到村的政策嵌入过程中，政策执行涉及的政府层级过多，导致精准扶贫政策科层传导的失真。一方面，由于涉及政府层级过多，压力型体制导致了扶贫任务的

---

① 杨雪. 乡村信访过程中的国家基础权力重构 [D]. 长春：吉林大学, 2015.
② 何艳玲. "嵌入式自治"：国家—地方互嵌关系下的地方治理 [J]. 武汉大学学报（哲学社会科学版），2009, 62 (4)：495-501.

第七章 在行动与结构之间：贫困治理情境中的国家治理能力

层层加码，扶贫的任务目标在自上而下嵌入过程中不断提高，导致了政策执行过程中形式主义的不断滋生；另一方面，公共政策执行涉及的政府层级过多，就会导致基层信息向上传导过程的失真，基层政权自由裁量权降低了贫困治理的效能。基层政权处于国家与社会的交融之处，它既要受自上而下科层体制及压力型体制的影响，又要面对乡土社会的多元情境，基层政权的双重生存空间导致基层政权在实际运行过程中，策略主义和维控型政权成为其重要特性，国家标准化的制度在自上而下嵌入过程中遭遇了基层政权强约束下的变通。

由于标准化的制度体系在嵌入过程中，技术化瞄准机制的简约化和通用性的理性要求与社会环境复杂多变的现实运行状态之间的矛盾，决定了技术化的机制设计不可能完全解决贫困治理政策瞄准偏离的问题。在标准化与模糊性的乡村治理场域，基于标准化的贫困治理并没有实现国家信息监控体系的无缝隙嵌入，相反，在现实中它呈现一种非对称、非均衡的格局：国家标准化的治理形式无法有效与乡村社会对接，也无法全方位约束街头官僚的日常治理行为。非均衡性的规则约束体现了国家权力实践与制度文本之间的内在张力，体现了在贫困治理的情境实践过程中，标准化的治理体系一方面限制了基层政权的自由裁量权，另一方面在某种程度上又保留了基层政权自由裁量权的空间，在这种情境场域中，强约束下的变通和选择性治理便成了基层政权的日常治理策略。而在贫困治理情境的转换过程中，处于结构化场域中行动的基层政权通过强约束下的变通等策略相对有效地保障了这两种治理体系的衔接，进而推动了贫困治理政策情境的转换。但由于政策制定与政策执行情境的脱耦，特别是政策执行链条过长导致了政策执行结构的分离，扭曲了精准扶贫政策制定的原先目标。也就是说，在农村精准扶贫这一场域，存在着两种相互镶嵌的治理逻辑：代表公共性、规范化的治理与模糊性、去规范化的非正式治理。身处标准化与乡土性之间的基层政权既需要遵循科层化的规则体系，又要面对非规则性的乡土社会，导致基层政权的"人格分裂"，进而将标准化的规则体系进行变通来适用乡土社会。

在农村精准扶贫标准实施过程中，一些"硬指标"的扶贫标准与规则在实施过程中被高度重视，而一些"软指标"则成为变通的重要事项。比如，在脱贫摘帽验收中群众满意率必须达到100%这一指标在基层执行过程中有很大困难，特别是低保政策要求95%的低保户在贫困户中产生，而国办系统无固定时间开放，导致一些突发贫困的农户不能及时享受到扶贫政策；部分已脱贫的贫困户经过帮扶生活水平大幅改善（甚至比部分非贫困户生活条件好），导致非贫困户群体产生"抱怨"，对精准扶贫的政策执行满意度较低。由于许多贫困户和非贫困户在第三方评估及上级政府督导过程中的"瞎折腾"，省级政府便将群众满意度这一指标进行了一定程度的弱化。在督导评估的过程中，如贫困户或非贫困户向评估组"抱怨"基层扶贫干部，导致精准扶贫工作的群众"满意度"较低，基层扶贫干部可以做出相应解释，进而保障精准脱贫在规定的时期内可以完成；同时在督察评估中发现"正式资源非正式利用的行为"，基层政权如果出具证明是为了维护乡村社会的和谐稳定和化解村庄矛盾，督导评估组可根据实际情况不将其列为违规行为。

由于国家制定了明确统一的贫困县退出标准，尽管这一标准低于一些市县制定的验收标准，但贫困先摘帽涉及的事项很多，完成检查验收是一项系统性的工程。为了确保如期实现脱贫摘帽，L 乡在 2018 年提高了贫困村和贫困户退出标准，N 区委、区政府了解这一情况以后，要求 L 乡坚持底线标准，只要严格完成国家规定的要求就可以，不能盲目提高标准。

督导评估在某种程度上也"默许"了基层政权正式资源非正式利用的行为，以此来化解乡村社会矛盾，维护农村社会的稳定。在政策实施的过程中，国家对精准扶贫标准进行了双向的改变：一方面，为提高精准扶贫的治理效能，对一些标准加大了监控力度，特别是由于精准识别的不精准造成了很大的社会影响，国家采取"回头看"的策略来提升扶贫标准的执行力，对扶贫资金贪腐及扶贫工作不力等行为加大了处罚力度；另一方面，上级政府对某些标准进行了有选择性的弱化，提升扶贫标准的科学性，面对精准扶贫基础材料考核标准控制过严的情况，上级政府适当弱化了这一方面的考核，同时对基层政权正式资源非正式利用等行为也采取了"默认"的态度，以此保证脱贫攻坚工作的顺利实施。为保障脱贫攻坚的质量，国家要求各地应该量力而行，既不能降低标准、搞数字脱贫，也不能不切实际拔高标准。针对 L 乡在 2018 年提高贫困村和贫困户退出标准，N 区要求 L 乡坚持底线标准，贫困县退出检查是一个很基础的评估标准，但覆盖面广，只要完成国家规定的要求就可以了，不要随便提高标准。在这种背景下，一些基层扶贫干部更加关注扶贫标准的数字化展现，特别是在临近验收的过程中，"硬指标"驱逐"软指标"现象不断发生。

<<< 第七章 在行动与结构之间：贫困治理情境中的国家治理能力

由于标准化的正式制度与非正式制度之间的错位，导致贫困治理制度情境的名实分离，贫困治理的情境结构存在脱嵌的困境，扶贫标准与程序的执行呈现碎片化的状态。标准化、科层化的治理体系强调非人格化的规则，保障政策目标在基层社会得到有效执行，但标准化的规则体系将基层政权的行为限制在某种结构范畴内，基层政权在强压力情境的驱使下，在用自身自由裁量权来保障国家政策落地的过程中，也导致国家政策目标在执行中的偏离。在国家扶贫政策标准自上而下嵌入的过程中，在压力型体制的影响下，地方政府通过运动式与科层化耦合的方式，将扶贫标准转换为一种数字化的治理机制。为有效对基层政权自由裁量权进行规制，采用了"制定实施细则""规则细化"等详尽的指标，对日常治理行为的规则进行细化、具体化①，有些地方已经达到"无微不至"的地步，但也带来了许多负面影响。特别是在精准扶贫的验收过程中，基础资料作为精准脱贫和贫困村退出的重要指标，标准化的基础材料的考核机制，导致基层政权将工作重心放在脱贫攻坚资料的撰写层面，而相对忽视了贫困户的日常帮扶过程。在贫困治理标准化制度体系的制定与执行过程中，国家的视角（也就是供给者的视角）是扶贫标准制定的主导话语，但国家视角下的贫困治理标准化也导致了扶贫标准在实践过程中缺乏黏性，贫困治理存在话语与行动分离的困境。在夹缝中生存的基层政权面对自上而下的考核与模糊性的乡村社会，标准化的贫困治理体系无法完全达到全方位规范治理秩序的目标，还导致了"事本主义"的治理逻辑及强约束下的变通等治理策略的产生。

在L乡农村精准扶贫的政策实践过程中，在国家嵌入与地方反嵌的视野下，基层干部的治理行为处于一种"钟摆式的变通"范围内。由于扶贫标准无法在乡村社会得到完全执行，基层政权通过策略性的变通来保障政策的执行，但在强压力情境的影响下，这种变通总体上仍然处在"合法性"的范畴内，特别是如果一些核心标准无法得到完全执行，基层政权一般会采取措施保障标准的总体执行，基层政权的行为逻辑总体上处于标准控制的"钟摆式的变通"范围。也就是说，从制度变迁的角度来看，这里的"变"又拥有了第二层含义，也就是通过"变通"，让国家正式制度安排之外的非正式制度得

---

① 崔卓兰，刘福元. 析行政自由裁量权的过度规则化 [J]. 行政法学研究，2008（2）：16-20.

153

到执行及落实，由此成为有意义的制度体系的一部分，而不是把原有的已经实施的制度安排通过这样一个过程改变掉。① 在政策实践的过程中，政策变通并不是对政策目标的完全背离，而是为了使政策更具可操作性与执行性，是政策执行过程中普遍主义与特殊主义的结合。基层政权通过自由裁量权的运用对贫困治理政策选择性变通，并将农民的利益诉求选择性地纳入基层政权公共决策体系之中，通过在标准化与乡土性之间的情境性转换，基层政权将标准化贫困治理体系与不规则性乡村非正式治理体系进行嫁接，在对乡村社会进行改造的同时也对国家扶贫政策进行变通。也就是说，在贫困治理这一场域，强约束下的变通等"违规空间"建构的过程中，国家、基层政权及农民三者通过各种正式与非正式的博弈机制，共同导致国家政策在实施中变通，国家在这种博弈中也会选择性妥协，但这种妥协并非代表国家的失败，而是体现了正式制度体系本身在实践过程中的实效。② 贫困治理政策的地方"变通"，它不是简单的"社会"需要，也并不完全是基层政权基于利益考量下的自我选择，而是一个充满不确定性与模糊性的过程，它在现实中以何种面目出现，取决于上级政府的控制力度与当时的情境。

二、权利与责任的非均衡性：标准执行的话语与行动的分离

从国家与农民关系来说，国家自主性的强弱取决于国家与农民的制度化互动程度。在现代社会，权利与责任不仅作为维系国家与公民关系的重要机制，同时也是社会秩序有效运转的前提。自农村税费改革以来，伴随着国家权力有选择性地从农村社会退出，农村基层组织治理权责的不断弱化，国家专制性权力不断弱化的同时，国家基础性权力在农村却没有得到实质性提升，基层治理能力在现实中仍然受到很大程度的制约。我国精准扶贫主要采取在政策法规中设置国家义务的方式推进，扶贫对象的民生权利则较少得到体现，扶贫对象民生权利的阙如使原则化的政府职责失去启动机制，造成了以国家扶贫义务为本位的扶贫政策标准难以实施而被虚置。③《中共中央 国务院关于打赢

---

① 刘玉照，田青. 新制度是如何落实的？：作为制度变迁新机制的"通变"[J]. 社会学研究，2009，24 (4)：133-156，245.
② 陈映芳. "违规"的空间 [J]. 社会学研究，2013，28 (3)：162-182，244-245.
③ 唐梅玲. 从国家义务到公民权利：精准扶贫对象民生权虚置化的成因与出路 [J]. 湖北大学学报（哲学社会科学版），2018，45 (1)：141-147.

脱贫攻坚战的决定》作为我国农村精准扶贫的纲领性文件，尽管它详细规定了各级政府的扶贫职责，却没有规定扶贫对象的权利与义务。[①] 由于无论是我国的法律法规还是扶贫规划，都未对贫困群体应当享有的实体性权利进行明确规定，导致了贫困群体的主体性权利在事实上的虚化，同时也导致了贫困户义务的不确定性。在国家义务话语的背景下，导致了精准扶贫场域中国家政治主体性凸显与行政主体性弱化，并由此引发了农民权利的道德化及权利与责任的失衡。

就贫困问题而言，它是现代民主政治发展的产物，贫困治理并非国家产生之后就具备的应有职责，它是封建社会民权思想的发育与现代民主国家建构背景下的产物。伴随着大规模社会贫困现象的产生，资本主义国家才消极地将其纳入政府职责的范畴，以此来维护社会的稳定。但在现代民主政治产生以后，由于公民选举政治与社会不公平现象的加剧，反贫困才从一种消极的政府职责转变为一种积极的政府职责，反贫困也就成为现代国家必须承担的一种政治责任。[②] 在当前农村精准扶贫政策的执行过程中，国家义务作为农村精准扶贫的重要话语，目的是通过国家扶贫体系的构建来提升贫困群体的生活水平。但不可否认的是，这种话语也导致了农村精准扶贫在实践过程中产生弊端：基于国家义务话语下的贫困治理在使贫困户摆脱贫困的过程中，很大程度上加剧了乡村社会"无公德个人"的产生，特别是在乡村社会转型的时代背景下，从集体逐步脱嵌为个体的农民，国家大规模的扶贫资源下乡导致了农民"争当贫困户"的现象，扶贫标准在实践过程中缺乏足够的权威。

G村作为L乡派出所对点帮扶的村庄，2017年3月，派出所扶贫干部为这一贫困户免费提供了20只鸭苗，并再三交代尽量不要杀了自己食用，养大以后帮扶干部将联系商户上门收购。如果自己食用了一些，需要拍照留底作为年终贫困户收入的证据。但7月份的时候，扶贫民警再次下乡帮扶时，发现饲养的鸭子几乎被贫困户一家全部吃了，也没有拍照留底，如果纳入贫困户家庭的收入就违背了贫困户收入测算的标准。

[①] 戚建刚，唐梅玲. 精准扶贫对象的程序权利之行政法建构 [J]. 行政法学研究，2017 (6)：95-103.
[②] 靳继东，潘洪阳. 贫困与赋权：基于公民身份的贫困治理制度机理探析 [J]. 吉林大学社会科学学报，2012，52 (2)：67-72.

当扶贫干部问这一贫困户这样做是否有错,错在哪里,贫困户想了半天,竟然回答:"我杀鸭子的时候没有叫你来吃。"①

这一案例,充分反映了贫困治理场域农民主体性的缺失及国家与农民关系的异化,一些贫困户群体在主观层面缺乏脱贫的动力,在贫困治理场域面临权利与责任失衡的格局。在政治主体性话语凸显与行政主体性弱化的背景下,作为贫困治理对象的贫困户在实践过程中是以一种"穷人"的身份而存在,并非现代意义上的权利主体。在"文化集体主义"历史传统的影响下,片面强调"国家义务"的贫困治理体系,不仅会导致基层政府的政策变通与贫困群体民生权的虚置,还会导致贫困群体权利与责任的非对称性,进而导致精准扶贫场域中农民主体性的缺失与异化。

从农民主体性的视野来看,贫困治理是为了实现平等的公民权利,进而保障公民基本的生存权。但在精准扶贫的政策实践过程中,由于贫困户群体对自身角色及主体性认知的不足,导致了精准扶贫场域下农民的"赋权不足与身份缺损"。从乡村社会的视野来看,基于国家义务视野下的贫困治理体系在贫困农民摆脱贫困层面发挥了重要作用的同时,也加剧了乡村社会"无公德个人"的产生。特别是在乡村社会个体化及农村税费改革的背景下,基层政府对村民缺乏相应的制衡权力,进一步加剧了一些贫困户权利与责任的失衡。冯华超与钟涨宝通过研究发现:"除了精准扶贫制度本身设计的不合理,农户心态的改变、农户自身平均主义文化心态的主观原因及生计脆弱缺乏保障等客观原因,导致了精准扶贫实践过程中农户'争当贫困户'的后果。"②陈义媛也通过实地调研发现,"从精准识别来看,横截面识别、标准化、僵硬的指标与村民生活的动态变化、村庄现实的不规则性以及村庄道义相偏离;而在精准扶贫的实施过程中,偏离主要表现为扶贫资源投入的内卷化和人力投入的内卷化"③。在乡村社会转型的时代背景和国家大规模扶贫资源下乡的背景下,出现了农民"争当贫困户"的现象。由于农村精准扶贫场域国家单

---

① 根据访谈录音整理,G 村扶贫干部,2018 年 3 月 6 日。
② 冯华超,钟涨宝. 精准扶贫中农民争当贫困户的行为及其阐释:基于武汉近郊 Q 村的实地调查 [J]. 中国农业大学学报(社会科学版),2017,34(2):78-87.
③ 陈义媛. 精准扶贫的实践偏离与基层治理困局 [J]. 华南农业大学学报(社会科学版),2017,16(6):42-49.

向度的"义务"话语设置，导致了标准化的贫困治理制度体系在贫困治理情境转换过程中，无法有效界定政府与农民之间的关系，无法促进政府与农民之间的互动关系向制度化转型。

第三节 有限的精准性：贫困治理能力的有限性

国家能力是指国家通过行动来实现治理目标的能力。具体到贫困治理领域，贫困治理能力是指国家解决贫困问题、提升贫困群体生计的能力。农村精准扶贫是一个复杂的治理体系，它依托国家认证、体制性动员及资源分配等机制进行运转，在内容上，贫困治理能力主要包括国家认证能力、动员能力及分配能力三个核心要素。从农村精准扶贫政策执行的效果来看，国家通过标准化的治理体系有效提升了国家政策执行的精准性，国家贫困治理能力得到了较大的提升。但与此同时，由于标准化治理的规则体系在贫困治理情境的转换过程中的规则软化，农村精准扶贫场域下的国家贫困治理呈现有限的精准性发展面向。

一、国家认证能力

国家认证能力作为国家基础性权力的范畴，它是国家基础性权力行使的基础。在农村精准扶贫政策的执行场域，强大的国家认证能力是贫困户精准识别的前提基础，也是提升贫困治理效能的内在要求。国家认证能力是指"以中央政府为代表的国家，收集、确认、识别境内有关人、财、物、行、事的名称、位置、数量、流动方向和真假优劣等基本事实，进而建立相应分类、规则、标准和规范的整个过程的能力"[①]。"国家认证能力是国家在可靠事实基础上，建立和执行明确、精细和统一规范的能力，认证能力主要受两个变量影响：一是真实可靠度，二是规范统一度。二者共同构成了国家行动的知识基础，只有二者得到改善，才能提高认证能力。"[②] 从农村精准扶贫的实践过程来看，国家认证能力主要体现在以下两个层面：程序的统一性与信息收

[①] 欧树军. 基础的基础：认证与国家基本制度建设 [J]. 开放时代，2011 (11)：80-101.
[②] 欧树军. 国家基础能力的基础 [J]. 北京：中国社会科学出版社，2013：16.

集的真实性。标准化提升了国家在乡村社会的信息收集能力，并对乡村社会的贫困图景及扶贫干部的日常治理行为进行简化，在很大程度上提升了国家的认证能力。毋庸置疑，相较于之前的救济扶贫模式和开发式扶贫模式，精准扶贫场域下的国家认证能力得到明显提升，国家扶贫资源与政策瞄准的精准性也越来越高。但由于标准化的贫困治理体系无法突破标准化与乡土性共存的乡村治理结构，标准化的治理体系无法实现贫困治理能力的现代化，国家治理简约主义仍然在农村精准扶贫场域得以体现，进而约束了国家在乡村社会的认证能力。

从程序的统一性层面来说，国家通过标准化提升了规则嵌入的能力，通过目标界定、流程控制及评估验收等环节进行了控制，提升了收集乡村社会信息的能力。标准作为治理主体之间协商的产物，标准化治理的过程本身代表了国家基础性权力建构的过程，贫困治理能力作为国家认证能力的重要实践，也是国家基础性权力在基层实践的表征。以贫困户"建档立卡"工作为例，贫困户的识别建立了无缝隙的制度体系：农户的自愿申请、村社共同体的民主评议、乡村两级组织的核实与公布、县区政府的复核、贫困户的建档立卡以及信息化的管理平台。通过技术化治理平台的无缝隙对接，国家实现了对贫困户识别的全方位监控，并以此来提升国家在乡村社会的认证能力。如针对第一次精准识别政策执行的错位，国家加大了精准识别的监督力度，通过"回头看"的形式，保障精准识别出真正的贫困群体。毋庸置疑，通过优化精准识别体系，贫困户的认定整体上按照国家识别标准进行，L乡贫困户识别的"精准度"也得到很大程度提升，国家认证能力得到强化。与此同时，由于国家对乡村社会的信息收集在很大程度上需要依靠基层政权，但基层政权的自主性与街头官僚理性导致了国家政策意图的扭曲。同时，在不同的政策情境中，国家的认证能力与基层政权的自主性并不是静态的，而是随着治理情境的变化而不断变化。在农村精准扶贫政策执行过程中，标准化与自由裁量权对国家政策的执行产生了很大影响，在实际的运行过程中，标准化与自由裁量权展现了动态的过程，标准化的贫困治理体系在某种程度上提升了国家的认证能力，约束了基层政权的自主性与自由裁量权，但处于国家与社会之间的基层政权，也通过自我行动将国家政策意志进行了变通，贫困治理场域中不同层级政府、基层政权及农民之间展开了多向度的博弈图景，进而制约了国家的认证能力。

<<< 第七章　在行动与结构之间：贫困治理情境中的国家治理能力

从信息收集层面来说，现代信息技术提升了国家的信息收集能力，进而为标准的监控提供信息基础。但由于乡村社会具有模糊性的特征，并在街头官僚理性的影响下，国家在乡村社会的信息收集能力仍然是有限的。特别是农民收入在乡村社会作为一个私密性的问题，国家尽管可以通过现代信息技术最大程度掌握家庭收入的基本情况，但无法真正应对乡村社会的模糊性与多样性。在乡村治理体系的运转过程中，由于地方性知识对国家权力的反嵌，乡村社会往往基于地方性知识进行运转。在乡村社会的社会关系网络的影响下，由于人伦关系及面子等因素，人与人之间的利益边界也并不是十分明确，乡村社会基于各种关系网络形成了乡村社会的自主性，人与人之间在较为模糊的关系中实现利益，约束了国家对乡村社会的信息收集能力。在"模糊性的乡村社会"的影响下，乡村社会中农民生活、生计层面表现出的模糊性，很难用货币化、数字化、清晰化的大数据统计方法完整、准确地呈现出来。[①] 与城市居民明确的工资性收入相比较，农民的人均收入很难统计和计算，标准化的识别指标与乡村社会的弹性化之间存在矛盾，在政策的执行过程中导致了标准制定与执行产生张力。自农村精准扶贫政策实施以来，各地都出现了贫困户认定不精准的现象。根据新华网的报道：广西马山县3119人的扶贫对象中竟有3048人超过贫困线，仅有61人符合标准；超过贫困线并得到扶贫款的人员中，有343人是财政供养人员，有2454人购买了2645辆汽车，有43人在县城购房或自建住房，有439人为个体工商户或开公司。[②] 尽管国家对于贫困户的认定设立了明晰的标准，也通过现代信息技术进行了信息收集，但在贫困治理情境中国家的信息收集能力仍然是有限的。同时，由于国家颁布的贫困户认定标准在基层执行过程中的变通，依托经济收入为指标的贫困识别导致许多懒汉群体被纳入贫困户，但从乡村社会的伦理价值规范来看，懒汉群体不应该被纳入国家帮扶对象，这就导致数字化的经济标准与乡村社会的文化伦理标准的断裂，进而导致标准化的贫困治理规则与乡村社会的非正式规则在执行过程中的碰撞。

在基层政权的自由裁量权与村民策略性博弈的情境下，尽管国家通过标

[①] 许汉泽，李小云. "精准扶贫"的地方实践困境及乡土逻辑：以云南玉村实地调查为讨论中心 [J]. 河北学刊，2016，36（6）：184-188.

[②] 广西贫困县扶贫黑幕：3000名"贫困户"中2400人有车 [EB/OL]. 新华网，2015-10-13.

159

准化的治理体系提升了国家的治理能力，但也导致了国家治理能力的有限性。因此，从程序的统一性和信息收集两个层面来说，贫困治理政策实践过程中的国家认证能力并不能完全按照国家的意志对乡村社会进行认证与改造，特别是标准化的制度情境无法与乡村社会模糊性的关系情境相耦合，导致国家无法真正渗透到乡村社会，国家认证能力仍然是有限度的，它在贫困治理情境转换的过程中逐渐被削弱。标准化作为一种"规则化"的"自制范式"，无论标准如何详细、规则多么细化，在基层实践的过程中标准的制定与执行的偏离，乡村社会中的"潜规则"将会替代正式规则与标准，标准化的国家认证功能将会进一步被减弱。在话语与行动分离的背景下，扶贫标准与规则随着治理情境的变化而不断变化，扶贫标准在不同的治理情境中无法作为同一问题的参照对象，它尽管可以设定一个方向，但却只能使用一个特定的情境或瞬间，无法生成统一的、规范化的行为准则，贫困治理在不同的情境需要按照当时的力量对比与情境来寻求情境性的均衡，导致贫困治理标准丧失了其原有的韵味。在实际的运行过程中，国家的治理意图在基层社会的渗透能力得到增强，但国家的意图在很大程度上被社会所消解，标准化的国家认证在社会中仍然是国家在社会中的倒影，无法真正改造并控制乡村社会。国家认证能力的不足导致了公共政策的变通执行，而政策的变通又导致了贫困治理政策目标的扭曲。

二、政策执行能力

动员代表了国家通过何种途径实现自主性，代表了国家自主性的实践策略。在我国国家治理体系的运作过程中，常规与动员是提升基层治理效能和实现政府体系有效运转的两种机制，"常规机制建立在分工明确、各司其职的组织结构之上，稳定性、程序化的各种例行活动是其典型特征；而动员机制恰恰需要通过超越常规的紧急动员过程、突破已有的组织结构才能得以驱动和运转"[①]。常规与动员的治理机制，在打破科层化体制的束缚与提升国家治理运作效率等层面发挥了重要作用，但在实践过程中也存在诸多弊端。就以农村精准扶贫政策实践过程为例，常规与动员这两种治理机制在标准化的制

---

① 周雪光. 运动型治理机制：中国国家治理的制度逻辑再思考[J]. 开放时代，2012（9）：105-125.

度体系内部存在两种运行逻辑及组织体系：标准化要求常规化的动员机制，塑造一种规范化的治理体系；而为了保障基层政权在国家制度的标准范畴内行动，上级政府又常常需要"运动式治理"的方式来提升基层政权的动员能力，进而纠正基层不合乎标准的行为。在这两种逻辑碰撞的过程中，贫困治理情境转换中的乡村治理结构又呈现一种介于标准化与乡土性之间的治理结构，引发了贫困治理规则体系的逻辑冲突，进而降低了国家在农村精准扶贫场域的动员能力。

我们再回顾下第二章中周雪光所提出的"一统体制与有效治理"的命题，中央政府通过在目标设定、检查验收及激励分配等层面掌握了"控制权"，进而提升国家的行政动员能力来保障国家政策在基层社会得到有效执行。精准扶贫作为由中央顶层设计并自上而下强制性推动的一种战略，经党的强大动员和领导号召，在政府科层组织系统内，通过"层层量化"和"逐级加码"的技术方法下派指标和量化任务，最后通过基层组织得以落实。[①] 农村精准扶贫作为标准化治理的重要尝试，它不仅作为一种乡村治理机制存在，而且本身也是一种乡村治理范式。在精准扶贫制度体系的建构中，制定了包括精确识别、精确帮扶、精确管理与精准考核为一体的治理体系，实现了农村精准扶贫制度的无缝隙对接。嵌入性机制设计是提升国家自主性和防止扶贫政策瞄准性偏离的必要手段。我国在精准扶贫中推出了三种嵌入机制：组织动员、干部驻村和项目下乡。嵌入性机制与乡村社会运行机制之间的冲突、嵌入性机制之间关系的失效是扶贫资源在分配中国家自主性流失的主要原因。[②] 毋庸置疑，标准化的贫困治理体系不仅有效提升了国家的动员能力，还提高了国家对乡村社会的渗透及资源分配能力，贫困治理场域中的国家治理能力得到明显提升。

总体看来，在国家强大动员能力的基础上，国家精准扶贫的目标基本全部实现。自2013年精准扶贫政策提出以来，各地基本按照规定的时间实现了（或正在努力）顺利脱贫摘帽，乡村社会与贫困户的生活水平也得到了较大的改变。通过中央统筹、省负总责、市县落实的工作机制，在五级书记共抓扶

---

① 钟海. 权宜性执行：村级组织政策执行与权力运作策略的逻辑分析——以陕南L贫困村精准扶贫政策执行为例 [J]. 中国农村观察，2018（2）：97-112.
② 穆军全，方建斌. 精准扶贫的政府嵌入机制反思：国家自主性的视角 [J]. 西北农林科技大学学报（社会科学版），2018，18（3）：90-97.

161

贫的治理体系之上，国家通过自上而下的动员实现了扶贫动员能力的飞跃式提升，进而为脱贫攻坚任务的完成奠定了扎实的基础。自2013年以来，全国共计选派25.5万个扶贫驻村工作队，共有300多万名第一书记和驻村干部长期驻扎在乡村，并有将近200万名乡镇干部和数百万村干部全年奋战在扶贫一线。根据国家扶贫规划的目标，确保到2020年我国现行标准下农村贫困人口实现脱贫，贫困县全部摘帽，解决区域性整体贫困，做到脱真贫、真脱贫。根据国务院扶贫办的数据显示，在2013年至2017年5年间，中国现行标准下农村建档立卡贫困人口减少6600多万人，年均减少1300万人以上，贫困地区经济社会全面发展，井冈山、兰考等28个贫困县率先实现脱贫摘帽。贫困地区农村居民人均收入连续保持两位数增长，年均实际增长10.7%，贫困地区的公共服务设施也不断完善。①L乡也在2019年顺利通过了省第三方评估，成功实现脱贫摘帽，农村精准扶贫政策在实践中也取得了很大的成效。正是在党和政府的正确领导下，2020年年底现行标准下9899万农村贫困人口全部脱贫，832个贫困县全部摘帽，12.8万个贫困村全部出列。②通过国家自上而下的行政动员，尽管存在一些与国家政策目标偏离的行为，但我国农村反贫困工作取得了很大的成功，国家扶贫政策的话语在基层得到基本实施。

但在常规与动员的行动动员体系之下，为了有效应对自上而下的标准化考核，保证贫困户在规定的时间内实现脱贫，基层扶贫干部通过数字化来展现脱贫攻坚的成效，在这种背景下，标准化的"数字"在自上而下嵌入过程中，又逐渐脱嵌于乡村社会。扶贫标准本来作为贫困治理的媒介，同时也是国家政策动员的有效机制，但在实践的过程中标准也作为治理的对象。贫困治理数字化的指标嵌入，尽管可以明晰各个治理主体之间的责任与目标，通过数字可以将扶贫目标借助层层传递的方式进入乡村社会，但由于在现实实践过程中，过度偏重指标的贫困治理标准化导致了扶贫标准"手段与目标"的倒置，手段与目标的紧张关系在贫困治理标准化场域日益显现。在这种背景下，贫困治理场域中的权责倒置进一步凸显，形式主义也在贫困治理场域滋生，进而制约了国家在基层社会的动员能力。特别是在脱贫攻坚任务完成以后，如何激发贫困户群体的内生动力，构建常态化且可持续性的基层动员

---

① 黄俊毅. 攻坚力：脱贫结硕果 万众奔小康[EB/OL]. 中国经济网，2017-12-31.
② 习近平. 在全国脱贫攻坚总结表彰大会上的讲话[EB/OL]. 人民网，2021-02-26.

体系,是后脱贫时代乡村相对贫困治理必须思考的一个话题。

三、分配能力

精准扶贫不仅是国家自上而下行政动员的过程,也是国家通过扶贫资源再分配进而提升农村社会治理能力的过程。国家分配能力是指国家对公共资源在社会团体之间进行权威性调配的能力,具体到农村精准扶贫领域,是指国家对扶贫资源在乡村社会的分配能力。国家的分配能力体现了国家治理的公平正义程度,是衡量国家自主性的重要维度。精准扶贫场域中的资源分配能力,体现了扶贫资源的分配能否真正瞄准贫困群体进而达到贫困治理的政策目标。国家扶贫资源在自上而下向乡村社会输入的过程中,贫困治理情境的转换导致了国家扶贫资源分配存在一定的"精英俘获"与分配标准的不规范化。同时,农村反贫困作为一项长期性的工程,国家对贫困群体的短期性政策扶持无法真正实现贫困户的长期性脱贫,进而约束了农村精准扶贫情境下的贫困治理能力。

为保证如期完成脱贫攻坚工作,N区委、区政府通过整合各个部门的项目资金,给予每个贫困村每年1000万元(非贫困村每年500万元)的项目资金标准进行申报,加快了各村公共设施的建设与村庄的开发。在2018年"春季攻势"部署会上,L乡党委书记强调:"扶贫工作一定要以检查验收为导向,特别是贫困村,项目实施和扶贫开发要围绕这一主线,督查验收组在验收的时候,首先关注的是村庄道路、环境等第一印象,如果一个村庄道路等公共设施都不好,这个地区的扶贫效果也肯定不好。"① 根据L乡扶贫项目库的资料显示,2018年L乡扶贫项目共计302个,共涉及资金9505.66万元,精准扶贫项目的落地除了解决贫困户"两不愁三保障"的问题,大部分项目集中在村庄公共设施建设层面。基层政府在推进扶贫项目落地的过程中,涉及村庄面貌的公共设施建设成为项目开发的重要逻辑,扶贫项目的落地逐步偏离了政策制定的原初目标。同时,由于一些地区扶贫产业可持续发展能力不足,对贫困户的收入增收能力不强,进而导致了国家扶贫资源无法真正瞄准贫困群体。

FH果蔬专业合作社的蔬菜基地位于L乡C村,创办于2015年12

---

① 根据调研笔记整理,2018年3月2日。

月，规划种植面积1200亩，在2016年4月注册成立，现有社员72人。截至目前，基地已完成投资2000多万元，新建蔬菜大棚600亩，连栋大棚40亩，全部采用滴灌节水设施，展示馆、农产品检测室、冷库、分级包装车间等配套设施齐全。依托市农科所和市花卉研究所的技术支撑，基地主要种植西红柿、茄子、辣椒、苦瓜等蔬菜。基地建设初期，以"产业+扶贫"带动农村贫困户脱贫增收，构建了一套农业产业扶贫利益联结机制，即以政府引导、企业主建、合作社主管多级联动为主线，以蔬菜基地、油茶基地建设为着力点，通过入股分红、基地务工、返租倒包、托管经营、合作社带动等模式将贫困户与合作社、龙头企业进行利益捆绑，对C村贫困户脱贫发挥了较大的作用。但从2018年开始，在脱贫验收的压力下，这一蔬菜种植基地的经验在L乡许多村庄进行推广，在政府的资金支持下，通过贷款和政府补贴等形式，蔬菜种植基地合作社不断涌现，由于市场的饱和导致了蔬菜种植利润不断下降。新建的蔬菜种植大棚荒废的现象十分严重，但L乡政府仍然按照农业奖补的标准对荒废的蔬菜种植基地进行补贴，国家扶贫资源的奖补资金最终分配给了土地承包大户，导致国家扶贫资源的不断浪费，扶贫资源投入的"内卷化"和"精英俘获"现象不断显现。①

在这一案例中，尽管国家省市层面对农村合作社及扶贫产业的发展制定了标准化的资源分配标准，对扶贫产业的奖补也有明晰的标准，但在实践过程中"治理消解行政"的悖论下，国家扶贫产业发展标准在现实中被搁置，导致国家扶贫资源分配与投入的内卷化：尽管国家投入了大规模的扶贫资源，但扶贫的效果在实践中却远远没有达到国家的预期目标，弱化了国家的贫困治理能力。特别在强压力的考核情境下，脱贫攻坚的政策执行导致了大量的文牍化现象，基层扶贫干部与大量扶贫资源投入精准扶贫文本资料的撰写层面，形式主义的精准扶贫运作机制浪费了大量的人力物力。同时，在精准扶贫场域中"钉子户"闹访的情况，特别是懒汉贫困户这一群体，为获取最大的经济利益，经常对扶贫干部提出一些无理要求，而乡村两级组织由于缺乏

---

① L乡扶贫办：《脱贫攻坚"春季攻势"会议计要》。根据调研笔记整理，2018年3月2日。

有效的治理机制，不仅在贫困户认定上对这些村民进行特殊照顾，还在帮扶资源层面向其优先倾斜，以此来维系精准扶贫场域下村庄社会秩序的和谐稳定，此举破坏了农村精准扶贫的资源分配标准，进一步削弱了国家扶贫资源的分配能力。

第四章 本章小结

通过对于L乡精准扶贫政策实践形态的情境转换研究发现，国家贫困治理能力的强弱在特定国家、时空场域中并不是静态的呈现，而是在不同情境中呈现一种动态的格局。国家贫困治理能力的强弱尽管取决于国家与社会关系的格局，但也与当时政策执行情境、博弈主体之间的力量对比以及博弈策略密切相关。在贫困治理情境中的国家治理能力，呈现一种相对的自主性面向，尽管国家能够保持国家政策得到总体上的执行，但国家的政策目标在某种程度上发生了偏离，并且在不同的贫困治理情境中国家自主性的强弱具有不同的态势，国家自主性在制度情境、行为情境及关系情境的转换中呈现递减的面向。标准化的制定体系决定了贫困治理的方向，以标准化的视角来观察乡村社会，会被乡村社会的多样性所限制，国家标准化治理的效果也会被曲解，贫困治理政策目标在实践过程中进行了变通。

在农村精准扶贫政策执行的情境之中，"道德国家"与"实体国家"作为国家双重主体建构的面向，一方面，国家政权的合法性通过贫困治理得到了增强；另一方面，国家基层政权建设也在某种程度上得到了完善。农村精准扶贫在某种程度上增强了国家在基层社会的合法性，体现了公平正义的道德理念，同时，标准化治理机制也使国家在乡村社会的治理体系得到优化。通过对贫困治理场域乡村治理结构的研究发现，贫困治理场域的国家治理能力呈现情境性的实践形态：一是农村精准扶贫政策制定、执行及效果之间存在非均衡性，二是在博弈过程中上级政府、基层政权与农民之间也存在多向度的非均衡性。尽管国家通过标准化的控制形式能基本实现国家的治理目标，但在贫困治理政策执行场域中，国家贫困治理并非一种制度化的静态关系，而是在不同的情境呈现不同的面向。贫困治理场域国家治理能力呈现明显的双重性特征：一方面，国家通过标准、规范等制度体系与资源的嵌入，有效建构了道德化的国家观念，农民很少质疑国家政策的权威与合法性，国家认同与政策话语自主性得到有效保持；另一方面，作为实体性的国家，国家意志在自上而下执行过程中被基层政权选择性变通，农民高度不信任代表国家权威的基层政府，国家意志在某种程度上被扭曲乃至被消解。

从贫困治理情境规则约束层面来看，贫困治理情境中的国家嵌入呈现"非均衡控制"的格局：国家贫困治理规则体系的变通实施及农民权利与责任的非均衡性。一方面，伴随国家正式制度的嵌入与地方政府的反嵌，导致国家贫困治理规则体系的变通化执行，扶贫标准与程序在实践过程中无法全方位约束基层政权的治理行为；另一方面，从国家与公民的关系层面来说，贫困治理情境中农民主体性的缺失及国家与农民关系的异化不断显现，国家与农民在贫困治理场域存在权利与责任失衡的格局。在这种背景下，国家为了保障扶贫政策在基层社会得到有效执行，加大了扶贫标准执行的监控力度，纠正了基层政府的政策变通行为，最大程度保障了国家扶贫规划的实现。从贫困治理能力层面来说，国家农村精准扶贫政策实施尽管在一定程度上提升了国家的贫困治理能力，让国家在规定时间内完成了全面脱贫的任务，进而为全面建成小康社会奠定了扎实基础，但从国家认证能力、动员能力及分配能力三个核心要素来说，我国脱贫攻坚工作虽取得了举世瞩目的成就，但国家贫困治理能力在实践过程中只实现了有限的精准性，与国家的治理和意图之间仍然存在较大的鸿沟。

因此，从主体、约束及能力的角度来说，标准化的贫困治理体系在实践过程中存在内在悖论：标准化的制度体系无法建构现代化的国家治理主体性，也无法在各个治理主体之间有效生成制度化的均衡关系，进而导致国家在农村精准扶贫场域贫困治理能力的有限性。在贫困治理政策实践过程中，国家试图通过标准化之手来观察与改造乡村社会，它观察到的更多是自我镜像在社会的倒影，国家尽管可以保障国家扶贫政策在基层社会得到有效执行，进而实现国家贫困治理的宏观目标，但国家治理能力在制度情境、行为情境及关系情境的转换中呈现递减的面向。

第八章

总结与展望

在贫困治理情境的理论视野下，本书通过以 L 乡农村精准扶贫的实践过程为个案研究，在标准化、自由裁量权及街头博弈的视角下，分别对贫困治理的制度情境、行为情境及关系情境进行了研究，探讨了贫困治理情境中的乡村治理结构与国家自主性，较为深刻地展现了农村精准扶贫的运作过程和情境转换逻辑，由此透视了国家贫困治理政策在基层变通的逻辑。经过第三章到第七章有关贫困治理情境转换与国家自主性实践形态的研究之后，为了更好地体现本书的研究主旨，本章将对全书的研究进行总结，对贫困治理情境中的国家自主性的实践形态进行提炼总结，并就标准化与国家治理的关系以及国家自主性的提升路径进行探讨。同时，结合本书的不足之处，对贫困治理和国家自主性的下一步研究进行展望。

第一节　有限的非均衡自主：
贫困治理情境中的国家自主性

通过前文的分析发现，国家自主性的话语表达及其实践形态呈现"有限的非均衡自主"的格局，并在不同的治理情境中呈现不同的面向。在贫困治理情境转换的过程中，国家自主性逐级递减的面向充分体现了"社会中的国家"的逻辑，国家自主性在基层社会呈现有限的非均衡嵌入的特性，国家基础性权力在基层社会中仍然有待加强。

一、有限的非均衡自主：贫困治理情境中国家自主性实践的面向

行文到此，有必要对贫困治理情境中国家自主性的实践形态进行概括与

总结。在当前学界对国家自主性的研究中，大多是从强国家与弱社会的视野探讨国家与乡村社会的关系。但在国家与社会关系的结构性框架中，国家自主性并不是一成不变的静态过程，贫困治理的过程更多的是一种情境建构的过程，国家自主性是一种在情境性博弈的过程中展现的动态性过程，而国家自主性的强弱除了取决于国家与社会关系这一结构性框架的影响，还与当时的情境形态及力量对比情况紧密相关。

本书认为，在贫困治理情境的转换过程中，国家自主性的形态呈现"有限的非均衡自主"的特性。所谓"有限"是指国家自主性并不是绝对的，而是一种有限的存在；"非均衡"是在治理情境转换的视野中，国家自主性在现实中并非政府体系中一个永恒不变的产物，相反，它在不同的治理情境中呈现不同的形态。"有限的非均衡性自主"的国家自主性的实践形态，体现了国家在基层社会嵌入性能力的不足：国家专制性权力不断缩减的背景下，国家在乡村社会的基础性权力仍然不足，标准化的贫困治理体系无法保障国家意志在基层社会得到完全执行。

（一）贫困治理情境中的国家自主性是有限的自主性

国家自主性的有限性，体现了国家并非全能式的"利维坦"，国家在贫困治理场域中的治理能力是有限度的。诚如斯考克波认为：国家作为一个重要的行动者，国家的组织和制度体系是国家权力实践的载体，只要国家能够有效凝聚自身力量来保障组织和制度体系的有效运转，它就可以在任何区域和情境之中挣脱社会主导阶级的控制而建构有限的自主性。[①] 但国家自主性是一种有限的自主性，它随着不同情境呈现不同的面向。尼科斯·波朗查斯在借鉴阿尔都塞多元决定论的基础上，从结构主义的视野提出了国家的相对自主性的含义，即"国家对阶级斗争领域的关系，特别是其针对权力集团的阶级和派别的相对自主性，扩大到针对权力集团的同盟和支持力量的相对自主性"[②]。有限自主性是指国家的行动受到了一系列条件的限制与约束，它的行动空间充满了限定性，它关注的是"独立却又受到社会约束的"国家如何实

[①] 斯考克波. 国家与社会革命 [M]. 何俊志，王学东，译. 上海：上海世纪出版集团，2015：30.

[②] 波朗查斯. 政治权力与社会阶级 [M]. 叶林，王宏周，马清文，译，北京：中国社会科学出版社，1982：285.

现国家意志。① 也就是说，国家自主性在实践过程中是一种"有限自主性"：国家作为来源于社会中的一个特殊主体，社会中存在一系列的条件限制和约束了国家行动的空间，国家可以有限度地脱嵌于社会但不能完全隔离社会，而是在治理社会过程中保持相对的自主性。在"有限自主性"的理论视野下，可以更为清晰地反映基层治理主体的行动策略与国家自主性的实践形态，贫困治理的主体（中央政府、基层政权与农民等）在建构相互形塑和同构互生的关系中，不同的治理情境形塑了国家自主性在实践中的形态。在这种治理体系的结构范式下，国家自主性并不是静态的，它尽管与国家和社会的关系紧密相关，但它是在特定情境中的一种动态性实践。在贫困治理情境的结构化再生产过程中，国家对贫困的治理能力是不确定的，是随着不确定性情境及领域的变化而变化的，贫困治理能力也在这种情境中面临不确定性及有限性的特性。

中国公共政策实施过程主要包括三部分：政策文本制定、职能部门政策实施行动和公众参与活动。与此同时，政策实施也主要包括政策流、过程流和资源流三流合一的过程。② 从公共政策实施层面来说，可以将贫困治理情境进一步划分为政策制定情境、政策执行情境及农民参与情境。在不同的政策情境中，国家自主性的形态也呈现不同的面向。在贫困治理的政策制定情境中，国家自主性相对较强，国家的治理意图通过标准化的治理体系得到明确传达；而在贫困治理政策执行情境中，伴随着基层政权自由裁量权的运用，国家制定的政策与规则在某种程度上被基层政权变通；而在农民参与情境中，国家所制定的标准在实践过程中无法生成权威有效的规则，基层治理主体对国家制定的标准进行选择性挪用与偏离，国家自主性在实践过程中被进一步降低。

首先，从公共政策制定情境来看，中国国家自主性在公共政策制定情境中具有很强的自主性。在中国科层体系运作的过程中，治理权的高低具有明显的层级分布特点，越高层级的政府治理权越高，越基层的治理权越低，这

---

① 马天航，熊觉. 理解"国家自主性"：基于概念的考察 [J]. 学术月刊，2018，50（8）：80-92.
② 李瑞昌. 中国公共政策实施中的"政策空传"现象研究 [J]. 公共行政评论，2012，5（3）：59-85，180.

种层级分布的治理权差异在很多维度都有制度化体现。① 在中国公共政策制定过程中，中央政府尽管为了提升政策执行的兼容性，会将下级政府的诉求有效整合到政策制定的过程中，但在实际的政策制定过程中，中央政府无须与下级政府及组织进行协商和讨价还价，在政策制定场域具有很强的自主性，这与西方国家的政治体制及国家自主性有很大的区别。在治理权层级分布的科层体系下，各级政府在公共政策制定上的权力存在极大的差别，中央政府掌握了涉及全国公共事务治理的权威，而地方政府（特别是基层政权）只是作为公共政策执行者及上级政府代理人的角色存在。农村精准扶贫政策是中央政府自上而下的政策逐级嵌入的过程，政策嵌入的链条经过中央到地方各级政府及部门最后进入乡村社会，让各级政府在规定的职责体系内履行自我权责。在政策自上而下嵌入的过程中，依托量化的扶贫指标与标准化的规则体系等媒介，将涉及扶贫事项的各种事务进行层层分解并进行量化考核，进而形成了一种全新动员及治理机制。在国家治理目标层面，农村精准扶贫政策显示了中央政府具有很强的政策制定力，这与西方以利益集团为代表的政策制定模式具有很大的区别，精准扶贫政策不存在被利益集团所控制等问题，国家的公共政策制定在嵌入社会的过程中又与社会实现了一定程度的隔离，国家具备强大的公共政策制定与资源分配能力。特别是为了保障农村精准扶贫政策的有效实施，国家对农村精准扶贫的各个流程都制定了清晰的标准，进而提升了农村精准扶贫政策的权威性，在政策制定层面对地方政府塑造了一种强压力的政策空间。

其次，从公共政策执行情境来看，国家自主性的强弱主要体现在国家能否保障公共政策在基层社会得到有效执行的问题上。在公共政策执行的过程中，伴随着公共政策执行情境的转换，在国家与社会之间行动的街头官僚通过自身自由裁量权的运用来应对上级政府自上而下的强压力情境，并实现了公共政策执行的"在地化"。在农村精准扶贫政策执行情境中，中央政府的政策控制能力开始弱化，而基层自主性在这一情境中开始彰显，但由于中央政府仍然保持了很强的"检查验收权"，基层政权的政策变通总体上需要在国家政策规定的范畴内，国家自主性尽管开始弱化，但仍然以较强的面向呈现。

---

① 陈家建，赵阳. "低治理权"与基层购买公共服务困境研究 [J]. 社会学研究，2019，34（1）：132-155，244-245.

第八章 总结与展望

国家自主性的递减是由于贫困治理情境的转换，这导致国家对于政策执行话语的"控制权"减弱。也就是说，在西方国家，国家自主性的强弱主要体现在政策制定的过程，而在中国的国家治理过程中，国家自主性的强弱则取决于政策执行的过程，国家自主性随着治理情境的转换也呈现情境性的变化。在标准化与模糊性的双重空间内，身处其中的街头官僚通过自由裁量权的运用来进行策略性治理的方式，导致了贫困治理政策强约束下的变通。基层政权通过自由裁量权的策略性运用，导致了标准化与规范化的制度文本与公共规则在不同情境中的变通，标准化、科层化的贫困治理体系在实际运作过程中呈现名实分离的状态。① 特别是在目标责任制的影响下，基层政权"事本主义"及运动式脱贫现象不断呈现，贫困治理政策的执行随着情境的转换呈现出越来越多不确定的因素。

最后，从农民参与情境来看，国家政策的治理意图遭遇了乡村社会多元秩序的反嵌，导致了国家自主性的进一步弱化。在人们对国家观念的想象过程中，蕴含了对于国家标准化的固定思维模式，体现了现代国家观念的合法化功能。但在乡村社会实践中的国家观念，它并非标准化的、刻板化的模式：想象中的国家观念代表了国家的整体性与统一性，而实践中的国家观念则是人们在特定的情境中对国家的实际感知，在不同的治理情境中，实践中的国家可能会提升国家统一性观念，也可能会解构国家的整体性理念，国家在实践中呈现碎片化的特性。② 在我国基层治理体系的运作过程中，农民在公共政策制定与执行过程中相对缺乏制度化政策参与渠道且话语表达能力较弱。但在公共政策向乡村社会输入的过程中，作为受众主体的农民开始在公共政策执行场域中发挥重要作用。伴随着农民进入贫困治理场域，农民通过情境化的博弈机制和基层政权与国家展开策略性的博弈，导致了国家自主性在贫困治理制度情境中的进一步弱化。特别是国家贫困治理标准成为情境性变通与维护社会稳定的机制，社会自主性在这一场域开始彰显，进一步削弱了国家贫困治理的能力。在农民参与情境中，在街头博弈场域中各个治理主体通过策略性行动推动了国家统一性的扶贫政策的落地，但也导致了国家自主性的损耗及国家权威的递减。

---

① 欧阳静．策略主义与维控型政权［D］．武汉：华中科技大学，2010．
② 李元元．双面国家："国家知识"的人类学阐释——基于与西方国家中心主义范式的比较研究［J］．世界民族，2017（4）：1-9．

在标准化与乡土性并存的贫困治理场域，标准化的国家治理体系与基层政权的自主性呈现一种情境性的动态关系，体现了贫困治理场域中不同层级政府之间、基层政权与民众之间的多元博弈图景，国家看似在农村精准扶贫领域是一个"无比强大"的形象存在，但同时国家在实践中仍然是以治理能力有限性的角色而存在，国家自主性在贫困治理情境中呈现逐渐递减的态势，国家自主性是以一种"有限的自主性"的面向呈现。尽管国家通过标准化的制度体系让国家自主性得到很大提升，但在不同的情境与场域中，国家自主性、基层（政府）自主性及社会自主性三者的关系在博弈呈现情境化中呈现不同的格局：在制度情境中的国家自主性最强，它将国家政策的话语与目标通过制度体系有效嵌入基层社会；而在行为情境中的国家自主性则开始弱化，基层自主性开始发挥很大作用，特别是在基层政权自由裁量权的影响下，国家治理的制度规则开始发生变通；而到了关系情境这一场域，社会自主性得到了最大程度的发挥，由于街头博弈给予了农民进行博弈与利益表达的空间，国家自主性由此被进一步压缩。国家自主性的有限性是指国家对社会的渗透及国家能力是有限度的，并不是指社会对国家的反嵌导致了国家的无能，这种社会对国家的渗透及抵制也是有限度的，它并不能决定国家政策的制定与制度安排，只是代表了国家治理能力的有限性。

（二）贫困治理情境中的国家自主性是非均衡性的

诺斯认为，正式制度及其实施将会导致一个非均衡状态出现。① 由于贫困治理政策话语与行动的分离、标准嵌入与执行过程中数字化治理的脱嵌及价值规范与日常实践的断裂，国家基础性权力在乡村社会仍然较弱，贫困治理场域中的国家自主性呈现"非均衡自主"的面向。对L乡贫困治理的实践过程研究发现，国家自主性在不同的情境中呈现一种非均衡性自主的态势。农村精准扶贫中国家自主性的非均衡性主要体现在治理能力的非均衡性与治理主体关系之间的非均衡性：一是农村精准扶贫政策制定、执行及效果之间存在非均衡性，二是在博弈过程中上级政府、基层政权与农民之间也存在多向度的非均衡性。

首先，国家自主性的有限性，它一方面体现了农村精准扶贫政策执行情境的非均衡性，另一方面也代表了国家治理能力的非均衡性。在现代国家的

---

① 诺斯. 制度、制度变迁与经济绩效 [M]. 杭行，译. 上海：上海三联书店，2014：58.

建构过程中，国家自主性作为一个重要层面，也是衡量国家治理能力的重要指标。在贫困治理的政策实践过程中，"国家治理能力在某一时段或整个时段是不平衡的"①。对贫困治理情境转换过程的研究发现，贫困治理场域中的国家自主性呈现强目标的政策制定力、约束的情境均衡性以及能力的非对称性实践。在制度情境场域，国家标准化制度体系的建构试图加强对基层治理主体的行为控制；而在行为情境场域，在基层政权自由裁量权的运用下，强约束下的变通成为基层政权的行为策略；而在关系情境场域，贫困治理呈现一种"选择性均衡"的博弈格局。在贫困治理情境转换的过程中，贫困治理制度体系经历了"规则延伸""规则生成"及"规则融通"的话语转换，贫困治理的规则体系也在这种转换中被置换，"规则软化"及扶贫标准的约束力不断递减成为贫困治理情境转换的实践面向。嵌入乡村社会的贫困治理体系，作为一个兼具控制性、变通性的场域，乡村社会的运行规则对贫困治理的正式规则进行反嵌，进而导致贫困治理的国家意图被后者所形塑。标准化的贫困治理制度体系构建，是破除我国"一统体制与有效治理"悖论的重要机制，但在现实中，标准化治理仍然被"一统体制与有效治理"悖论所束缚，标准化的贫困治理体系仍然无法构建一种制度化均衡的博弈体系，贫困治理体系的博弈过程呈现情境均衡性特性，贫困治理效能也无法真正实现精准化治理的目标，贫困治理结构与治理能力的非均衡性日益体现。

其次，国家自主性的非均衡性也体现了贫困治理情境中治理主体关系之间的非均衡性。进入现代化进程以后，中国国家治理一直面临着双重任务：一是现代化及其相伴随的国家化，二是现代国家建构中的民主化。由于中国社会现代化发展的非均衡性，现代化的国家治理体系尚未完全建立，导致政治与社会关系的非均衡性日益突出，在某些领域甚至出现了断裂，这构成中国现代化国家建构的基点。② 在农村精准扶贫这一场域，标准嵌入的过程实质上是国家建制性权力建构的过程，贫困治理场域中的国家自主性，实质上是中央政府自主性、基层自主性与社会自主性的关系实践形态的综合体。蒂利认为，国家是在一片边界明确的领土上控制着主要的集中强制手段，在某些

---

① EVAQNS P B, RVESCHEMEYER D, SKOCPOL T. Bring the State Back In [M]. Cambridge: Cambridge University Press, 1985: 359.
② 徐勇. 现代国家建构中的非均衡性和自主性分析 [J]. 华中师范大学学报（人文社会科学版），2003（5）：97-103.

方面享有凌驾于同一领土上运行的其他一切组织的优先权的独特组织。它主要包括以下三方面特征：它与在同一领土活动的其他组织存在差异性，它是自主的；它是集权的；它的各个构成部分之间存在正式的协作关系。① 在蒂利的概念中，它有三种主要成分：（1）一套社会关系以交换和资本积累为特色，在这种社会关系中集中产生了城市，不平等建立在剥削上；（2）另一套社会关系以强制为特色，在这种社会关系集中的过程中产生了国家，不平等建立在统治上；（3）一整套由国家执行的活动，其中包括国家代理人从其他人那里获取资源。② 蒂利对国家的界定与国家自主性的阐述，尽管建立在强制与资本的关系层面，但它表明了国家自主性的非均衡性，在不同的地区，执行同样的国家活动会产生不同的结构，并产生不同的组织体系。

标准化作为现代国家社会规制和国家治理的核心要素，是现代国家治理的基础性制度。但在贫困治理的政策执行过程中，基层政权与农民在进行博弈和实现自我利益的过程中，都只是将扶贫标准作为一种权宜性工具，而不是真正遵循的标准，国家自主性在乡村社会的再生产过程中呈现非均衡性自主的实践形态。在贫困治理政策执行的过程中，国家、基层政权与农民之间的博弈，尽管可以在特定情境场域中实现均衡，国家的治理意图在很大程度上得到实现，但这种均衡却很容易根据情境的变化而变化，一种情境均衡随着情境场域的变化又马上会陷入非均衡的状态，贫困治理的标准也就陷入重复博弈与解码的过程。也就是说，在非均衡性自主的视野下，依托标准化的制度体系构建，尽管国家在贫困治理场域掌握了较强的治理能力，但中央政府的治理能力在不同的情境下呈现较大的差异性；基层政权虽然要在上级政府（特别是中央政府）的制度框架范围内行动，但对于上级政府的控制具有较强的自主性。在贫困治理场域，政府对乡村社会的控制力虽然通过标准化治理体系得到有效加强，但村民也通过标准化的治理机制对基层政权进行了反向控制，农村精准扶贫政策执行陷入非均衡博弈的格局。尽管贫困治理情境的国家自主性呈现"有限的非均衡自主"的实践形态，国家扶贫政策在自上而下嵌入的过程中遭遇了社会的反嵌，但国家通过标准化的治理体系有效

---

① 蒂利. 强制、资本和欧洲国家（公元990—1992年）[M]. 魏洪钟, 译. 上海：上海人民出版社, 2007：144.
② 蒂利. 强制、资本和欧洲国家（公元990—1992年）[M]. 魏洪钟, 译. 上海：上海人民出版社, 2007：144.

提升了贫困治理能力，为在规定的时间内实现全面脱贫这一宏大战略提供了保障。

二、社会中的国家：贫困治理情境中国家自主性实践的逻辑

国家自主性的"有限的非均衡性自主"的实践面向，体现了国家在任何治理情境中都是有限国家的角色存在：国家作为观念和实践的综合体，"国家神论"与"国家无能论"都无法准确概括国家的特性。正如米格代尔将国家定位为"一个权力的场域，其标志是使用暴力或威胁使用暴力，并被以下两个方面所形塑：（1）一个领土内具有凝聚性和控制力的、代表生活于领土之上的民众的组织的观念；（2）国家各个组成部分的实践"①。米格代尔将国家定位为"观念中的国家"与"实践中的国家"两个层面，"观念中的国家"作为国家强制及权威的代表，代表了国家治理的清晰性；而"实践中的国家"代表了国家的现实形态，体现了国家治理的模糊性。国家作为一个自相矛盾的实体，国家的理念在现实中会遭受地方知识的反嵌，进而改变国家的形态以及现实社会秩序。

贫困治理场域中的国家自主性，它更多的是以"控制"的话语来实现国家的治理效能，但在贫困治理情境的转换过程中，由于基层政权的自由裁量权与乡村社会的反嵌，导致国家自主性呈现"非均衡嵌入"的相对自主性的形态，在实践过程中嵌入能力不断减弱。农村精准扶贫政策治理情境的转换，体现了"社会中的国家"的逻辑：国家的治理目标在嵌入社会的过程中被社会重塑。国家不仅是一套制度性安排，它还处于与社会与其自身内部各种组成部分之间的竞争当中，争夺对规则制定的支配权。②在贫困治理情境中的国家，它更多是以一种"有限国家"的角色存在：国家的制度与政策在自上而下嵌入过程中，国家意志并不能完全实现，国家对社会的渗透也遭遇了社会对国家的反渗透，进而限制了国家实施政策的能力。在标准化与乡土性共存的治理场域，国家扶贫政策在自上而下嵌入社会的过程中，国家的治理意图被基层治理主体的实践所扭曲，影响了贫困治理的效能。标准化治理是破除

---

① 米格代尔. 社会中的国家：国家与社会如何相互改变与相互构成 [M]. 李杨, 郭一聪, 译. 南京：江苏人民出版社, 2013：2.
② 刘拥华. 抗争政治与有限国家：对一起企业纠纷案例的分析 [J]. 社会科学, 2017 (5)：61-78.

我国"一统体制与有效治理"悖论的重要尝试，但在现实中，标准化的治理体系仍然被"一统体制与有效治理"悖论所束缚，标准化的贫困治理面临结构性困境：目标的不确定性、约束的差异性、博弈的情境均衡性。一方面，在贫困治理的制度结构中，贫困治理的规范化、程序化程度不断加强，国家的治理意图在基层社会得到理性化与抽象化的建构；但与此同时，非正式的运作成为隐藏在标准化治理体系中的重要文本，由此生成了一个标准变通及博弈的空间。在贫困治理制度、行为及关系情境的转换过程中，乡村治理结构呈现多元脱耦的困境：贫困治理话语与现实行动的分离带来的治理过程的脱耦、扶贫标准嵌入与执行过程中治理目标的偏离、贫困治理价值规范与现实实践的张力以及贫困治理价值规范与政策实践的张力，贫困治理的规则紊乱导致了贫困治理结构的"非均衡嵌入"。

在贫困治理情境的转换过程中，中央政府通过标准化制度体系的嵌入，在常规的目标设定与督查考核之外，通过出台纲领性、指导性的专项政策等多种控制手段来规训地方政府的偏差行为[①]；而基层政权通过自由裁量权的行使，对国家扶贫标准和制度体系进行强约束下的变通，来应对上级政府自上而下的考核及验收；而在贫困治理的关系情境过程中，上级政府、基层政权及农民在博弈过程中，各个治理主体之间无法真正掌握主导权，扶贫标准和制度规则更缺乏约束力，导致贫困治理主体之间的非均衡博弈。国家在某种程度上建构了它们的社会，而社会也在某种程度上建构了它们的国家。[②] 国家本身就是社会中的一个主体，它无法真正与社会完全隔离，不可避免受到社会其他主体的影响，它在改变基层社会的同时，基层社会也在改变着国家。国家试图用标准化的数字来衡量基层社会，但在贫困治理的实践过程中，无论是在精准识别还是在精准管理的过程中，国家数字化的标准偏重经济性，相对忽视了乡村社会的文化伦理视角，进而导致了标准嵌入与执行过程中数字化治理的脱嵌。

标准化作为现代国家的重要治理机制，它本身也是国家制度体系建设的组成部分，贫困治理的情境转换过程是国家治理体系在基层运作与实践的缩

[①] 吕方，梅琳．"复杂政策"与国家治理：基于国家连片开发扶贫项目的讨论［J］．社会学研究，2017，32（3）：144-168，245.

[②] 米格代尔，阿里，苏．国家权力与社会势力：第三世界的统治与变革［M］．郭为桂，曹武龙，林娜，译．南京：江苏人民出版社，2017：368.

影。贫困治理标准是一种静态的制度体系,但它在基层社会实践的过程中是动态性的,国家通过贫困治理标准将自己的治理意图向基层社会进行渗透,在将分散的政府力量进行整合的过程中提升了治理效率。"标准作为充分反映各方利益的产物,同时也可以被认为是各方利益妥协的产物,它在整合社会分散主体、聚合多元利益之后,国家在与社会妥协的过程中形成了凌驾于各共同体之上的强制力。因此当有群体因为另一群体不遵守标准导致其利益遭受损害时,国家必须以标准为蓝本强制规范各方行为。否则,国家存在的合法性将受到极大削弱,并将影响到国家治理能力的发挥。"[①] 国家通过标准化的规则体系来改造乡村社会结构的过程,并不是国家权力对乡村社会的单向度渗透,乡村社会也通过对国家力量的援用与反嵌,进而构建一种双向互动的治理结构。

从国家与社会的角度来讨论国家自主性,国家自主性是受到社会"情境"制约的,本身也并不是任意可为的,即使符合社会需求的标准也可能面临地方和基层的曲解,而变通可能因为标准本身的不完善而需要调整。在贫困治理情境的转换过程中,在国家政策文本层面,通过标准化的制度体系建构了一套清晰的扶贫标准;而在地方政府的政策执行情境中,它通过对国家文本中的扶贫标准进行再编码,形成了地方政府执行过程中的扶贫标准;同时在农民的参与情境之中,它又形成了一套在现实中发挥作用的标准。因此,在精准扶贫场域中的标准化治理,在实践过程中呈现了三套标准(想象的标准、执行的标准及现实的标准),不同的标准体现了贫困治理政策在自上而下嵌入过程中的实践面向。从标准的实践面向来看,标准的曲解与变通既有基层政权在自我利益化考量下的变通,也有国家扶贫标准体系制定的不科学以及缺乏兼容性的因素,同时也可能是基层政权为了更好地执行政策对国家标准的合理性变通。精准扶贫的标准仅仅在政策文本的应然性规定中执行,在理论上可能是有效的,但在执行过程中除了要执行文本规定中的标准,还需要区分不同类型的群体、回应不同的需求,在不同的情境中要有不同的执行策略。在标准化治理制度体系自上而下嵌入的过程中,标准的简化与清晰化并没有消解或者简化政策执行过程的复杂性,相反,随着标准化的控制力度不断加

---

① 刘志鹏.通过标准建构国家:基于《中国药典》的历史研究[J].甘肃行政学院学报,2018(5):46-55,126.

强，基层政权的自由裁量空间减少了，扶贫干部在具体情境下的行为选择策略也减少了，因此降低了应对复杂情境的治理能力。农村精准扶贫是实现共同富裕的政策目标，为了实现这一政策目标，国家通过构建标准化的制度体系来保障农村精准扶贫政策的嵌入。但在政策嵌入的过程中，由于国家对乡村社会的整合能力越来越弱，面对村民争当贫困户以及上访的情况，基层政权将扶贫资源作为一种治理资源与国家对于乡村社会的维稳目标相契合，在这种背景下，扶贫标准的变通也就被国家所默认。

也就是说，处于急剧转型期的中国乡村社会，以规则嵌入与技术治理为导向来构建标准化的乡村社会秩序的国家话语表述与多元性及模糊性的乡村社会规则实践的鸿沟，是当前乡村治理困境的重要表征。在第六章的分析中，我们可以看出贫困治理情境中的乡村治理结构是介于简约式与规则化之间的：基层治理并非完全按照标准化、科层化、规则化的治理体系进行运作，也并非集权简约式治理的形式，而是介于二者之间，技术化与规则化治理是其外壳及发展趋向，而简约式仍然是其内核。治理目标代表着国家治理的意图，治理的过程代表了国家对社会的改造，国家标准化的治理体系在改造社会的同时，往往会通过标准化的机制把社会简单化为单一的模式，国家标准化希望在治理社会的过程中社会能够按照国家的意图进行改变，尽管国家治理基因嵌入社会之中，但社会却并非一个被动的治理对象。[①] 由于国家并不是与社会完全隔离的，贫困治理的目标是实现国家整合目标与乡村治理目标的有机统一，将贫困治理有效嵌入乡村治理体系中，通过标准化、规则化的治理体系的构建来实现乡村治理的现代化。但在简约式与规则化共存的贫困治理结构的影响下，贫困场域中的国家自主性在"情境损耗"中呈现层级递减的悖论，导致了标准化治理的结构与功能的脱耦。

第二节 标准化与国家自主性的内在张力

贫困治理情境中国家自主性的实践困境，是我国基层治理现代化过程中

---

① 彭亚平. 技术治理的悖论：一项民意调查的政治过程及其结果 [J]. 社会，2018，38 (3)：46-78.

所面临的困境的重要表现：在规则性与乡土性的双重情境中，传统乡村社会的治理体系逐步走向瓦解，但基层治理无法真正向规则化治理的现代化转型。在中国国家治理结构的影响下，国家自主性的情境形态主要呈现两种形态：一种是中央和地方间多层次纵向结构，这表明中国国家自主性在国家内部关系维度超出了"回归国家学派"的视野；另一种是现代国家治理中国家同其他治理主体间关系的横向结构。① 纵向治理与横向治理结构的复杂形态，导致中国国家自主性超越了国家与社会简单的二元对立关系。国家自主性在实践过程中的"情境损耗"，是近代以来国家基层政权建设问题的延续，即国家通过标准化、制度化及技术化的治理体系来建构一个理性化、制度化的基层官僚体系，以此来提升国家对乡村社会的治理能力。国家为了提升对社会的治理能力，不断通过政权下乡、规则下乡等机制来加强乡村社会的整合，但基于规则与组织的标准化治理体系，并没有真正消除我国乡村治理"双轨政治"的运作体系，反而在实践过程中导致双轨中的社会这一层面力量的不断消解，标准化在国家治理过程中是一把"双刃剑"，它在国家治理实践过程中存在内在张力，导致了国家标准化治理体系在基层社会的脱耦。

现代国家治理体系是一个有机的、协调的、动态的和整体的制度运行系统，其本质就是规范社会权力运行和维护公共秩序的一系列制度和程序。② 标准化作为现代国家治理的重要范式，同时也是国家基层政权建设延续的重要表征，它是一种约束政府纵向关系与处理政府和社会关系的媒介，它绝非一种单纯的技术治理载体，它是一种规则化治理的范式，它涉及治理体系各个方面的变革。国家为了保障特定的治理任务在基层社会得到有效执行，将相应的治理任务转换为若干标准，再将标准进行分解、嵌入、运行及再调整；同时国家围绕治理标准进行严格的考核监督，并将其与地方官员的升迁及奖惩有效结合起来，由此生成了中国独特的标准化治理路径。标准化的治理范式是遵循理性主义的治理思维，强调专业化、程序化与技术化的治理逻辑，通过规则制度的嵌入来保持基层治理体系的"控制权"，是权力实践"清晰性"的载体。作为技术化治理的机制，它以数目化管理等现代社会的治理技

---

① 张力伟，李慧杰. 理解中国国家自主性：理论源流、现实差异与调适路径 [J]. 辽宁大学学报（哲学社会科学版），2018，46（4）：30-36.
② 俞可平. 走向国家治理现代化：论中国改革开放后的国家、市场与社会关系 [J]. 当代世界，2014（10）：24-25.

术为核心，以程序化和标准化运行为方向，以达到国家治理精细化的目标。技术化治理与规则化治理的双重维度，构成了标准化治理范式的机理：作为制度构建的一种范式内含价值理性的逻辑，是为了实现社会的公平正义，是通过具体的、明确的、统一的规则来建构清晰性的治理秩序；作为治理技术的标准化，它内含工具理性的逻辑，是为了达到"控制"的目的。

首先，从技术化治理层面来看，标准化是现代国家治理日益精细化的体现。标准化治理与福柯所论述的现代国家"治理术"既有相似之处，也存在很大区别。"治理术"强调国家治理的"规训"与权力实践的弥散化，而标准化治理则强调权力实践的精细化。在黄仁宇看来，数目化管理是现代国家治理体系转型的重要标志：数目化管理作为资本主义在统治和管理技术上的典型标志，是现代国家治理能力提升的重要体现。① 在技术化治理的视野下，数目化的指标与程序的嵌入能够在国家治理过程中建立较好的激励与约束相容机制：它有利于减少动员及考核成本，能够通过清晰性对地方政府和基层政权的规则进行评估，并通过奖惩体系来调动地方政府的积极性。农村精准扶贫是国家标准化治理的重要尝试，国家通过对农村精准扶贫各个领域嵌入清晰性的指标体系，来达到贫困治理清晰化的目标。毋庸置疑，技术化的治理范式强化了对基层治理的考核，提升了国家对基层治理过程的控制，推动了基层治理权责清晰化的转型。

但技术治理的有效运转需要相应的社会土壤支撑，同时也需要建构一个现代化的治理体系。在技术下乡的过程中，技术治理的范式存在"价值理性"与"工具理性"的张力，产生了双重合法化的"悖论"："一是在程序技术的基础上，基层治理的规范化为科层化治理提供了合法化的原则，基层政权的治理权责通过专业化的指标体系，为行政过程中的程序合法化提供基础；二是技术化、规范化的行政过程很容易转化为工具化的基层治理机制，政府的行为在指标体系的包装下，事本主义逻辑替代了政策的原本目标逻辑。"② 在国家治理体系的运转过程中，国家技术化治理的范式带有很高的价值理性，国家希望通过技术化治理的范式来传递国家政策治理价值理念，进而实现秩序的建构及增强国家的公共性特征。而地方政府作为中央政府在基层社会的

---

① 黄仁宇. 资本主义与二十一世纪 [M]. 北京：生活·读书·新知三联书店, 1997：254.
② 渠敬东, 周飞舟, 应星. 从总体支配到技术治理：基于中国30年改革经验的社会学分析 [J]. 中国社会科学, 2009 (6)：104-127, 207.

代理者，地方政府在落实国家政策的过程时，更多的是将技术治理的范式作为一种治理策略或者工具，在实践中将技术治理理念工具化。我国公共政策执行过程遵循分级治理的原则，基层治理的过程具有很强的情境性，基层政权的行为难以依靠标准化的指标体系进行精准测量，技术化治理在实践过程中具有很大的限度。技术化的指标和程序有效运转的前提是行政绩效可以测度，但基层政权的工作能力、工作态度等在实践中难以真正考核、量化，特别是在一些较为模糊的治理情境，无论标准体系制定得多么科学、精准，它都难以通过数字化的表格实现精准测量。同时，技术化治理在实践过程中存在"手段与目标"之间的冲突，单纯依靠技术无法控制政策在基层政权的变通行为，特别是在压力型体制的影响下，指标体系导致了极端的工具理性的产生，各类指标不断嵌入基层社会以后，基层政权疲于应付各类指标体系，进而导致指标体系在实践过程中的形式化与选择性执行。由于农村精准扶贫政策执行涉及的政府层级较多，数目化管理的链条十分漫长，过度依靠扶贫指标会导致"数字化脱贫"现象出现，技术化治理的"手段与目标"倒置导致贫困治理标准与相关指标脱嵌于乡村社会，进一步加剧了标准化治理工具理性与价值理性之间的张力。

其次，从规则化治理层面来看，标准化是国家治理日益规则化的体现。基层治理现代化的过程，是公共治理规则在乡村社会建立及乡村社会再整合的过程，如果没有制度化的公共规则，国家整合就无法持续而稳健地实现，作为一个重新发现乡村的过程，如果不尊重乡村社会自身的特性与运作体系，国家整合将是高成本而低绩效的。[①] 标准化是优化国家治理制度体系的重要机制，标准化的制度体系有效加强了中央权威，中央政府的意志在很大程度上在基层社会得到有效实现，同时标准化制度体系也整合了社会的力量，对现代国家建构具有重要的意义。在贫困治理这一场域，国家对乡村社会的整合采用标准化及技术化的方式，力图使国家意志在乡村社会得到贯彻，同时力图让乡村治理主体成为现代化、规范化的现代治理主体。在治理体系现代化的考量下，国家不断推动规则下乡来加强国家基层政权建设，基层治理也向科层化、规则化转型。

---

① 韩鹏云. 国家整合乡村的运行逻辑与路径重塑 [J]. 南京农业大学学报（社会科学版），2018，18（4）：17-26，156.

然而，在标准化的制度体系的运行过程中，存在着刚性的规则体系与自主性行动之间的内在张力。在标准化的制度体系的日常运作过程中，行动者的行动不仅是刚性规则约束的产物，同时也与非正式制度及行动者的自主性紧密相关。从规则化治理的视野来看，标准化治理体系的有效运行必须建立在科层化的结构框架之上，即嵌入社会关系中的、一个个具体的公职人员无法超越特殊主义原则而将自己抽象化、一般化为官僚机器中的一枚枚按部就班、按章行事的螺丝钉。[1] 由于乡村治理情境的不确定性，标准化的刚性规则在复杂化的治理情境中无法发挥出预想中的效果，标准化的制度体系在实践过程中呈现权威不确定性的困境。规则化和科层化相互耦合的基层治理体系的建构，由于与基层社会日常治理之间的错位，它在实质上加重了乡村基层治理的运行成本，反而消解了国家规则化治理在基层社会的合法性。乡镇政府作为国家在乡村社会的代理人，它既是国家在基层社会的代表，又是政府组织体系的一环，在基层治理体系中是属于弱者的角色。面对国家自上而下的标准化治理体系，基层政权依托自身自由裁量权的运作策略，来拓展日常治理的行动空间。由于街头空间中的主体行动在情境中具有多元性和建构性的特征，标准化的制度和规则体系在贫困治理情境转换及公共政策执行链条的转换过程中，在某种程度上出现了规则断裂的现象：国家越是嵌入乡村社会，乡村社会的多元化及模糊性就越会在国家治理体系中显现出来，无论政府如何细化规则或者明晰标准，都无法真正消除刚性的规则体系与自主性行动之间的内在张力。

在贫困治理情境结构化再生产的过程中，贫困治理是嵌入特定的社会情境中，进而形成标准化的治理体系及非正式的乡村社会结构的圈层结构。在这一治理场域，贫困治理所建构的治理情境也变成了一个动态的、多重博弈的情境场域，每个情境场域都有特定的运作系统。规则化的治理体系在乡村社会尚未完全建立，标准化的正式制度体系与模糊性的非正式制度在实践过程中面临规则话语失调与结构脱耦的格局，乡村治理在规则化与乡土性之间徘徊，无法真正向规则化治理转型。国家自上而下向乡村社会输入的规则体系并没有占据主导权威，基层治理面临多重规则体系共存的格局，基层治理的多元主体为了规避多元规则的风险，容易陷入无效化均衡的格局。纵观近

---

[1] 欧阳静. 策略主义与维控型政权 [D]. 武汉：华中科技大学，2010.

代以来的国家基层政权建设研究,从基层治理规则入手来探讨国家公共规则与乡村非正式规则的耦合与互动的过程,可以发现基层治理实践中的治理主体如何有选择地放大(或强调)符合自身利益诉求的规则以影响治理,抵制不符合自身利益的规则以改变治理从而使农村基层治理因为规则的不平衡、冲突甚至混乱而陷入困境。① 在当前中国乡村社会转型的时代背景下,国家在乡村社会的专制性权力日益缺失,但基础性权力又尚未确立起来,国家对乡村社会的治理权威尚未有效建立,导致了国家对乡村社会的嵌入能力没有得到有效提升。

从技术化治理和规则化治理两个层面来审视标准化,标准化与国家治理之间存在内在张力:标准化的工具理性与价值理性的张力及刚性的规则体系与自主性行动之间的内在张力。在这种双重张力的影响下,在形式上依托规则化和技术性的治理机制,国家治理只能在表面上实现程序正义,而无法实现实质性的治理效能的提升。通过贫困治理情境转换过程的研究发现,在基层治理场域标准化治理也存在一定的局限性,在标准化治理体系的建构过程中,如何处理好工具理性与价值理性的关系,直接影响了治理路径的选择及治理效能的发挥。标准化与国家治理之间的内在张力,体现了国家在乡村社会嵌入性能力不足的困境。在维斯看来,国家的嵌入性能力主要包括三个维度:第一个是"渗透"力量需要国家进入社群并能与人民直接互动的能力,第二个是汲取的力量,第三个是建制性权力的"协商"维度。② 当国家能够有效嵌入并保持相应的自主时,国家力量就会增强,相反国家力量就会减少。刘召通过与西方国家自主性的比较分析提出:中国国家自主性的弱化,是专断性权力的过度膨胀且缺乏有效约束与国家基础性权力结构性弱化共同导致的。③ 但通过对贫困治理场域下的乡村治理结构的研究发现,当前贫困治理政策执行场域中的国家自主性有待提升,国家专制性权力在乡村社会不断缩减,而国家基础性权力在乡村社会仍然不足,贫困治理标准化的实践困境是基层治理现代化困境的重要表现:基层治理无法真正向规则化、精细化的现代化

---

① 狄金华,钟涨宝. 从主体到规则的转向:中国传统农村的基层治理研究 [J]. 社会学研究, 2014, 29 (5): 73-97, 242.
② 维斯,霍尔森. 国家与经济发展:一个比较及历史性的分析 [M]. 黄兆辉,廖志强, 译. 长春:吉林出版集团有限责任公司, 2009: 9.
③ 刘召. 国家自主性理论的批判与重构 [D]. 南京:南京大学, 2012.

治理体系转型。

第三节 治理现代化视野中国家自主性提升的路径

贫困治理情境中国家自主性的实践形态，从某种层面来说体现了自近代以来国家基层政权建设尚未完成，国家对乡村社会的渗透、控制及改造尚未完全达到国家规划的预期效果。国家自主性有限的、非均衡性的特性体现了国家自主性是一种在现实中建构的产物，同时也代表了国家基础性权力在乡村社会仍然有待提升。在推进国家治理体系和治理能力现代化这一时代背景下，加快贫困治理体系与治理能力的现代化，具有十分重要的理论与现实意义。

国家自主性是现代国家建构的重要话语目标，而国家治理体系的现代化是提升国家自主性的重要路径。从专制性权力与基础性权力的视野来看，国家自主性理论重构的方向是构建制度化的国家自主性，其实质是国家权力的制度化，具体到中国的实际情况则要求规约国家权力，构建有限政府，同时完善基础性国家权力，以构建有效政府。[1] 为了保障国家意志在基层社会得到有效执行，需要破除标准化在国家治理场域中的张力，改变上级政府、基层政权与农民之间非均衡博弈的格局。

贫困治理情境中国家自主性的提升，实质上是处理国家自主性、基层自主性及农民自主性三者之间的关系。在上文的分析中，可以明显看出国家自主性与基层治理情境紧密相关，国家自主性实践形态的重构也必须在贫困治理情境中进行。互赖式治理体系的建构核心是建构一种均衡性的国家治理体系，进而实现治理主体之间关系的均衡及行动的制度化均衡。从理论上来说，上级政府、基层政权及农民三者之间关系的镶嵌与行动上的合作，是国家自主性最理想的实践形态，镶嵌代表了三者之间的合作与共存，而自主则代表了各个治理主体之间都具有相对自主的行动力。在2020年年底我国正式完成脱贫攻坚任务以后，需要建构制度化均衡的相对贫困治理体系，进而实现相关治理主体之间的均衡性互动。公民权作为现代国家建构的重要内容，是通

---

[1] 刘召. 国家自主性理论的批判与重构 [D]. 南京：南京大学，2012.

过制度和法律来建构公民身份，进而塑造现代社会的国家与公民关系，而标准化作为界定政府职责的重要机制，也是明确政府与公民关系的重要路径。为此，在贫困治理体系的建构过程中，需要通过政府与社会的"镶嵌"来实现政府与社会的互动。国家自主性需要结合具体的社会联系才能产生建制性力量，而是否能够产生有效协调的能力，在很大程度上要看基层权政的隔离性能否与社会相结合。当国家自主性能通过互赖式治理的过程转变时，建制性能力就会变大；反之，当隔离性或嵌入性减弱的时候，建制性能便不强大。① 而"镶嵌式自主"的国家自主性的实践形态，是通过政府与社会关系的均衡及上级政府与下级政府关系的均衡，通过三者之间的合作来实现乡村治理体系的有效运转，保障国家意志在基层社会得到有效执行。"镶嵌式自主"的国家自主性的建构，并不是要求国家与社会之间完全脱嵌，并将基层政治精英隔离在治理体系之外，而是需要通过上下级政府之间以及政府与社会之间的有效合作，来构建互赖式治理的格局。

"镶嵌式自主"的国家自主性实践形态的构建，要求保障国家治理相关制度体系的均衡性，进而实现各个治理主体之间在博弈中的制度化均衡。制度化均衡要求博弈主体与制度之间形成一种相互约束的关系，在均衡的约束中实现人与制度之间的均衡。在当前乡村治理体系的情境建构中，存在着规则化治理与非程序性治理的路径选择，如何处理标准化与乡土性之间的关系，不仅是贫困治理场域的重要话题，也是乡村治理体系重构的重要课题。要破除贫困治理场域国家治理效能不足的困境，需要破除单向度的控制的治理体系，构建国家与社会关系的镶嵌，通过互赖式治理来实现国家与乡村社会的互动，通过协商的话语来重构贫困治理标准化的路径。标准化作为重构基层治理体系的重要媒介，也是当前国家基层政权建设的重要路径。为有效提升贫困治理能力，需要进一步完善贫困治理标准化体系建设，通过制度体系的优化来提升国家基础性权力。"法律必须被信仰，否则它将形同虚设。"② 在贫困治理政策执行过程中，只有提升贫困治理标准化的兼容性与科学性，才能保障国家政策在基层社会得到有效执行，否则扶贫标准就成为基层治理主体之间有选择性挪用与变通的媒介。

---

① 维斯，霍尔森. 国家与经济发展：一个比较及历史性的分析 [M] 黄兆辉，廖志强，译. 长春：吉林出版集团有限责任公司，2009：270.
② 伯尔曼. 法律与宗教 [M]. 梁治平，译. 北京：商务印书馆，1991：28.

为有效提升贫困治理场域的国家自主性,就政府治理体系的关系来说,需要从单向度的控制关系向互赖式治理关系转型。要建构现代化的贫困治理体系,需要将国家、基层政权与农民之间的关系从一种博弈的关系转变为一种合作的关系,进而建构一种"镶嵌式自主"的国家与社会的关系。"镶嵌式自主"关系建构的前提,是要清晰界定各级政府的治理权责,并调整政府与农民之间的非对称关系,通过对称均衡的关系建构来实现国家与社会关系的镶嵌。为此,在推进贫困治理标准化体系建构的过程中,需要国家建立一套科学合理的考核体系,破除"唯指标化"的政府绩效考核体系,通过正确引导地方政府的治理行为,改变当前激励与惩罚制度体系异化的格局。同时,为提升国家基层治理的效能及破除国家治理结构的内在张力,必须加快国家治理的法治化建设,通过法治化明确各级政府的权责,将标准化治理纳入法治化建设的进程,进而提升标准化在治理中的权威。

构建"镶嵌式自主"的国家自主性实践形态,实现基层治理场域中国家、基层政权与农民之间的均衡互动关系,是基层治理现代化的一种理想治理模式,或者说是推进基层治理体系重构的未来发展方向。具体来说包括两个层面:一是从国家意志贯彻的层面,二是从基层社会的政治重塑层面,且第二个层面服从于第一个层面。① 为此,需要坚持适度标准化的原则、建立健全权威有效的自由裁量权基准、加强农民的组织化体系建设、充分发挥标准化的"协商"价值属性来破除贫困治理场域单向度的控制关系,进而实现国家与社会的互动及国家治理能力的有效提升。但这种模式并不是一蹴而就的,需要通过标准化来界定权力边界,进而重塑基层政权的公共性结构,增强国家在乡村社会的基础性权力,建构具有公共性的基层治理结构。也就是说,以治理体系现代化为目标的贫困治理体系的构建,需要在法治化的平台上协调各方利益,由结果导向的标准化控制转变为更加严谨精细并体现法治民主的以内部管理为主、民主监督为辅的战略工具,成为推进乡镇政府、上级政府、社会、村民良性互动和理顺政府职能为导向的标准化治理体系。②

总之,为有效提升贫困治理效能,破解贫困治理场域国家自主性的实践

---

① 李祖佩. 分利秩序:鸽镇的项目运作与乡村治理(2007—2013)[M]. 北京:社会科学文献出版社,2016:316.
② 秦晓蕾. 我国乡镇政府绩效考核控制、博弈中的异化及改革路径[J]. 江苏社会科学,2017(3):125-133.

困境，需要摒弃单一化的国家治理思维。具体到贫困治理场域，需要坚持适度标准化的原则、建立合理有效的基层政权自由裁量权基准以及加强农民的组织化体系建设，建构贫困治理的可持续发展机制，以此来构建"镶嵌式自主"的国家自主性实践形态，这样才能真正实现国家贫困治理的目标，实现乡村振兴的伟大战略。

第四节 研究展望

限于理论功底与调研材料，本研究还存在许多不足。由于调研主要集中在乡镇及村层面，没有涉及县、市层面的调研，没有深刻阐释县市两级政府在精准扶贫政策执行的逻辑及策略。本研究是以 L 乡精准扶贫作为典型的个案研究，对村庄层面的运作策略也无法进行深描，特别是基层政权对于国家扶贫标准策略性变通的实践形态，有待进一步深入探讨。标准化不仅是贫困治理的重要机制，还是现代国家重要的治理范式，所以加快标准化治理的理论与实践研究有待进一步深入挖掘。同时，在研究层面，尽管试图跨越"技术治理""制度结构"的研究范式，但在研究过程中实质上是将两者进行综合，并主要沿用了"制度、行为与结构"的解释框架，重点关注了"情境"对"行为"的影响，但这一视角相对忽视了"行为"对"情境"的建构作用，同时也在某种程度上夸大了贫困治理场域中"博弈"的维度，有将精准扶贫与贫困治理视为一种"冲突"场域的倾向。此外，本研究涉及的关键词较多，对贫困治理场域国家自主性的分析仍然是在国家与社会关系这一结构性框架中进行的，由于对国家、基层政权及农民三者之间的关系形态无法借助个案进行深描，所以对贫困治理情境中的国家自主性有待深入探讨。

首先，中国特色标准化治理的理论范式建构，有待进一步拓展。标准化及标准化治理作为起源于西方企业管理的理论范式，在中国特色治理话语的背景下，如何在系统总结中国标准化治理有益经验的基础上，进而推动中国特色标准化理论范式的发展，具有十分重要的理论与现实意义。学术研究的核心在于解释及解决问题。在以往的研究中，对标准化的研究主要从标准化学科或者公共服务的视野探讨公共服务标准化体系的建构；在后续的研究中，可以借助定量分析，深入分析标准化在国家治理领域的实践。同时，标准化与自由裁量权作为基层治理情境的重要变量,如何建构科学合理的自由裁量权基准,对推动基层治理现代化具有重要的理论与现实意义。在标准化治理范式的力量下,如何清晰界定基层政权(特别是乡镇政府)的角色定位,是推进乡村治理现代化的重要路径。特别是在中共中央办公厅与国务院办公厅印发了《关于加强乡镇政府服务能力建设的意见》以后,服务型政府的构建成为乡镇政府角色定位的未来发展方向,而绩效考核体系是乡镇政府职能转型的"指挥棒",如何破除压力型体制的弊端,也是当前推进基层治理体系和治理能力现代化的一个重要课题。同时,标准化治理作为技术治理与规则化治理的综合体,在乡村社会精细化治理的背景下,如何有效规避技术化治理的负面效应,也是当前基层治理需要探索的重要内容,这需要通过理论上的总结与经验上的持续验证。

其次,贫困作为世界的一大难题,如何建立常态化的相对贫困治理体系,也是当前需要研究的一个重要课题。在2020年年底中国脱贫攻坚任务取得绝对性胜利以后,绝对贫困正式退出历史舞台,中国也正式进入"后脱贫攻坚时代"。但由于贫困的多发性与农村贫困人口生计的脆弱性,2020年贫困人口的全部脱贫并不意味着农村贫困的完全终结,如何构建常态化的返贫治理机制,积极推进农村相对贫困的治理,是新发展阶段中国乡村治理必须解决的问题。在乡村振兴的时代背景下,建立健全"自治、法治、德治相结合的乡村治理体系",成为我国乡村治理体系重构的重要导向。如何建构科学合理的返贫预警及脱贫保障标准体系,保障"后脱贫攻坚时代"贫困治理体系的持续运转,将是当前贫困治理领域的研究方向。

最后,对中国国家自主性的分析,需要进一步通过个案去深入探讨国家自主性在基层社会的实践形态。通过具体情境来分析国家与社会的关系及国家治理能力,特别是伴随着改革开放以来农民与集体的双重解放,在乡村社会个体化的背景下,如何通过国家政策嵌入来实现乡村社会的整合,还有待进一步研究及拓展。为此,今后需要在中国式现代化的理论范式下,进一步推进中国国家治理现代化的理论探讨,进而深化中国国家自主性的研究。

参考文献

一、学术著作

[1] 波兰尼. 大转型：我们时代的政治与经济起源 [M]. 冯刚, 刘阳, 译. 杭州：浙江人民出版社, 2007.

[2] 波朗查斯. 政治权力与社会阶级 [M]. 叶林, 王宏周, 马清文, 译. 北京：中国社会科学出版社, 1982.

[3] 伯尔曼. 法律与宗教 [M]. 梁治平, 译. 北京：商务印书馆, 1991.

[4] 德雷兹, 森. 饥饿与公共行为 [M]. 苏雷, 译. 北京：社会科学文献出版社, 2006.

[5] 蒂利. 强制、资本和欧洲国家（公元990—1992年）[M]. 魏洪钟, 译. 上海：上海人民出版社, 2007.

[6] 杜赞奇. 文化、权力与国家：1900—1942年的华北农村 [M]. 王福明, 译. 南京：江苏人民出版社, 1996.

[7] 弗里曼, 毕克伟, 赛尔登. 中国乡村, 社会主义国家 [M]. 陶鹤山, 译. 北京：社会科学文献出版社, 2002.

[8] 福山. 政治秩序与政治衰败 [M]. 毛俊杰, 译. 桂林：广西师范大学出版社, 2015.

[9] 戈夫曼. 日常生活的自我呈现 [M]. 冯钢, 译. 北京：北京大学出版社, 2008.

[10] 格兰诺维特. 镶嵌：社会网与经济行动 [M]. 罗家德, 等译. 北京：社会科学文献出版社, 2015.

[11] 黑格尔. 法哲学原理 [M]. 范扬, 张企泰, 译. 北京：商务印书

馆，2009.

[12] 黑尧. 现代国家的政策过程 [M]. 赵成根, 译. 北京：中国青年出版社，2004.

[13] 胡建淼. 行政行为基本范畴研究 [M]. 杭州：浙江大学出版社，2005.

[14] 吉登斯. 历史唯物主义的当代批判：权力、财产与国家 [M]. 郭忠华, 译. 上海：上海译文出版社，2010.

[15] 吉登斯. 民族—国家与暴力 [M]. 胡宗泽, 等译. 北京：三联书店，1998.

[16] 吉登斯. 社会的构成 [M]. 北京：生活·读书·新知三联书店，1998.

[17] 瞿同祖. 清代地方政府（修订译本）[M]. 晏丰, 何鹏, 译. 北京：法律出版社，2011.

[18] 克罗齐耶, 费埃德伯格. 行动者与系统：集体行动的政治学 [M]. 张月, 等译. 上海：上海人民出版社，2017.

[19] 孔飞力. 叫魂：1768年中国妖术的大恐慌 [M]. 陈兼, 刘旭, 译. 上海：上海三联书店，1999.

[20] 李春田. 标准化概论 [M]. 北京：中国人民大学出版社，2014.

[21] 李怀印. 华北村治：晚清和民国时期的国家与乡村 [M]. 北京：中华书局，2008.

[22] 李培林, 魏后凯. 中国扶贫开发报告（2016）[M]. 北京：社会科学文献出版社，2016.

[23] 李宜钊. 政策执行中的复杂性研究 [M]. 北京：人民出版社，2015.

[24] 李祖佩. 分利秩序：鸽镇的项目运作与乡村治理（2007—2013）[M]. 北京：社会科学文献出版社，2016.

[25] 梁治平. 国家、市场、社会：当代中国的法律与发展 [M]. 北京：中国政法大学出版社，2006.

[26] 林登. 无缝隙政府：公共部门再造指南 [M]. 北京：中国人民大学出版社，2001.

[27] 刘岳, 宋棠. 国家政策在农村实践过程的理解社会学 [M]. 昆明：

云南出版集团公司，2006.

[28] 马尔萨斯. 人口原理[M]. 杨菊华，杜声红，译. 北京：中国人民大学出版社，2018.

[29] 马克思. 资本论[M]. 中共中央马克思恩格斯列宁斯大林著作编译局，译. 北京：人民出版社，1975.

[30] 马克斯. 儒教与道教[M]. 王容芬，译. 北京：商务印书馆. 1995.

[31] 米格代尔，阿里，苏. 国家权力与社会势力：第三世界的统治与变革[M]. 郭为桂，曹武龙，林娜，译. 南京：江苏人民出版社，2017.

[32] 米格代尔. 社会中的国家：国家与社会如何相互改变与相互构成[M]. 李杨，郭一聪，译. 南京：江苏人民出版社，2013.

[33] 缪尔达尔. 亚洲的戏剧：南亚国家贫困问题研究[M]. 方福前，译. 北京：商务印书馆，2015.

[34] 诺思. 制度、制度变迁与经济绩效[M]. 杭行，译. 上海：格致出版社，上海三联书店，上海人民出版社，2014.

[35] 欧树军. 国家基础能力的基础[M]. 北京：中国社会科学出版社，2013.

[36] 珀杜. 西方社会学：人物·学派·思想[M]. 贾春增，李强，等译. 石家庄：河北人民出版社，1992.

[37] 青木昌彦. 比较制度分析[M]. 周黎安，译. 上海：上海远东出版社，2001.

[38] 森. 贫困与饥荒：论权利与剥削[M]. 王宇，王文玉，译. 北京：商务印书馆，2004.

[39] 邵任薇. 镶嵌式自主的城中村改造研究：基于深圳A村的个案研究[M]. 北京：人民出版社，2015.

[40] 施瓦茨. 行政法[M]. 徐炳，译. 北京：群众出版社，1986.

[41] 斯考克波. 国家与社会革命[M]. 何俊志，王学东，译. 上海：上海世纪出版集团，2013.

[42] 斯科特. 国家的视角：那些试图改善人类状况的项目是失败的[M]. 王晓毅，译. 北京：社会科学文献出版社，2004.

[43] 特纳. 社会理论的结构[M]. 北京：华夏出版社，2006.

[44] 托马斯. 不适应的少女[M]. 钱军，白璐，译. 济南：山东人民

出版社，1988.

[45] 维斯，霍尔森. 国家与经济发展：一个比较及历史性的分析 [M]. 黄兆辉，廖志强，译. 长春：吉林出版集团有限责任公司，2009.

[46] 吴毅. 小镇喧嚣：一个乡镇政治运作的演绎与阐释 [M]. 北京：生活·读书·新知三联书店，2018.

[47] 许烺光. 美国人与中国人：两种生活方式比较 [M]. 北京：华夏出版社，1990.

[48] 杨善华. 当代西方社会学理论 [M]. 北京：北京大学出版社，1999.

[49] 应星. 大河移民上访的故事 [M]. 北京：生活·读书·新知三联书店，2001.

[50] 张国庆，莱恩，博里克. 公共政策经典 [M]. 彭云望，译. 北京：北京大学出版社，2008.

[51] 张静. 基层政权：乡村制度诸问题 [M]. 上海：上海人民出版社，2007.

[52] 赵树凯. 乡镇治理与政府制度化 [M]. 北京：商务出版社，2010.

[53] 周雪光. 中国国家治理的制度逻辑：一个组织学研究 [M]. 北京：生活·读书·新知三联书店，2017.

二、期刊

[1] 安永军. 规则软化与农村低保政策目标偏移 [J]. 北京社会科学，2018（9）.

[2] 彼得·埃文斯，迪特里希·鲁施迈耶，西达·斯考克波. 找回国家 [J]. 方力维等译. 北京：生活·读书·新知三联书店，2009：10-36.

[3] 白维军. 精准扶贫的风险识别与治理 [J]. 社会科学辑刊，2018（3）.

[4] 包先康. 指标式治贫模式的理论探讨及其失灵困境应对 [J]. 社会科学辑刊，2018（3）.

[5] 陈锋. 连带式制衡：基层组织权力的运作机制 [J]. 社会，2012，32（1）.

[6] 陈浩天. 精准扶贫政策清单治理的价值之维与执行逻辑 [J]. 河南师范大学学报（哲学社会科学版），2017，44（2）.

[7] 陈家建，边慧敏，邓湘树. 科层结构与政策执行 [J]. 社会学研究，2013，28（6）.

[8] 陈义媛. 精准扶贫的实践偏离与基层治理困局 [J]. 华南农业大学学报（社会科学版），2017，16（6）.

[9] 陈映芳. "违规"的空间 [J]. 社会学研究，2013，28（3）.

[10] 程虹，刘芸. 利益一致性的标准理论框架与体制创新："联盟标准"的案例研究 [J]. 宏观质量研究，2013，1（2）.

[11] 崔卓兰，刘福元. 析行政自由裁量权的过度规则化 [J]. 行政法学研究，2008（2）.

[12] 丁煌，定明捷. "上有政策、下有对策"：案例分析与博弈启示 [J]. 武汉大学学报（哲学社会科学版），2004（6）.

[13] 方劲. 合作博弈：乡村贫困治理中政府与社会组织的互动关系：基于社会互构论的阐释 [J]. 华中农业大学学报（社会科学版），2018（3）.

[14] 费爱华. 情境的类型及其运作逻辑 [J]. 广西社会科学，2007（3）.

[15] 冯华超，钟涨宝. 精准扶贫中农民争当贫困户的行为及其阐释：基于武汉近郊Q村的实地调查 [J]. 中国农业大学学报（社会科学版），2017，34（2）.

[16] 福山，郑寰. 什么是治理？[J]. 国家行政学院学报，2013（6）.

[17] 高云红，尹海洁，郑中玉. 基于嵌入性的社会工程：对斯科特《国家的视角》的一种理解 [J]. 工程研究——跨学科视野中的工程，2012，4（1）.

[18] 郭小妹. 精准扶贫机制实施的政策和实践困境 [J]. 现代经济信息，2015（23）.

[19] 韩鹏云. 国家整合乡村的运行逻辑与路径重塑 [J]. 南京农业大学学报（社会科学版），2018，18（4）.

[20] 韩庆龄. 规则混乱、共识消解与村庄治理的困境研究 [J]. 南京农业大学学报（社会科学版），2016，16（3）.

[21] 韩庆龄. 精准扶贫实践的关联性冲突及其治理 [J]. 华南农业大学

学报（社会科学版），2018，17（3）.

[22] 韩志明. 街头官僚的空间阐释：基于工作界面的比较分析 [J]. 武汉大学学报（哲学社会科学版），2010，63（4）.

[23] 韩志明. 在模糊与清晰之间：国家治理的信息逻辑 [J]. 中国行政管理，2017（3）.

[24] 韩志明. 政策过程的模糊性及其策略模式：理解国家治理的复杂性 [J]. 学海，2017（6）.

[25] 何艳玲. "嵌入式自治"：国家—地方互嵌关系下的地方治理 [J]. 武汉大学学报（哲学社会科学版），2009，62（4）.

[26] 何增科. 国家治理及其现代化探微 [J]. 国家行政学院学报，2014（4）.

[27] 洪名勇，吴昭洋，王珊. 贫困指标分解、民主评议与扶贫云系统失灵：兼论贫困户识别的基层民主方式 [J]. 农业经济问题，2017，38（12）.

[28] 黄冬娅. 多管齐下的治理策略：国家建设与基层治理变迁的历史图景 [J]. 公共行政评论，2010，3（4）.

[29] 黄宗智. 集权的简约治理：中国以准官员和纠纷解决为主的半正式基层行政 [J]. 开放时代，2008（2）.

[30] 靳继东，潘洪阳. 贫困与赋权：基于公民身份的贫困治理制度机理探析 [J]. 吉林大学社会科学学报，2012，52（2）.

[31] 雷明. 扶贫战略新定位与扶贫重点 [J]. 改革，2016（8）.

[32] 雷望红. 被围困的社会：国家基层治理中主体互动与服务异化：来自江苏省N市L区12345政府热线的乡村实践经验 [J]. 公共管理学报，2018，15（2）.

[33] 李博. 村庄合并、精准扶贫及其目标靶向的精准度研究：以秦巴山区为例 [J]. 华中农业大学学报（社会科学版），2017（5）.

[34] 李春田. 第二讲：标准化与秩序：社会存在和发展的基础 [J]. 中国标准化，2004（2）.

[35] 李德，于洪生. 城市社区无缝隙治理：特征、条件与实践路径：以上海市徐汇区长桥街道为例 [J]. 探索，2016（1）.

[36] 李晗. 城市郊区化背景下乡镇治理的制度困境：以上海市为例 [J]. 人民论坛，2014（32）.

[37] 李金龙，杨洁. 农村精准扶贫政策执行的失范及其矫正：基于街头官僚理论视角 [J]. 青海社会科学，2017 (4).

[38] 李瑞昌. 中国公共政策实施中的"政策空传"现象研究 [J]. 公共行政评论，2012，5 (3).

[39] 李瑞昌. 中国公共政策实施中的"政策空传"现象研究 [J]. 公共行政评论，2012，5 (3).

[40] 李声宇，祁凡骅. 督查何以发生：一个组织学的分析框架 [J]. 北京行政学院学报，2018 (4).

[41] 李文君. "控制权"、基层政府行为与精准扶贫目标的实现和偏离：以豫西 Y 县为例 [J]. 中国农村研究，2017 (1).

[42] 李小云，唐丽霞，许汉泽. 论我国的扶贫治理：基于扶贫资源瞄准和传递的分析 [J]. 吉林大学社会科学学报，2015，55 (4).

[43] 李小云，许汉泽. 2020年后扶贫工作的若干思考 [J]. 国家行政学院学报，2018 (1).

[44] 李迎生，李泉然，袁小平. 福利治理、政策执行与社会政策目标定位：基于 N 村低保的考察 [J]. 社会学研究，2017，32 (6).

[45] 李芝兰，刘承礼. 当代中国的中央与地方关系：趋势、过程及其对政策执行的影响 [J]. 国外理论动态，2013 (4).

[46] 梁玉柱. 国家规划如何有效保护社会？——基于改革开放40年中国社会保险发展历程的研究 [J]. 浙江社会科学，2018 (7).

[47] 林雪霏. 扶贫场域内科层组织的制度弹性：基于广西 L 县扶贫实践的研究 [J]. 公共管理学报，2014，11 (1).

[48] 刘斐丽. 地方性知识与精准识别的瞄准偏差 [J]. 中国农村观察，2018 (5).

[49] 刘根正. 权力运行规则细化及其效力发挥探究 [J]. 管理观察，2017 (7).

[50] 刘建，吴理财. 农村公地产权制度的结构性脱耦与重构：基于赣南 G 村的案例分析 [J]. 西北农林科技大学学报（社会科学版），2018，18 (4).

[51] 刘娟，陆继霞，叶敬忠. 社会保障资源安排中的逻辑与政治：以华北一个村庄为例 [J]. 公共管理学报，2012，9 (1).

[52] 刘鹏,刘志鹏.街头官僚政策变通执行的类型及其解释:基于对H县食品安全监管执法的案例研究[J].中国行政管理,2014(5).

[53] 刘笑言.自由主义VS父爱主义:国家干预的正当性理由分析[J].云南行政学院学报,2010,12(5).

[54] 刘义强,胡军.中国农村治理的联结形态:基于历史演进逻辑下的超越[J].学习与探索,2016(9).

[55] 刘玉照,田青.新制度是如何落实的?——作为制度变迁新机制的"通变"[J].社会学研究,2009,24(4).

[56] 刘祖云,韩鹏云.乡村社区公共品供给模式变迁:历史断裂与接合:基于乡村秩序演进的理论视角[J].南京农业大学学报(社会科学版),2012,12(1).

[57] 吕方.治理情境分析:风险约束下的地方政府行为:基于武陵市扶贫办"申诉"个案的研究[J].社会学研究,2013,28(2).

[58] 马宝成.乡村治理结构与治理绩效研究[J].马克思主义与现实,2005(2).

[59] 穆军全,方建斌.精准扶贫的政府嵌入机制反思:国家自主性的视角[J].西北农林科技大学学报(社会科学版),2018,18(3).

[60] 欧树军.基础的基础:认证与国家基本制度建设[J].开放时代,2011(11).

[61] 彭亚平.技术治理的悖论:一项民意调查的政治过程及其结果[J].社会,2018,38(3).

[62] 钱坤.自由裁量权的运作逻辑及其优化之道:以扶贫政策为例[J].山西农业大学学报(社会科学版),2018,17(5).

[63] 秦晓蕾.我国乡镇政府绩效考核控制、博弈中的异化及改革路径[J].江苏社会科学,2017(3).

[64] 渠敬东,周飞舟,应星.从总体支配到技术治理:基于中国30年改革经验的社会学分析[J].中国社会科学,2009(6).

[65] 荣敬本.变"零和博弈"为"双赢机制":如何改变压力型体制[J].人民论坛,2009(2).

[66] 宋宸刚,丛雅静.我国精准扶贫的最优模式与关键路径分析[J].调研世界,2018(3).

[67] 孙志建. 中国城市摊贩监管缘何稳定于模糊性治理：基于"新多源流模型"的机制性解释 [J]. 甘肃行政学院学报, 2014 (5).

[68] 谭福有. 标准和标准化的概念 [J]. 信息技术与标准化, 2005 (3).

[69] 唐皇凤. 常态社会与运动式治理：中国社会治安治理中的"严打"政策研究 [J]. 开放时代, 2007 (3).

[70] 唐丽霞, 罗江月, 李小云. 精准扶贫机制实施的政策和实践困境 [J]. 贵州社会科学, 2015 (5).

[71] 唐梅玲. 从国家义务到公民权利：精准扶贫对象民生权虚置化的成因与出路 [J]. 湖北大学学报（哲学社会科学版）, 2018, 45 (1).

[72] 陶郁, 侯麟科, 刘明兴. 张弛有别：上级控制力、下级自主性和农村基层政令执行 [J]. 社会, 2016, 36 (5).

[73] 万江. 指标控制与依法行政：双重治理模式的实证研究 [J]. 法学家, 2017 (1).

[74] 万江红, 孙枭雄. 权威缺失：精准扶贫实践困境的一个社会学解释——基于我国中部地区花村的调查 [J]. 华中农业大学学报（社会科学版）, 2017 (2).

[75] 汪三贵, 郭子豪. 论中国的精准扶贫 [J]. 贵州社会科学, 2015 (5).

[76] 汪三贵, 殷浩栋, 王瑜. 中国扶贫开发的实践、挑战与政策展望 [J]. 华南师范大学学报（社会科学版）, 2017 (4).

[77] 王春光. 扶贫开发与村庄团结关系之研究 [J]. 浙江社会科学, 2014 (3).

[78] 王刚, 白浩然. 脱贫锦标赛：地方贫困治理的一个分析框架 [J]. 公共管理学报, 2018, 15 (1).

[79] 王国勇, 邢溦. 我国精准扶贫工作机制问题探析 [J]. 农村经济, 2015 (9).

[80] 王汉生, 王一鸽. 目标管理责任制：农村基层政权的实践逻辑 [J]. 社会学研究, 2009, 24 (2).

[81] 王猛, 毛寿龙. 自由裁量、标准化与治道变革：以杭州市上城区为例 [J]. 上海行政学院学报, 2016, 17 (1).

[82] 王蒙, 李雪萍. 行政吸纳市场: 治理情境约束强化下的基层政府行为: 基于湖北省武陵山区W贫困县产业扶贫的个案研究 [J]. 中共福建省委党校学报, 2015 (10).

[83] 王锐兰. 政府信息公开、自由裁量权与标准化制度嵌入 [J]. 探索, 2017 (1).

[84] 王澍. 从普遍理性到情景理性: 美国教育哲学发展历程的一种新思路及启示 [J]. 济南大学学报 (社会科学版), 2008 (5).

[85] 王锡锌. 行政自由裁量权控制的四个模型: 兼论中国行政自由裁量权控制模式的选择 [J]. 北大法律评论, 2009, 10 (2).

[86] 王锡锌. 自由裁量权基准: 技术的创新还是误用 [J]. 法学研究, 2008, 30 (5).

[87] 王雨磊. 数字下乡: 农村精准扶贫中的技术治理 [J]. 社会学研究, 2016, 31 (6).

[88] 王雨磊. 项目入户: 农村精准扶贫中项目制运作新趋向 [J]. 行政论坛, 2018, 25 (5).

[89] 王雨磊. 缘情治理: 扶贫送温暖中的情感秩序 [J]. 中国行政管理, 2018 (5).

[90] 王志勇. 自由裁量权异化在中国的表现与成因 [J]. 学术月刊, 2015, 47 (5).

[91] 卫小将, 姜利标. 一种"情境—行动分析"视角的生成: 山西井村妇女的群体性抗争 [J]. 妇女研究论丛, 2013 (2).

[92] 吴高辉. 国家治理转变中的精准扶贫: 中国农村扶贫资源分配的解释框架 [J]. 公共管理学报, 2018, 15 (4).

[93] 吴理财, 刘建. 文化治理视野下图书馆总分馆制的路径偏离及影响 [J]. 图书馆论坛, 2018, 38 (9).

[94] 吴理财, 刘建. 乡镇政府绩效考核体系创新路径及影响: 基于G市的案例分析 [J]. 北京行政学院学报, 2018 (2).

[95] 吴小建, 王家峰. 政策执行的制度背景: 规则嵌入与激励相容 [J]. 学术界, 2011 (12).

[96] 吴晓燕. 精细化治理: 从扶贫破局到治理模式的创新 [J]. 华中师范大学学报 (人文社会科学版), 2016, 55 (6).

[97] 项飚. 普通人的"国家"理论 [J]. 开放时代, 2010 (10).

[98] 肖滨. 信息技术在国家治理中的双面性与非均衡性 [J]. 学术研究, 2009 (11).

[99] 谢小芹. "选择性亲和": "规则延伸" "规则融通" 和 "规则生成": 基于宜昌市基层治理的经验调查 [J]. 厦门大学法律评论, 2014 (1).

[100] 徐林, 吴咨桦. 社区建设中的"国家—社会"互动：互补与镶嵌：基于行动者的视角 [J]. 浙江社会科学, 2015 (4).

[101] 徐勇. "政策下乡"及对乡土社会的政策整合 [J]. 当代世界与社会主义, 2008 (1).

[102] 许汉泽, 李小云. "精准扶贫"的地方实践困境及乡土逻辑：以云南玉村实地调查为讨论中心 [J]. 河北学刊, 2016, 36 (6).

[103] 许汉泽. 精准扶贫与动员型治理：基层政权的贫困治理实践及其后果：以滇南 M 县"扶贫攻坚"工作为个案 [J]. 山西农业大学学报（社会科学版）, 2016, 15 (8).

[104] 闫健. "父爱式政府创新"：现象、特征与本质——以岚皋县"新农合镇办卫生院住院起付线外全报销制度"为例 [J]. 公共管理学报, 2014, 11 (03).

[105] 杨磊, 刘建平. "混合地权"的制度分析及其实践逻辑 基于 Z 村村民小组的个案分析 [J]. 社会, 2015, 35 (2).

[106] 杨雪冬. 压力型体制：一个概念的简明史 [J]. 社会科学, 2012 (11).

[107] 叶娟丽, 马骏. 公共行政中的街头官僚理论 [J]. 武汉大学学报（哲学社会科学版）, 2003 (5).

[108] 尹利民, 赖萍萍. 精准扶贫的"供给导向"与"需求导向"：论双重约束下的精准扶贫地方实践 [J]. 学习与实践, 2018 (5).

[109] 尹利民, 项晓华. 精准扶贫中的半官僚化：基于 Y 县扶贫实践的组织学分析 [J]. 贵州社会科学, 2017 (9).

[110] 于龙刚. 乡村社会警察执法"合作与冲突"二元格局及其解释："互动—结构"的视角 [J]. 环球法律评论, 2015, 37 (5).

[111] 俞可平. 标准化是治理现代化的基石 [J]. 人民论坛, 2015 (31).

[112] 俞可平. 中国的治理改革（1978—2018）[J]. 武汉大学学报（哲学社会科学版），2018，71（3）.

[113] 俞可平. 走向国家治理现代化：论中国改革开放后的国家、市场与社会关系 [J]. 当代世界，2014（10）.

[114] 郁建兴，秦上人. 论基本公共服务的标准化 [J]. 中国行政管理，2015（4）.

[115] 袁明宝. 扶贫吸纳治理：精准扶贫政策执行中的悬浮与基层治理困境 [J]. 南京农业大学学报（社会科学版），2018，18（3）.

[116] 袁树卓，殷仲义，高宏伟，等. 精准扶贫中贫困的瞄准偏离研究：基于内蒙古Z县建档立卡案例 [J]. 公共管理学报，2018，15（4）.

[117] 张佩国，王文娟. 道德民族志的情境化实验 [J]. 广西民族大学学报（哲学社会科学版），2018，40（1）.

[118] 张云昊. 规则、权力与行动：韦伯经典科层制模型的三大假设及其内在张力 [J]. 上海行政学院学报，2011，12（2）.

[119] 钟海. 权宜性执行：村级组织政策执行与权力运作策略的逻辑分析：以陕南L贫困村精准扶贫政策执行为例 [J]. 中国农村观察，2018（2）.

[120] 周冬梅. 精准扶贫的资源配置逻辑与实践困境 [J]. 西北农林科技大学学报（社会科学版），2018，18（2）.

[121] 周望. 均衡性治理：当代中国国家治理的一个特定逻辑 [J]. 天府新论，2013（6）.

[122] 周雪光，艾云. 多重逻辑下的制度变迁：一个分析框架 [J]. 中国社会科学，2010（4）.

[123] 周雪光. 基层政府间的"共谋现象"：一个政府行为的制度逻辑 [J]. 社会学研究，2008（6）.

[124] 周雪光. 运动型治理机制：中国国家治理的制度逻辑再思考 [J]. 开放时代，2012（9）.

[125] 周佑勇. 裁量基准的制度定位：以行政自制为视角 [J]. 法学家，2011（4）.

[126] 朱光磊，张志红. "职责同构"批判 [J]. 北京大学学报（哲学社会科学版），2005（1）.

[127] 朱亚鹏，刘云香. 制度环境、自由裁量权与中国社会政策执行：

以 C 市城市低保政策执行为例［J］.中山大学学报（社会科学版），2014，54（6）.

［127］左停，杨雨鑫，钟玲.精准扶贫：技术靶向、理论解析和现实挑战［J］.贵州社会科学，2015（8）.

三、报纸

［1］底亚星.小康目标与中国现代化进程［N］.光明日报，2021-03-26（5）.

［2］梁正.标准与公共管理的双向互动：推进标准化治理体系与治理能力现代化［N］.中国社会科学报，2017-03-14（5）.

［3］刘成良.基层治理应避免"重技术轻治理"［N］.中国社会科学报，2021-11-30（8）.

［4］张洋，张璁，亓玉昆.以"基层之治"夯实"中国之治"［N］.人民日报，2023-11-05（1）.

四、学位论文

［1］狄金华.被困的治理［D］.武汉：华中科技大学，2011.

［2］董伟玮.秩序视角下的街头官僚行动研究［D］.长春：吉林大学，2017.

［3］段绪柱.国家权力与自治权力的互构与博弈［D］.长春：吉林大学，2010.

［4］何绍辉.贫困、权力与治理［D］.武汉：华中科技大学，2011.

［5］李佳盈.基层政府精准扶贫中精准偏差研究［D］.兰州：兰州大学，2018.

［6］刘建.农村公共法律服务标准化研究［D］.武汉：华中师范大学，2017.

［7］刘晓峰.我国乡镇干部行为的情境与过程［D］.南京：南京农业大学，2012.

［8］欧阳静.策略主义与维控型政权［D］.武汉：华中科技大学，2010.

［9］苏海.民间组织参与农村贫困治理中的结构调适与关系互动［D］.

武汉：华中师范大学，2017.

［10］王中女．限度与能动性的张力：城市基层治理中的国家能力［D］．北京：中共中央党校，2022.

［11］武沁宇．中国共产党扶贫理论与实践研究［D］．长春：吉林大学，2018.

［12］邢成举．乡村扶贫资源分配中的精英俘获［D］．北京：中国农业大学，2014.

［13］许汉泽．行政主导型扶贫治理研究［D］．北京：中国农业大学，2018.

［14］杨亮承．扶贫治理的实践逻辑［D］．北京：中国农业大学，2016.

［15］杨雪．乡村信访过程中的国家基础权力重构［D］．长春：吉林大学，2015.

［16］张丙宣．科层制、利益博弈与政府行为［D］．杭州：浙江大学，2010.

［17］朱婷．多源流理论视角下我国农村扶贫政策变迁研究［D］．昆明：云南师范大学，2017.

五、网络文献

［1］广西贫困县扶贫黑幕：3000名"贫困户"中2400人有车［EB/OL］．新华网，2015-10-13.

［2］国家标准委．关于开展标准化工作助推精准扶贫的指导意见［EB/OL］．中国质量新闻网，2018-05-25.

［3］国务院扶贫办．扶贫开发建档立卡工作方案［EB/OL］．国务院扶贫开发领导小组办公室，2014-04-11.

［4］黄俊毅．攻坚力：脱贫结硕果 万众奔小康［EB/OL］．中国经济网，2017-12-31.

［5］习近平．在全国脱贫攻坚总结表彰大会上的讲话［EB/OL］．人民网，2021-02-25.

［6］中共中央 国务院．中国农村扶贫开发纲要（2011—2020年）［EB/OL］．中国政府网，2020-10-23.

［7］中共中央办公厅，国务院办公厅．关于加强乡镇政府服务能力建设的意见［EB/OL］．中国政府网，2017-02-20．

［8］中共中央办公厅，国务院办公厅．建立健全基本公共服务标准体系［EB/OL］．新华网，2018-12-12．

［9］中共中央办公厅，国务院办公厅．脱贫攻坚责任制实施办法［EB/OL］．国务院扶贫开发领导小组办公室，2016-10-17．

六、外文文献

［1］BLAU P. The Dynamics of Bureaucracy: A Study of Interpersonal Relationships in Two Bringing the State Back In［M］. Cambridge: Cambridge University Press, 1985.

［2］EVANS P B, RUESCHEMEYER D, SKVCPOL T, et al. Embedded Autonomy: States and Industrial Transformation［M］. Princeton: Princeton University Press, 1995.

［3］LIPSKY M. Street-Level Bureaucracy［M］. New York: Russell Sage Foundation, 1980.

［4］MANN M. State, War and Capitalism［M］. New York: Basil Blackwell, 1988.

［5］OPPENHEIM C. Poverty: the Facts［M］. London: Child Poverty Action Group, 1993.

［6］TOWNSEND P. The Concept of Poverty［M］. London: Heinemann, 1971.

［7］WEBER M. Economy and Society, An Outline of Interpretive Sociology［M］. Berkeley: University of California Press, 1968.

［8］WEBER M. The Protestant Ethic and the Spirit of Capitalism［M］. London: Routledge Classics, 2001.

［9］WILSON J Q. Bureaucracy: What Goverment Aqencies Do and Why They Do It［M］. New York: Basic Books, 1989.

［10］BARRETT C B, GARG T, MC BRIDE L. Well-Being Dynamics and Poverty Traps［J］. Annualreview of Resource Economics, 2016（8）.

［11］DAW T, BROWN K, ROSENDOS, et al. Applying the Ecosystem Services Concept to Poverty Alleviation: the Need to Disaggregate Human Well-Being [J]. Environmental Conservation, 2011 (38).

[12] ROOM G. Social Exclusion, Solidarity and the Challenge of Globalisation [J]. International Joural of Social Welfare, 1999 (8).

[13] ROWNIREE B S. Poverty and Progress: a Second Social Survey of York [J]. The Economic Joumal, 1941.

后 记

　　本书是在我的博士学位论文基础上修改完成的。"读书可以改变命运"，是我求学生涯一直坚持的信条。我出生于赣南一个宗族型村落，宗族观念很重。曾祖父作为当时整个家族的族长，曾读过几年私塾，他一直期望家族能出一个教书先生。因为在一个世代以种田为生的家庭，教书先生不仅是一份职业，更是许多农村家庭渴望的一种身份。为了实现这个愿望，爷爷在曾祖父的"逼迫"下，初中复读了三年，因为无法考上高中便无奈回家种地。改革开放以后，随着打工浪潮在赣南地区的兴起，父亲和叔叔读完小学以后便进城打工了。作为整个家族的"长孙"，在"重男轻女"观念的影响下，我从小曾祖父和其他长辈们就对我格外关心。从上小学开始，考上大学且毕业后回村当个教书先生，是当时整个家族对我的寄托。也许是儿时过于贪玩，也许是有思想负担，我的求学之路相对艰辛。如今我的求学生涯已经二十余年，转眼我已到了而立之年。回首这二十余年的求学生涯，酸甜苦辣等滋味充斥在求学的各个阶段，它既有实现目标时的喜悦，也有失败时的低落，更有对家庭的愧疚与无奈。二十余年间，我碰到了许多帮助过我的"贵人"，正是他们的帮助与关怀让我能够一直成长。

　　首先，我需要感谢我的硕博导师吴理财教授。吴老师不仅在学术上是我的偶像，在为人处世方面也是我学习的榜样。六年前我有幸拜入吴老师门下，三年前吴老师又给予了我继续深造的机会，感谢他一直以来对我的培养与包容。跟随吴老师学习的六年时间，让我懂得了如何坚持不懈地做好一件事。刚踏入华师的时候，我是一个性格较为急躁的人，"坐得住"是入学的时候吴老师对我的期望。利群读书会这一学术共同体，让我在这浮躁的时代静下心来认真读书，让我在获取知识的同时，性格也得到较好的磨炼，这将是伴随我一辈子的财富。记得作为研究生刚进华师校门的时候，我对政治学经典著作的阅读缺乏耐力，吴老师一直鼓励我要坚持阅读下去。在博士论文选题确定以后，和吴老师的每次讨论都能让我思维更为开阔，特别是在论文写作陷入困境的时候，吴老师给我带来许多新的灵感。可惜学生愚笨，也不够努力，愧对老师多年的辛苦培养。同时，十分感谢师母张老师，感谢她在我求学生涯中对我的格外关照，无论是在生活上还是学习过程中，当我感到困惑，她都会给予我诸多指导，让我在求学生涯中少了许多思想上的负担。

在博士学位论文开题及预答辩过程中，项继权教授、宋亚平教授、高秉雄教授、陈伟东教授、王敬尧教授、袁方成教授、张务教授、张必春副教授、黄辉详副教授、李宗义老师对我的论文提出了诸多修改意见，也提供了帮助。项继权教授及导师吴理财教授在提交盲审之前对论文又给予了详细的修改意见，让我能够更好地完成对论文的撰写与修改。在政研院的六年时间里，政治学所的各位老师对我的成长给予了诸多关怀，为我求学生涯提供了许多帮助。

在硕士和博士的求学生涯中，许宝君博士、杨灿博士、王明为博士、吴岚波博士、刘磊博士、申鲁菁博士及聂锐博士，我们在一起"奋斗"了六年。特别是室友吴岚波博士及同门的刘磊博士给予我诸多帮助，我们经常在一起"讨论人生"并相互勉励。吴岚波博士作为我硕士和博士阶段的室友，我们在一起生活了五年，他对我这类学习及生活上的"困难户"给予了诸多关怀，关键时刻总能给我及时的帮助。感谢同级的刘磊博士，我们在调研及学术研究层面从硕士一直合作到博士，他开朗且大度，在生活中也给予了我许多帮助。感谢同门的李世敏博士、王前博士、庄飞能博士、瞿奴春博士、解胜利博士、梁来成博士及黄薇诗博士，他们在研究及调研的过程中给予我许多帮助。感谢郭璐、魏久鹏、徐琴、杨刚等师弟师妹，他们让我的生活更加多彩。感谢在实习过程中对我的调研提供帮助的L乡扶贫办的工作人员，特别是L乡主管扶贫的副乡长及扶贫办主任，为我的田野调查提供了诸多便利。

博士毕业以后，我来到江西财经大学马克思主义学院工作。感谢我的博士后合作导师陈始发教授。陈老师既是我的老师，同时也是我的领导。陈老师不仅在学术层面给予了我诸多指导，同时在工作和生活中也给予了我诸多帮助。特别是博士毕业参加工作以后面临学科转型的问题，陈老师长期鼓励、指导我，让我适应了新的学科。正是在陈老师和马克思主义学院领导的关爱下，我才能一直执着地前行。

后　记

　　感谢我的爱人聂芬女士，感谢她一直以来的包容与支持，让我可以安心完成学位论文，不用为家庭的事务操心。在博士论文写作的过程中，我们迎来了我们的"小公子"，在怀孕期间她默默地承受着各种压力，尽量不打扰我。孩子出生以后，她一边上班一边带孩子，每天都在学校与家庭之间两头跑。作为丈夫，我没有尽到对家庭的责任；作为父亲，我没有给予儿子应有的关爱。最后，最需要感谢的是我的父母，感谢他们的辛勤付出，让我在外可以安心求学。记得2009年刚考上大学的时候，他们的愿望是我大学毕业以后，他们可以回家种地，不需要在外漂泊了。十多年过去了，他们如此简单的愿望仍然没有实现，父亲仍然长年在外干苦力，母亲身体一直不好，可仍然在工地打零工，正是他们的汗水为我撑起了成长的保护伞。

　　希望自己以后在多承担一些家庭责任的同时，仍然可以继续在学术这条道路上"倔"下去，脚踏实地地前进，用更好的成绩报答那些帮助过自己的人。明天一定会更好！

　　本书还存在很多不足，请各位读者批评指正。

刘　建

2023 年 10 月 4 日